展示論

博物館の展示をつくる

雄山閣

博物館の展示をつくる
展示論

はじめに

　展示とはある意図に基づき伝えたい事柄をわかりやすく提示することをいう。では、展示学あるいは展示論とはどんな学問なのか。展示学や展示論は実学である。実学といっても医学や工学や法学などとは違い、より創造的で総合的な実学である。展示学を把握するには、博物館をつくるその多技にわたるプロットを理解することから始めるのがわかりやすい。そこで、日本展示学会では博物館のつくり方から展示学をまとめる作業を進めてきた。

　そうした時期に、2008年に博物館法が改正され、それに伴い、学芸員資格の取得に必要な単位や科目の見直しが行われた。そのねらいの1つとして、展示を体得することを求めている。こうした博物館における展示論を明解にするため、日本展示学会で進めてきた展示学のための博物館のつくり方を編集し直し、新たな学芸員養成の教科書として、展示学や展示論の入門書として、ここにまとめた。（木村浩）

2010年6月

日本展示学会出版事業委員会
木村浩（委員長）、草刈清人、吉冨友恭、高柳康代

目次

展示論　博物館の展示をつくる　　　　　　　　　　　　　　　1
目次　　　　　　　　　　　　　　　　　　　　　　　　　　　2

1章　展示と博物館　　　　　　　　　　　　　　　　　　　　　7
 1-1　博物館における展示の役割　　　　　　　　　　　　　8
 1-2　博物館の目的　　　　　　　　　　　　　　　　　　12
 1-3　博物館の種類　　　　　　　　　　　　　　　　　　14
 1-4　展示、その言葉の起源、意味の起源　　　　　　　　16
 1-5　展示の源流と現在　　　　　　　　　　　　　　　　18
 1-6　近代博物館の誕生と展示　　　　　　　　　　　　　22
 1-7　現代の博物館展示（新技術の登場）　　　　　　　　24

2章　展示のプロセスと人　　　　　　　　　　　　　　　　　29
 2-1　展示を発想する　　　　　　　　　　　　　　　　　30
 2-2　企画から完成まで　　　　　　　　　　　　　　　　32
 2-3　展示に関わる人々　　　　　　　　　　　　　　　　36
 2-4　展示と建築　　　　　　　　　　　　　　　　　　　38
 2-5　展示と保存　　　　　　　　　　　　　　　　　　　40
 2-6　展示と資金　　　　　　　　　　　　　　　　　　　42
 2-7　展示と法令　　　　　　　　　　　　　　　　　　　46
 展示にチャレンジ1　コラボレーション展示～福井大学～　52

3章　博物館の展示をつくる　　　　　　　　　　　　　　　　55
 3-1　総合博物館の展示をつくる
    北九州市立いのちのたび博物館　　　　　　　　56
 3-2　歴史博物館の展示をつくる
    江戸東京博物館　　　　　　　　　　　　　　　62
 3-3　体験型博物館の展示をつくる
    釧路こども遊学館　　　　　　　　　　　　　　68

3-4	企画展をつくる	
	ノーベル賞100年展	74
3-5	新聞社・放送局と連携してつくる	
	生活と芸術―アーツ&クラフツ展	76

4章　博物館展示のコンポーネント　　　　　　　　　　　81
- 4-1　展示空間の発想と実現　　　　　　　　　　　　82
- 4-2　展示資料〜実物・標本・複製〜　　　　　　　　84
- 4-3　演示具〜取り付パーツ〜　　　　　　　　　　　88
- 4-4　展示ケース〜資料を見せる・守る〜　　　　　　90
- 4-5　照明と展示資料　　　　　　　　　　　　　　　94
- 4-6　音響〜聴覚情報・雰囲気の創出〜　　　　　　　98
- 4-7　特殊造形〜ジオラマ・パノラマ・人形〜　　　　100
- 4-8　複合演出〜情景再現と音・光の演出〜　　　　　104
- 4-9　景観模型〜海外研修生の故郷模型〜　　　　　　108
- 4-10　展示映像〜映像資料と展示メッセージ〜　　　　110
- 4-11　実験装置〜科学現象体験装置〜　　　　　　　　112
- 4-12　実演とトーク〜専用の空間・一般の空間〜　　　116
- 4-13　インタラクティブ展示〜来館者との対話〜　　　118
- 4-14　ハンズオン展示〜触る・試す・発見する〜　　　120
- 4-15　展示グラフィック〜展示資料・解説〜　　　　　122
- 4-16　解説文〜展示空間での特殊性〜　　　　　　　　124
- 4-17　サインシステム〜誘導表示・説明表示〜　　　　126
- 4-18　ワークシート　　　　　　　　　　　　　　　　128

展示にチャレンジ2　ミニ・ミュージアム〜愛知大学〜

　　　　　　　　　　　　　　　　　　　　　　　　130

5章　博物館情報・メディア論　～展示と情報・メディア～　　　　133
　　5-1　博物館における情報・メディアの意義　　　　134
　　5-2　インターネットと情報メディア　　　　138
　　5-3　ICT社会の中の博物館　　　　140
　　5-4　資料整理とデータベース　　　　142
　　5-5　情報公開とデジタルアーカイブ　　　　144
　　5-6　博物館における情報機器の活用　　　　148
　　5-7　携帯情報端末による鑑賞支援　　　　152
　　展示にチャレンジ3　体育ギャラリー～筑波大学～　　　　154

6章　博物館教育論～展示の活用とその効果～　　　　157
　　6-1　博物館における学びの特性　　　　158
　　6-2　博物館と学校教育　　　　162
　　6-3　博物館と生涯学習　　　　166
　　6-4　展示とユニバーサルデザイン　　　　170
　　6-5　展示評価　　　　174
　　6-6　展示の政治性と社会性　　　　178
　　6-7　展示と地域再生　　　　182
　　6-8　展示と回想法　　　　184
　　6-9　展示と知的財産　　　　186
　　展示にチャレンジ4
　　　　村の名人を展示する～東京学芸大学～　　　　190

7章　展示の現場から　　　　193
　　7-1　エコミュージアム　　　　194
　　7-2　野外博物館　　　　196
　　7-3　動物園　　　　198
　　7-4　水族館　　　　200
　　7-5　植物園　　　　202

7-6	美術館	204
7-7	企業ミュージアム	206
7-8	研究機関のミュージアム	208
7-9	大学博物館	210

引用・参考文献・注釈一覧　　212

索引　　214

執筆者一覧　　222

1章
展示と博物館

　人は、アリストテレスの昔から、万物を把握しようとしてきた。すべてのものに名前を付け分類する。自然界にあるもの全てを分類し把握する、分類学や博物学が発展していった。更に具体的なものを調査し収集し記録する。やがて、ひとつの博物学として捉えるには、その対象や情報が膨大になりすぎ困難となり、動物分類や植物分類へと、それぞれの自然科学毎に細分化していった。現在、ますます膨大となった情報のより正確な分類と把握へとその探求は尽きることはない。

　博物学者が収集した膨大な資料、世界中から見たことのないもの珍しいものを集め公開した驚異の部屋、それらが近代化の中で博物館へとなっていった。日本での博物館にむけた動きは湯島聖堂での珍品陳列から始まった。近代化とともにやってきた「博物館」、曖昧だった捉え方が「展示する」ことの繰り返しから、「展示」と「博物館」、それぞれが共に形づくられていった。

（木村浩）

1-1
博物館における展示の役割

　どのような規模の博物館であれ、またどのような種類の博物館であれ、訪れる人や利用する人と博物館を結びつけるのは、何と言ってもその博物館の展示である。なかには出版物や近年おおいに注目されつつあるミュージアム・グッズを目的に、博物館に足を踏み入れる人がいるかも知れない。そのような人はすでに博物館をよく知っている人である。博物館を訪れた人の誰もが観覧し、また体験するのはその博物館の展示空間である。その意味において、展示はまぎれもなくその博物館の顔であり、ショーウィンドーである。

博物館の本質はコレクション
　しかしながら博物館が生まれる過程を考えると、博物館の本質はその収集物つまりコレクションにある。わが国においてはしばしば博物館施設をつくってから収集物を集めるといった例がみられるが、それは本末転倒である。先に収集物があって、それらを収蔵しかつそれらを公開するために博物館をつくるのである。つまりコレクションがあってはじめて博物館という施設が成り立つといえる。
　博物館が収集物を収蔵するためのみの存在であれば、それは単なる倉や蔵のような貯蔵庫でしかない。博物館をつくるのは、収集物を収蔵すると同時にそれらの収集物をひろく社会に公開するためである。この博物館の収集物をひろく社会に公開する機能を展示という。したがって、展示は博物館にとって欠くことのできない必須の機能である。そして現代の博物館が抱える多くの課題は、コレクションをひろく社会に公開する、つまり収集物を展示するという博物館のもっとも基本的な機能から発生する。
　まず博物館のコレクションあるいは収集物がいったいどのようなものであるのかが問題となる。そのことの如何によって展示は大いに変わってくる。たとえば博物館の収集物に世界史上まれな貴重な資料が含まれており、多くの人びとが一目でもそれを観たいと熱望するような資料があれば、それら一点一点を陳列ケースに入れて飾っておけばよい。世界的に知られている大英博物館やルーブル美術館などはその典型である。あるいはわが国における国立博物館は、しばしば重要文化財や国宝などを中心とした展覧会を開催するが、その場合の展示環境も同様である。これらは資料の一点一点を展覧できるように陳列ケースに飾り付けるのが普通で、これを陳列型展示という。

このような例に対して、博物館の収集物がごくありふれた日常的に使う道具とか日用品のようなものだとどうだろうか。この場合は、そのような一点一点を人びとが観たいと熱望することは考えにくいので、いきおいそれら資料を使って何か意味のある場面を構成することが求められる。この展示方式は場面構成型展示とでも呼ぶことができる。この場面構成型展示の場合、場面を創りあげるためのコンテあるいはシナリオが不可欠である。大阪・千里にある国立民族学博物館の展示はそうした場面構成型展示の典型である。

展示は誰のためにあるのか

　いま博物館コレクションの両極端の事例を挙げたが、実際に博物館があつかう収集物は実に多様であるため、その展示方式も各館で実にさまざまである。そして現実の展示空間は、多くの場合、陳列型展示と場面構成型展示の組み合わせから成り立っている。そうしたさまざまな形体の収集物の一点一点の由来や学術的意味づけを明らかにするのは専門研究者の役割であり、通常は博物館学芸員の仕事である。しかし、博物館資料をひろく社会に公開する意味があるかどうかを誰が判断するのは、かならずしも明確であるとは言えない。

　たしかに一般的な博物館の展示活動をみると、現実にはそうした活動はほとんどが学芸員によって担われていると言ってよい。しかしながら、ときとして設置者や第三者が展示にクレームをつける例が起こる。なぜそうなるかと言えば、博物館の展示活動は本質的に社会性を負っているからである。陳列型であれ場面構成型であれ、展示というものはかならず観覧者に対して一定のメッセージを発信する。そしてそのメッセージが、ある人びとから不適切と判断されることが起こりうるのである。

　わが国の博物館の展示は、欧米の博物館のそれに比べて、どちらかといえばそのような社会性を回避する傾向にあると言える。できるだけ設置者や第三者のクレームを避けようと、学術性や芸術性に依拠したメッセージを好むからである。しかしこの傾向が強まると、博物館は学術や芸術の拠点と化して、一般社会から遊離した場になりかねない。今日のようにさまざまな博物館がつくられ、人びとにとって博物館が身近なものになってくると、博物館を運営するうえで展示のメッセージ性は非常に重要な要素となる。

　展示のメッセージ性とは、ひと言で言えば、博物館の利用者とのコミュニケーション・ツール（媒体）である。社会が直面しているいろいろな課題や社会の変化の動向、あるいは大きな出来事など、博物館の展示は利用者の意識に訴える情報を内在していなければならない。その意味において、博物館の展示は確固としたポリシィ（方針）に

もとづいて実施される必要がある。

　近年では、こうした展示のもつメッセージ性を活かし、博物館側のメッセージを一方的に発信するというこれまでのあり方に対して、利用者のもつメッセージとの交流を目的とする、双方向型の展示のあり方が模索されつつある。双方向型展示では、博物館展示のあり方を利用者と共有する方向へ変えることによって、展示の社会性を回復すると同時に博物館をより開放的にし、最終的には展示は利用者のために創られるものであることをめざしている。

　双方向型の展示については、ハンズオンをはじめさまざまな参加手法が考えられているが、近年では展示を創る過程にボランティアやNPOなどの市民が利用者として参加する例が生まれており、徐々にではあるが利用者のために創る博物館展示が実現しつつある。

多様化する博物館の展示空間

　現実の博物館施設をみると、近年、その展示空間が多様化する傾向にある。これまでは、少なくとも数年以上の長期にわたって常置されるいわゆる常設展示と期間を限定した特別展示（企画展示を含む）というふたつの展示空間が一般的であった。長期にわたる常設展示では、博物館が管理する収集物を中心に全体が一定のテーマにそった展示展開する。常置されているという主旨から言えば、誰もがいつでも利用し観覧するに価する展示空間である。それに対して、特別展示や企画展示は基本的には常設展示を補う補完的な展示であり、他の施設が所有・管理するコレクションや新しく収集した資料などを中心に、期間限定のメッセージ性の強い展示空間を創りだすものである。

　しかしながら近年では、生涯学習社会化の傾向がひろく社会に定着しつつあり、博物館を利用する人びとが実に多様になってきている。法律的には社会教育施設と規定される博物館は、これまでは社会教育的関心の高い人びとの利用を前提としてきたが、近年では文字通り老若男女がさまざまな目的で博物館を利用する傾向が強まっている。そのため、これまでのような常設展示と特別展示（企画展示を含む）といった単調な展示空間の構成では、多様な人びとのニーズを受けとめられなくなっている。いまや展示空間の多様化は避けられない。

　たとえば、一つの展示空間に小学五年生と中年の女性と高齢者の男性が居ると考えてみればよい。展示は、はたしてこれら3人の観覧者に対して、どのようなメッセージを交感・交流することができるのだろうか。とくに近年のように情報環境が個人化する傾向にあると、この問題はよりいっそう深刻である。

解決の方策は一つしかない。それは博物館の展示を、つまりメッセージを対象者それぞれに向けて多様化する以外に方法はないのである。空間的に余裕がある場合は、展示空間を多様化することができる。高齢者がゆったりとした時間を過ごす展示空間、また小学生たちが一緒に楽しみながら学ぶ空間、その他諸々。しかし面積的に余裕がない場合もある。そこでは、たとえば一つの展示から多様なメッセージが読み取れるような仕掛けが求められる。

　メッセージを読み取る仕掛けの基本は解説システムである。現状はまだまだ不十分であり、今後は技術的な解決を含めて大いに研究・開発しなければならない。たとえば解説プレートでは成人向けの解説文が掲示されるのが普通であるが、子どもたちのためにはヘッドホーンを用いた音声の解説があったり、さらなる情報を求める人には先へ進む手順を紹介するなど、いろいろな手法が考えられる。また近年ではバリアフリーの考え方が一般的になっており、身体に障がいを持った利用者のための解説システムを備えることも喫緊の課題である。

　生涯学習社会化がいっそう深まりを見せるなか、博物館が生涯学習社会の拠点としての役割を果たすことができるかどうかは、その展示のもつ多様なメッセージがいかに多くの人びとと交感・交流することができるかにかかっていると言えよう。（端信行／はた・のぶゆき）

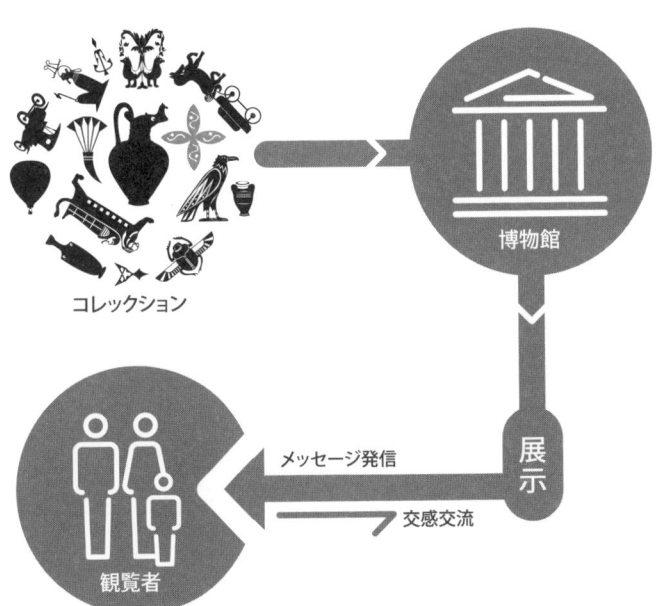

1-2
博物館の目的

　一般的には、価値ある資料(モノ)を収集し、整理・分類、収蔵・保存、展示、教育普及、調査研究するのが博物館の目的である。しかし、これらの博物館機能は長い年月をかけて、上記の文化的・社会的使命を自ら博物館に与えてきたと言うこともできる。15世紀から17世紀前半の大航海時代には世界各地から珍しいモノ(珍奇物)を集めてくることが流行し、それを眺めて楽しむ社会的風潮になっていた。膨大な資料が蓄積してくると、今度はある一定の基準にそって資料を整理し、分類・体系化を試みるようになる。18世紀になって分類学、博物学などの学問分野が発展してきた理由は、モノに対峙し、モノを科学的に探究することが重要であるとの社会的認識が広がった結果である。当初は、ガラクタの山のように未整理の資料が収蔵を兼ねた小さな部屋に保管されているだけであったが、それがだんだんと資料専用の見せる空間を作るように変化していく。ある時期には、コレクションとは博物館(ミュージアム)の建築物そのものを指す時代もあったが、徐々に見せる工夫・見せる技術が発展してきた。その結果、博物館とはモノを見せる場所という認識に変わっていった。19世紀の後半になると、博物館のコレクションをただ単に見せるだけではなく、資料の教育的価値を認め、博物館には教育的機能が必要であるという考え方が登場してきた。

博物館の定義

　博物館の国際的な機関である国際博物館会議(ICOM)では、「博物館とは、社会とその発展に奉仕する一般に公開された非営利の恒久的な施設であり、人々とその環境の有形無形の証拠を研究、教育および娯楽のために収集、研究、伝達および展示をおこなうものである」(ICOM倫理規程2004年10月改訂版)としている。

　この定義を見てもわかるように、博物館の目的には(1)社会に奉仕し、(2)研究・教育・娯楽のために、(3)有形・無形の証拠を収集、(4)研究　(5)伝達・展示、という目的があることが理解されるであろう。しかし、これからの博物館は物的資料だけではなく、それに関連した学術的情報も調査研究の対象となっている点に注意したい。新しい情報内容(コンテンツ)を博物館が創りだし、発信していくことが今日では求められているのである。モノの重要性は不変であるが、今日の知識基盤社会である21世紀では、ますますデータ・情報・知識の果たす役割が大きくなっていく。その意味では、博物館資料・コレクション・文化遺産を活用した文化・学術情報の創出も博物館の重要な役割であろう。ICOM倫理規程ではもう少し細かく博物館の目的と役割

を規定している。
(1) 博物館は人類の自然・文化遺産のさまざまな側面を保存し、解釈し、促進すること
(2) 社会からの負託を受けたコレクションを有する博物館は、社会の利益と発展のために保管すること
(3) 博物館は知識を確立し深めるための主要な証拠を持つこと
(4) 博物館は自然遺産・文化遺産を鑑賞し、理解し、それを促進する機会を提供すること
(5) 博物館の資源は、他の公的サービスや利益のための機会を提供すること

　一方、我が国では21世紀の博物館像として日本博物館協会がまとめた『博物館の望ましい姿』(2003)の中で、博物館はコレクション機能が重要であるとし、社会から託された資料を探求し、次世代に伝えることが博物館の目的であるとしている。しかも、博物館にコミュニケーション（展示・教育）機能を持たせながら、知的な刺激や楽しみを人々と分かちあい、新しい価値を創造する博物館を理想としている。博物館の社会的な使命を明確に示し、人々に開かれた運営をおこなう博物館が今日ほど求められている時代はない。（水嶋英治／みずしま・えいじ）

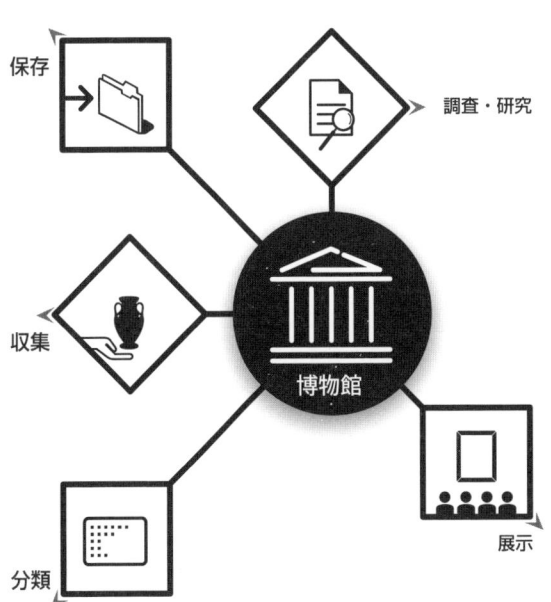

1-3
博物館の種類

　博物館は文化機関のひとつであり、歴史遺産や文化的・科学的コレクションを中心として、様々な活動をおこなう組織である。博物館は収蔵・展示資料の基本的性格や活動の性格から分類することが可能である。歴史資料を収集・展示している博物館を「歴史博物館」、民族資料を収集・展示している博物館を「民族(学)博物館」というように、出土品・埋蔵文化財、民具・生活用具・工芸品などの民俗資料、芸術作品、自然史標本、産業遺産など取り扱う資料によって、それぞれを考古学博物館、民俗博物館、美術館、自然史博物館、科学技術(史)博物館と博物館を分けている。

　しかし、個々の領域であっても、時間軸で分ければ、古代・中世・近世・近代・現代というように特定の時代を扱った博物館・美術館も多い。たとえば「美術館」というカテゴリーがさらに専門分化すれば、古代美術館、中世美術館、近代美術館、現代美術館となり、また現実に多くの国に存在している。一方、空間軸である地理的範囲によって資料を収集保管している美術館もあり、その例として、アジア美術館、中国美術館、フランドル美術館、アフリカ美術館…など枚挙に暇がない。また取り扱う美術作品の技巧・技芸によっても分類することもできる。装飾美術館、工芸美術館、刺繍美術館、写真美術館、デザイン博物館…等である。

様々ある博物館

　博物館のモノ資料だけでなく、生きた物(生物資料)を収集・展示し、また種を保存する施設、動物園、昆虫館、水族館、植物園なども博物館の範疇に入れられている。国際博物館会議(ICOM)に設けられた国際専門委員会の種類を見れば、テーマ分野別の国際委員会があり、たとえば、音楽(楽器)博物館、衣装博物館、ガラス博物館、貨幣博物館、建築博物館など多種多様である。博物館は森羅万象の世界であるから、コレクションの数だけ博物館の種類があると言っても過言ではない。地図、おもちゃ、自動車、鉄道、船、くじら、寄生虫、人形、紙、タイル、繊維、あかり、薬、大工道具…など、わが国にはユニークな博物館も多い。

　また、博物館を特定の視点で対比してみると、公立博物館に対して私立博物館、総合博物館に対して専門博物館、地域博物館(郷土博物館)に対して都市博物館、武器軍事博物館に対して平和博物館という呼称もある。設置者別に分類すれば、国立博物館、県立博物館、市立博物館、区立博物館、市町村立博物館、大学博物館、企業博物館、個人博物館という分類も可能である。その他にも、展示館、陳列館、集

古館、記念館、顕彰館という分け方もある。

　しかし、博物館として認めるか否かという問題は文化圏によって異なる。コレクションのない博物館、たとえば、プラネタリウム（天文館）、子供博物館（チルドレンズミュージアム）、サイエンスセンターなどを博物館の範疇に入れていない国もある。ICOMによる分類では、プラネタリウム、サイエンスセンターなども博物館として認めており、近年では博物館学を研究している機関もその範疇としている。

　我が国の博物館法では、登録博物館と博物館相当施設に区分している。登録博物館では、公立と私立、博物館相当施設（および博物館類似施設）では、国立、公立、私立に区分されている。

　博物館は実物資料の存在がこれまでの常識であったが、IT革命以降は「バーチャル・ミュージアム」や「デジタル・ミュージアム」といったコンピュータ画面上ないしはインターネット上で展開される博物館も登場している。これまで博物館の展示スペースが限られていたために公開できなかった資料や保存上の問題から展示できなかった資料などをデジタル化し、インターネット上で公開できるようになったことは博物館の活動の幅を飛躍的に拡大させた。また物理的に博物館に足を運ばなくても博物館の内部を実際に歩いたかのように感じられるバーチャル・ビジットは博物館革命のひとつであり、逆の側面から見れば、それだけ見せ方の工夫が問われる時代になったとも言えるのである。（水嶋英治／みずしま・えいじ）

表1. 様々な博物館の分類

博物館法上の分類	登録博物館、博物館相当施設（博物館に相当する施設）、博物館類似施設
設立主体による分類	国立博物館、公立博物館、私立博物館
展示保管場所による分類	屋内展示型、屋外展示型、野外博物館、現地保存型、収集展示型
機能による分類	全機能型、保存機能重視型、教育機能重視型、研究機能重視型、レクリエーション機能重視型
対象地による分類	広域博物館、地域博物館、エコミュージアムなど
展示内容による分類	表2参照

表2. 展示内容による分類

総合博物館		人文科学および自然科学の両分野にわたる資料を、総合的な立場から扱う博物館
人文系博物館	造形美術系	美術館、古美術館、現代美術館、デザインミュージアム、彫刻館
	歴史系博物館	歴史博物館、考古学博物館、民俗博物館、民族博物館
自然系博物館	自然史系	自然史博物館、河川博物館、生態園、動物園、植物園、水族館
	理工系	科学館、科学技術館、天文系博物館、産業技術博物館

1-4
展示、その言葉の起源、意味の起源

言葉の起源

　現在、＜展示＞という言葉は、普通に使われる言葉と言っていいだろう。この＜展示＞という言葉はいつごろから使われているのだろうか？

　古くは古事記・日本書紀からの用例が収録されている『日本国語大辞典』(小学館)で＜展示＞の項を見ると、初版(1972年完結)では1959年公布の特許法、第二版(2002年完結)では1954年と1959年の2つの文学作品からの用例が示されていて、この言葉がそれほど古いものではないことを推測させる。

　しかし、この言葉が使われ始めたのが、実際に1950年代になってからなのかと言うとそうではない。確認できているもっとも古い用例は、1877(明治10)年にさかのぼる。1点は『慕邇矣禀報』(もるれいりんぽう)で、1876年に開催されたフィラデルフィア万国博覧会を視察したデイビッド・マレーによる報告書である。もう1点は1879年の『煙草税則類纂』である。国の専売となったタバコの販売に関して、各県から国への問合せとその回答がまとめられたもので、1877年の文書の中に＜展示＞の語が見える。

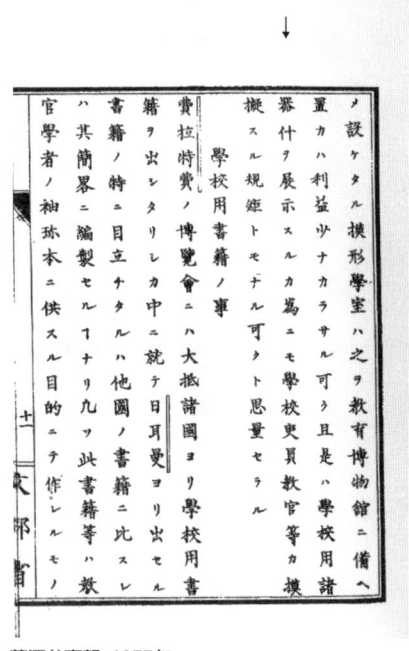

慕邇矣禀報、1877年

　『慕邇矣禀報』中、＜展示＞が現れるのは1か所で、ほとんど同じ意味で「列肆」「列展」「開列」「展列」「開展」「展観」「示ス」「列スル」といった言葉が見える。『煙草税則類纂』では、＜展示＞のほかに「陳列」が使われている。

　また、『慕邇矣禀報』には、英文の手書き草稿が残されていて、display、exhibit、showなどの語が使われているが、＜展示＞をふくめ「列肆」「列展」などの日本語と、1対1の対応関係は見いだせない。

　以降、＜展示＞は、「陳列」や「展観」「展覧」などに比べると少ないものの官報や新聞で見ることができ、時期が下るにしたがって＜展示＞の出現頻度は高くなる。それらを見ると「陳列」「展観」などが具体的なモノを対象としているのに

対し、＜展示＞はモノだけでなく、抽象的なコト（情報）をも対象とする場合も多く、コトを伝えるだけの意味での用例も少なくない。

意味の起源

それでは、＜展示＞という言葉が、現在と近い意味で使われるようになるのは、いつごろからなのだろうか？

展覧会がその初めから、情報伝達の方法として有効であると認識されていたと考えられるが、効率的、効果的な表現技術を強く意識するようになるのは1920年代後半以降になってからのようだ。2つの世界大戦の間の時期、緊迫する国際情勢の中、各国とも国民に対して国策宣伝をおこなわなくてはならない背景があったのであろう。各国でそのための展覧会が開催され、雑誌が刊行された。

1936年に「ドイツ展」、アメリカ亡命後の1942年に「勝利への道展」のデザインをしたオーストリア出身のデザイナー、ハーバート・バイヤーは「初期の博覧会・展覧会の会場は、…（中略）…ともかくも『美しく』あれば、それでよしとされていた。しかし、今日では主題そのものが『納得のいくかたちで』前に出ていなければ誤った解釈とされるだろう。…（中略）…（展覧会デザインに）分析的な方法を使うようになるのは1920年代になってからである」と述べ、1928年のエル・リシツキーによる「ケルン国際報道展」を「革命的な転回点」と表現している（Bayer 1961）。

これらの新しい展覧会デザインの動きについて、1930～40年代に商工省工芸指導所に在籍し、のちに九州芸術工科大学の初代学長となった小池新二は「勧業博覧会時代の展示対象は専ら物であり、文化博覧会時代の展示対象は『物に対する態度』、すなわち『物の観方』であるということができよう」（「限定主題の博覧会」1939年11月）と表現している（小池1943）。

さらに、資生堂のデザイナーとして著名な山名文夫は「展示ということは、ただものを列べるということではありません。ものを列べさえすれば、人が見てくれるという、なまやさしいものでもなく、人が見るということで十分でもなく見せたいものを、第一に、見ることの出来るようにし、第二に、見てよく理解出来るようにし、（中略）、（第四に）見た人の精神、思想を動かし、知識を昂めるということでなければならないと思います。即ち、展示は、陳列とか展観という消極的なものでなく、宣伝という積極的な啓発指導面に於ける重要な手段の一つであります」と述べている（山名1944）。

＜展示＞が、モノを見せ、かつ一定の考えを伝えるという意味で用いられるようになったのは、戦間～戦中のこの時期であったと考えられる。（川合剛／かわい・たけし）

1-5
展示の源流と現在

「展示」とは
　現在、我々が日常的に用いている「展示」という用語は、「(数多くのものを)ある場所に並べて大ぜいの人に見せること。(『学研国語大辞典』1978(昭和53)年4月1日発行、編者金田一春彦、池田弥三郎/発行所(株)学習研究社)と一般に解釈されている。例として取り上げた辞典に簡潔で要領を得た説明がなされているが、つまり、「展示」の構成要素には、実空間としての"場所"と、大衆の直接的参加を前提とした"公開"とが要件として求められる。近年、ますます進展するコンピュータリゼーションの下でのネット通信社会、すなわち「いつでも、どこでも、誰にでも」の情報環境とは異なり、実際的な"場所"を媒体に情報伝達が、参加した人々の五感を通してやり取りされる「今だけ、ここだけ、あなただけ」の「展示」には、空間という場の特性を活かした情報伝達機能と同時に、人々の関心と興味を惹くエンターテインメント的磁場の演出、それに加えて芸術的な洗練さが要求される。

「展示」の歴史的、社会的受容と変容
　「展示」に先行する用語には「装飾」や「陳列」があり、明治から昭和20年代にかけて、「展示」に代わる用語として盛んに使用されてきた。ちなみに、戦前に発行された『廣辭林』(1925(大正14)年9月発行/1941(昭和16)年11月新訂携帯862版、編纂者金澤庄三郎/発行所　(株)三省堂)には、「展示」の語彙はなく、そこに取り上げられている「陳列」では「物品をならべつらぬること」という説明に加え、関連する用語として「陳列館」、「陳列室」、「陳列場」、「陳列棚」、「陳列函」、「陳列窓」が挙げられている。「陳列窓」の解説が「往来の人目を惹くために、店先に設けて自家販売の商品を陳列し置く硝子窓」という説明には時代性が読み取れて興味深い。
　しかし、「展示」という用語は、昭和10年代既に、建築や博覧会に関係するデザイン分野の評論家や学者らの間では使用されており、例えば、小池新二(1901～1981/デザイン評論家・九州芸術工科大学初代学長)の著書『汎美計畫(画)』(自身の小文等を一冊にまとめた単行本/1943(昭和18)年6月発行、アトリエ社刊)では、随所に「展示」という用語が、建築や国際博覧会の紹介記事等に散見される。「展示文化随想」(1939年9月初出)という小論には、アメリカにおける博覧会ビジネスへの取り組み体制や近代化された業務管理手法を高く評価し、その一方で我が国の遅れに言及し「広告取りとブローカーと請負とを一緒にしたやうな所謂「博覧会屋」の手に、此

の事業が委ねられている限り、文化事業としての博覧会の向上は到底のぞめない」と指弾、さらに、「未だに無知蒙昧な装飾屋が跋扈し、俗悪極まりない「飾り付け」が横行している。先づ此の装飾屋の頭をたたき直すことが目下の急務」であり、そして「未だ此の事業が一個の独立した文化部門として専門的な地歩を確立してゐない我が国にあっては、斯かる「人間」の養成こそ最も努むべき點」であると主張し、展覧会や博覧会に従事する専門家の育成と近代的な経営管理学を備えた企業等による「展示文化」の形成と振興を訴えている。もっとも当時、我が国独特の伝統技術や経験の蓄積を背景に、ギルド的な体質のもとで"業界"を牽引してきた「博覧会屋」や「装飾屋」も、時代の要請に沿う形で技術革新やデザイン知識の習熟、研鑽に積極的に取り組んでおり、そのノウハウと成果は、『現代商業美術全集(全24巻、別巻1)』(アルス発行／1928〜1930刊)に見ることが出来る。なかでも「ショーウキンドー」、「店頭店内設備」、「出品陳列装飾」等の計画手順や表現技法に戦後の博物館展示を担う業界の源流を垣間見ることが出来る。戦前の博物館展示の領域では、学校教育における理科教材の企画、制作会社が標本や模型、ジオラマ、パノラマ等を博物館より個別に受注し、納品していた業態があったものの、戦後の高度経済成長期を境に、市場として成長、拡大した博物館展示事業分野に、前述の企業らが総合請負企業として参入するようになった。

「展示」の「学」へのムーブメントと学会の設立

一方、「展示」に現代的な科学の視点から取り組み、そこに"学"としてのアカデミックな体系を構築しようとする動きが、国立民族学博物館(民博／1977年開館)の設立を契機に具現化し、1982年に「日本展示学会」が設立された。会長には、民博の初代館長梅棹忠夫が就任した。展示を芸術と工学の一体化した「芸術工学」と捉える梅棹らの考えに、文化人類学者をはじめデザイン業界や映画美術関係者、博展業界関係者らが賛同し、建築、グラフィック、造形、映像・音響、照明、コンピュータ等の領域を総合化した「展示学」の確立と追究が進められていった。この「展示学」が、商業施設や博覧会、テーマパーク等の展示現場からではなく、博物館の展示現場から生まれた意味合いは大きい。その底流には、「無知蒙昧」や「俗悪さ」を忌避し、「独立した文化部門として専門的な地歩の確立」を希求した小池新二の思想との共通性を認めることが出来る。

1968(昭和43)年、梅棹がその開学の設置準備委員として関与した「九州芸術工科大学」(現九州大学芸術工学部)が開校した。初代学長は小池新二であった。小池は学部のカリキュラム編成にともない、国際見本市などを手掛けるジェトロ(JETRO／

日本貿易振興会)の関係者らを教員に招聘し、本学に小池の主唱してきた"展示文化"振興のインキュベーター的役割を担わせた。この動きは、その後の「展示学会」設立にも大きな影響をもたらし、展示学史上の重要なエポックを形成している。

学際化、業際化する「展示」と「展示学」

　「展示」という行為は、そもそもどのような"場"で意図的に取り組まれ、鍛えられてきたのか。その問いには、多くの研究の先達が商取引の形成・発展過程での体系化を試み、原初的な展示の事例として「市」を取り上げている。日常生活を営む上で欠くことのできない必需品の流通には、売り手側からすれば、同業者との競合を有利に展開するための知恵と工夫が求められる訳で、売り手は、大衆に開かれた場で他者との差異化や優位性の獲得を、「展示」を意識的に顕在化させることで凌ぎを削った。この流れの延長に、仮設的な場としての「物産会」や「共進会」、「見本市」、「博覧会」、また常設的な場としての「商店」や「勧工場」、「百貨店」、「ブティック」、「ショッピングモール」等が位置づけられ、それぞれの時代の流行や世相を展示技術やスタイル、様式等に反映させることで、その業態を発展させていった。戦後、ディスプレイ(Display)というアメリカを起点とする用語と理念が、場を媒介としたライブで直接的な対面販売環境に、高度化をもたらす販促戦略として開発・導入され、それが多様な消費活動を誘発することで、業界を取り込んだステークホルダーの関心を充足させるインセンティブな手法として広く一般化した。こうした動きとあいまって、専門家たちによってブラッシュアップされてきた「展示」という用語が、前時代的な「装飾」や「陳列」という用語を淘汰するとともに「ディスプレイ(Display)」という外来の用語と一体化し、利用者ニーズの開拓と充足に大きく寄与するプレゼンテーション技法としてジャンル化されていった。

　今日、展示企業や展示デザイン関係者らによって組織された団体の名称にディスプレイが用いられているのも、こうした時代背景が深く関わっている。例えば日本ディスプレイデザイン協会(DDA)や日本ディスプレイ業団体連合会(NDF)などである。ちなみに、ディスプレイデザイナーの職能団体である日本ディスプレイデザイン協会(DDA)では、ディスプレイデザインを「商業にかかわるビジュアルマーケティングの分野と公共的な施設にかかわる空間関係デザインのすべての分野を包括」するとした上で、「総合商業施設やミュージアムなどの文化施設のデザイン、博覧会や展示会、ショールーム、ショーウインドウ、VMD(ビジュアルマーチャンダイジング)のデザインなど」を代表事例に挙げている。また、ディスプレイ業を営む事業所等で構成される日本ディスプレイ業団体連合会(NDF)では、ディスプレイ業を経済産業省の「日本標準産業分類」に基づく事業サービス業として位置づけ、「主として販売促進、教育啓蒙、情報伝

達等の機能を発揮させることを目的として、店舗、博覧会会場、催事などの展示等に係る調査、企画、設計、展示構成、製作、施工監理を一貫して請け負い、これら施設の内装、外装、展示装置、機械設備(音響、映像等)などを総合的に構成演出する業務」とし、ディスプレイ自体の定義については「主題を空間に演出する伝達技術」としている。

我が国の博物館展示は、このような産業構造と市場環境のもとで企画立案、設計、製作、施工と一貫した業務管理体制が取られることが多く、さらに近年では公立の博物館に制度導入されている「指定管理者」として、展示の事業者が博物館経営の現場を担う場面が増えつつある。(高橋信裕／たかはし・のぶひろ)

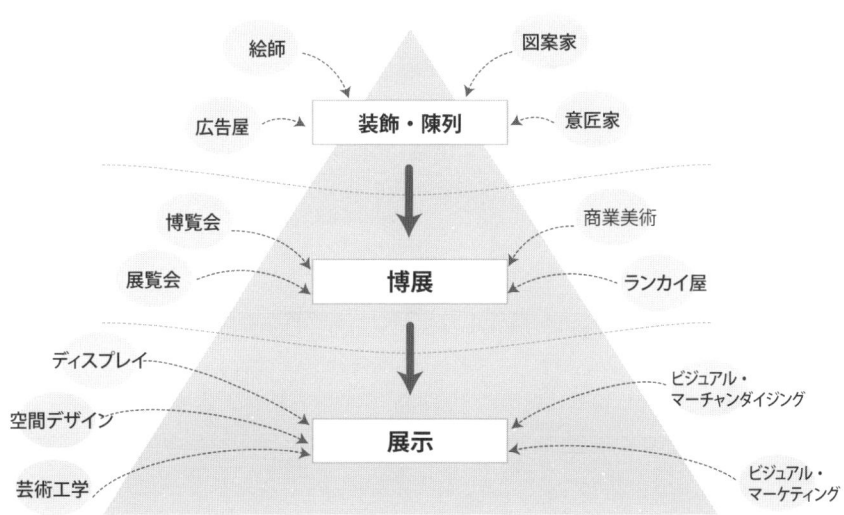

展示概念の変遷図

1-6
近代博物館の誕生と展示

　どの例をもって近代博物館の誕生とみるのか、諸説議論の分かれるところである。だがルネサンスと大航海の時代が西欧世界に'近代'をもたらしたとするならば、近代博物館の誕生はまぎれもなく16,7世紀に西欧の王侯貴族がその邸内に競って設けた「驚異の部屋」とか「珍品陳列室」にそのもとをたどることができる。

「驚異の部屋」から博物学へ

　ルネサンスの人文主義が古代遺物への関心と収集をすすめ、15世紀にはじまる大航海時代の進展は西欧の世界認識を飛躍的に拡大した。とくにこの時代をリードしたポルトガルとイタリアの貴族たちは、互いに競い合うように「珍品陳列室」を創った。彼らの陳列室には、水晶や珊瑚、鉱物のような自然界の産物や貨幣、羅針盤、時計、絵画などの人間の産物、古代の工芸品、そして蛇の皮、ダチョウの卵、動物の歯、象牙細工など異国の産物などが一堂に集められ、雑多に飾られていたようだ。

　17世紀も後半になると、コレクションにも分化が起こり、王侯貴族は美術品を、学者や医者は自然界の標本を集める傾向が明確になってくる。デンマークの医学者でコペンハーゲンの大学で教鞭を執っていたオーレ・ウォルムのコレクションはとくに有名で、みずから『ウォルムのミュージアム』を編纂しているが、その表紙を飾っている版画には、自然界の産物から異国の産物にいたるまで大量に収集し、それらを所狭しと並べている様子が描かれている。

　18世紀に入り、体系的な動植物分類で有名なリンネなどによって博物学が確立する。その認識方法は、あらゆるモノについて、そのモノが有する本来の意味を切り離し、目に見える特徴だけを基準に分類し、並べ整理するというものであった。これは今日でも動植物分類の基本になっており、同時代のフーコーは「博物学とは可視的なものに名を与える作業」と述べている。こうした考えにもとづけば、収集物の分類が必然的に展示方法に反映する。こうして18世紀の半ばには、世界最初の近代博物館とされるフランス王立植物園附属博物資料館(後の自然史博物館)や大英博物館が誕生するのである。

テーマ博物館と展示の多様化

　大英博物館の誕生は、よく知られているように、医師ハンス・スローンの収集品にさかのぼる。彼が自邸に収集していた動植物標本などを、死後に議会が買い上げ、グ

レート・ラッセル通りに面したモンタギュー・ハウスに収め、1759年に一般に公開した。これらコレクションは、生前のスローンによって体系的な分類・整理が行われていたといい、大英博物館の初期の展示が博物学的な分類を基準にした展示であったことは疑いない。

また、このときの展示場がすでにガラスケースを多用したものであったことも、注意を引く。つまり、現代のわたしたちがごく普通に目にする博物館の陳列用ガラスケースは、すでにこの時代からはじまっており、同時に展示物には触れないで、視覚だけを利用して観覧する慣習もこの時代からはじまったと言える。

19世紀も後半になると、産業革命の進展を背景に万国博覧会が開催され、博覧会の開催があらたな博物館の誕生をうながすことになる。1851年のロンドン万国博覧会では、博覧会の出品物をもとにサウス・ケンジントン博物館がつくられ、産業教育の博物館となった。これらをきっかけに、博物学以外のさまざまなテーマをもった博物館が誕生してくる。そこではおのずとあるテーマをもとにした収集物が展示されることになり、展示もその目的に合わせてさまざまな方法が試みられるようになった。

わが国においては、明治維新直後から博物館設立構想が唱えられ、出品者を募っての内国勧業博覧会を実施しつつ、博物館を誕生させた。その中心的な推進者であった町田久成は、維新前に薩摩藩英国留学生として渡英し、大英博物館やパリの自然史博物館をつぶさに見学し、それらをモデルとした博物館を構想した。この構想は、最終的には今日の国立科学博物館に継承されている。また福沢諭吉もその著『西洋事情』のなかで、博物館は世界中の物産、古物、珍物を集めて人に示し、見聞を博くするために設けていると述べ、鉱物博物館、動物学博物館、動物園、植物園、医学博物館の5つを紹介している。

当時から140年ちかくをへて、今日ではわが国における博物館等施設は文部科学省が把握しているだけでも6,000館園以上にのぼり、実にさまざまなテーマの博物館施設がつくられている。それにともなって、当然のことながら、展示のあり方や手法にも多くの工夫や開発が加えられ、今日の多様な展示空間が生みだされるにいたっている。

(端信行／はた・のぶゆき)

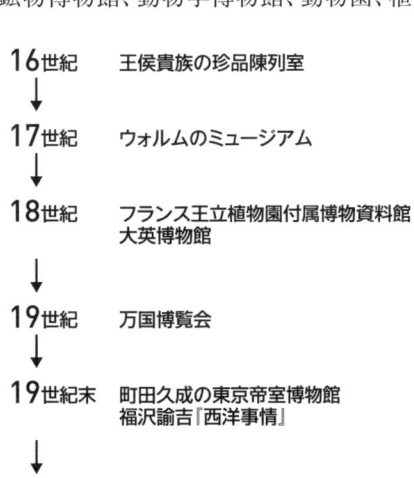

16世紀	王侯貴族の珍品陳列室
17世紀	ウォルムのミュージアム
18世紀	フランス王立植物園付属博物資料館　大英博物館
19世紀	万国博覧会
19世紀末	町田久成の東京帝室博物館　福沢諭吉『西洋事情』
現在	

1-7
現代の博物館展示（新技術の登場）

博物館展示の「現代化」はいつから

　博物館展示の「現代化」には大きく三つの流れ、デジタル、体験、運営がある。この三つは、それぞれが「開かれた博物館」の支流である。

　1969年の中央教育審議会答申で「開かれた大学」が記されて以来、背景や視点は異なるものの、このキャッチフレーズが公的施設のあり方に広く影響を及ぼした。「開かれた博物館」と謳うことで、それまでの呪縛であった「あるべき姿」から逃れ、「現代の博物館」となった。楽しいからこそ博物館に行こうというニーズを掘り起こし、実物資料や復原・複製の利活用がすすみ、博物館がコミュニケーションの場として機能するためのスタッフの充実が図られた。「開かれた博物館」が、基本構想、基本計画に謳われはじめた1980年代頃から、博物館展示の「現代化」が始まったと言える。

①展示のアクティブ・メディア化

　梅棹忠夫『メディアとしての博物館』(1987)以降、情報を発信する主体として、博物館自体がメディアであるととらえることが普及した。メッセージを伝えたい発信者は、列品する展示資料にも、資料自体の媒介性、つまりメディアとしての機能を期待する。その意味で、通常メディアとして捉えられる映像やグラフィック以外の手法においても、メッセージは発信されている、という考え方が一般化した。近年では、来館者という受信者が、メッセージを受信し消化するステップをナビゲーションすることが意識化され、展示のメディアリテラシーの重要性も認識されてきた。これも一方的な発信姿勢から、体験者目線に基づく展示ストーリーの構築という変化に現れてきている。

②一方向性から双方向性へ　楽しい博物館へ

　一方的な展示姿勢から双方向的に変化したことは博物館の「現代化」の大きな特徴である。展示の双方向性を可能にしているのは、コミュニケーション・スタッフの充実や、デジタル技術やプリミティブな手法による体験型展示であり、これらが相補的に組み合わされて、メディアリテラシーに適した豊かな博物館体験を実現している。この双方向性とメディアリテラシーを背景に、重視されてきているのが展示の「楽しみ」化である。作り手側と受け手側との、展示というメディアを通した往来が相互にかつ活発化したことによって、「楽しさ」という水が流れる三つの川が肥沃な扇状地を形成し、多彩な実りをもたらしている。

デジタル

展示のデジタル化は様々な面で進んだ。情報検索装置はもとより、体験装置の制御、展示映像のCG、インタラクティブな体験装置、バーチャル・リアリティやミクスト・リアリティーなどバリエーションとその進化はめざましい。インターフェースも、マウスやジョイスティックというおなじみのものから、アナログ的な変化量のデジタル化、RF IDなどの受発信システムによる物理的なオブジェクトの位置情報やその変化量、そして画像認識によって体や物体の動きを使った入力など、展示への応用が進んでいる。こうした技術を組み合わせ、開発し、展示に応用する関係者の創意工夫があって、楽しみを提供できる体験装置が開発され続けている。

①インタラクティブ化

デジタル技術の導入によって、直感的にわかる操作性と結果への期待感、視覚以外の感覚への訴求が飛躍的に高まり、ひいてはこれらの体験展示の操作そのものを魅力的なものに変えていった。例えばドライブ・シミュレータのように、左にハンドルを切れば画面の中の風景も左に曲がっていくというインタラクティブな動作は、多変的な入力に対応してリアルタイムに出力され、情報が時間的ストレス無く活発かつ双方向的に往来するという、デジタルならではの動作を実現している。展示趣旨との合致が前提であるが、楽しく効果的で印象深い体験装置として、普及の一途を辿っている。

②装置のデジタル化

物理的な動作系に頼っていた体験装置も、内部処理がデジタル技術に急激に置き換わっていった。例えば回転ハンドルで力を伝達する場合でも、変化量をデジタル処理することで、細かな制御、リセット、耐久性、メンテナンスの軽減化等のメリットが評価され、是非論はあるが、活用の幅も広がっている。

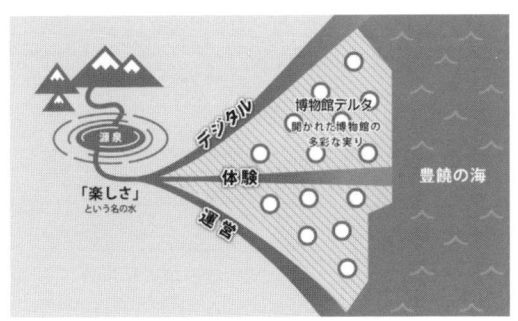

③メディアアート化
　展示にメディアアート的アプローチが本格的に導入された日本科学未来館では、従来とは異なるデザイン要素やスタイルでフィルタリングされることで、展示の体験性や出力が魅力的になり、目の前にした来館者の興味を刺激している。インターフェースを通常のマウスやトラックボール、ボタン等ではなく、自分の肉体や日常の道具、昔の道具などが入力の「デバイス」化していることも見逃せない。出力も画面ではなく、ボールの数や動きによって表現されるなど、デジタルらしからぬ反応で表現される。デジタルへの飽食感もあって、アナログ的手法への回帰、あるいはアナログ的入出力にこだわる展示手法への志向というアンチデジタルな傾向も見られる。

体験
　体験の展示への導入は、博物館的展示施設が多種多様な学習環境を取り込める特色を活かしたものである。デジタル化とパラレルに生な体験への重要性が認識され、感覚のチャンネルを拡張化・活性化させる豊かな成果をもたらし、印象に残る体験を提供できることから、多くのバリエーションが開発され、導入が進んでいる。そもそも、触ってみたい、動かしてみたい、やってみたいというウズウズした好奇心を満たし、楽しさに直結している。運営的負担が必要な形態ではあるが、その負担以上に高い効果が期待できる重要なメニューとなっている。そのため、体験展示室などの専用の場も設けられるようになり、リピーターの大きな動機付けともなっている。

①展示動線に沿った体験
　実物資料に触れる、レプリカの道具を使ってみる、ごっこ遊びで追体験してみる、その場ですぐわかる実験をしてみるなど、展示ストーリーに沿って動線上で提供される体験は、単なる「見るだけ展示」から脱却するものとして、数多くの施設で試みられている。無人の場合は、安全性の確保、リセット、繰り返し体験等への対応が必要であったり、体験できる範囲や内容に制約が発生するものの、展示に関心を抱く動機作りとして欠かせないメニューとなっている。

②展示室からの解放
　館全体のバックヤードツアー、屋外の活用、館外での活動など、特定の場所にこだわらないプログラムは従来から盛んに実施されているが、意図的にこれらの機能を盛り込むことが増加している。アウトリーチ活動と称し、学校との連携、地域との連携を目的に、博物館自体が「外出」することも意識的かつ積極的に実施されてきている。

運営

　運営の「現代化」は主に、コミュニケーションのためのスタッフの充実である。メディアリテラシーという観点からも、パーソナル対応が可能になるとともに、一歩進んで「がすてなーに　ガスの科学館」（東京都江東区）のようにコミュニケーションそのものを目的とすることで、博物館体験の新しい視野が広がっている。

①バリアフリー、ユニバーサルデザイン、ノーマライゼイション

　何らかのハンディを持つ人々への対応も「開かれた博物館」の眼目の一つである。展示では主に移動障がい者、聴覚障がい者、視覚障がい者が対象となるが、高齢者、幼児（連れの親）、あるいは日本語以外の母国語スピーカーへの配慮も対応が進んできている。障がいは個別性が高く、対応のための条件が相反する場合もあることから、運営的対応が欠かせない。全ての人々が「普通」に安心して楽しめるために、公的施設の役割として、幅広い対応が求められている。

②市民参加

　博物館評価、展示評価等の導入により、館側、展示制作者側の目線だけでなく、ユーザー目線で展示製作物を評価し、改善していくことが見られるようになってきた。公的機関が設置する場合の説明責任として、また一方でいわゆる箱物批判に対応して、市民のための博物館となるために、市民が博物館の性格や事業を決め、またその運営に携わることが定着しつつある。

③指定管理者制度

　指定管理者制度は、2003（平成15）年に改正地方自治法が施行され、地方自治体の「公の施設」の管理に関する制度が改正されたことによって創設された制度である。現代の博物館が抱える、最もホットな議論の一つであり、是非の双方ともに現実的な課題をはらんでいる。この影響が展示の見た目に現れることは少ないだろうが、運営に対する理解が低いと指摘され続けてきた展示業界が、展示施設の運営主体となる機会を得たことにより、運営を視野に入れた展示企画・設計・制作を試みようとしており、展示の水準を引き上げる可能性はあるかもしれない。（建石治弘／たていし・はるひろ）

写真：木村浩

2章
展示のプロセスと人

　学芸員の仕事の大きな柱は博物館の展示をつくり、運営する事である。しかし、「江戸城を作ったのは太田道灌ではない。大工や左官だ」というのと同じように「展示」にも様々な人が長期間、関わっている。

　また、一般の人々に公開される博物館の展示は、たとえ私立であっても公的性格を持つものであり様々な手続きや配慮をしながら組織的につくられていく。「資料の保存」というもう一つの博物館の柱に対し「展示」はマイナスの方向にも働くので、このことも考えなければならない。

　この章では、プロの仕事としての博物館の展示の進め方やこれに関わる人々について、現場の経験を踏まえて紹介していく。（草刈清人）

2-1
展示を発想する

博物館はウチモノ
　博物館や美術館は「箱もの」だ。役に立たない「箱」に税金を投入することは無駄である。止めちゃえ!つぶしちゃえ!と批判されることが良くある。批判され、本当にアッという間に閉館に追い込まれてしまった科学博物館、文学館、道路の資料館などもある。確かに、博物館には建物が必要であり、その意味ではハコモノである。が、収蔵庫には資料・情報があり、展示室には展示がある。中身のつまった箱を、ハコモノというのか?中身があるからキャラメルであり、空き箱をキャラメルとは呼ばない。中身の詰まった博物館はハコモノではない、ウチモノなのだ。ハコ＝建物は収蔵資料や展示など博物館の中身の為にある。
　博物館の二大「中身」である、展示と資料・情報は相互に深く関係はしている。だが、資料・情報は展示の為だけに収集している訳ではない。ある県立博物館の学芸員が博物館は「現代の正倉院」だと言っていたが、貴重な文化財、ガラクタ(これも時がたつとともに「文化財」)、標本、時には飼育栽培を通じて生きている状態で、百年単位の未来に伝えていく事は、それ自体が博物館の重要な機能なのである。本当の正倉院だって奈良国立博物館の展覧会のために保存してきた訳ではない。死蔵と批判されようとも、収集しておくだけでも意味がある。
　収集した資料・情報を展示に活用すること「も」あるし、かなりの展示資料は館蔵品でもある。しかし収蔵資料だけでは展示にならないのが本当のところだ。

研究成果を展示するのではない
　資料・情報を収集保存しておくだけでも意味があるが、それら調査研究し学問的な貢献をすることは博物館の重要な機能だ。博物館の展示は学芸員の研究発表の場であると言われることがある。たしかに、学芸員の研究成果を収蔵資料だけで構成するという展示も無いでは無い。博物館が実施した調査研究の成果を発表、紹介する展示もある。展示に研究成果が活かされることも多い。しかし、建設予定地から大量の遺物が発掘された、民具がまとまって寄贈された、収蔵資料を活用しないと問題になる、市制＊＊周年だ、印象派は人気がある、地域振興の為、子供たちの科学の楽しさを伝えたい‥などなど「展示をする事」の動機は様々である。だから、多くの場合、日頃の研究とは異なる展示のテーマに沿って新たに資料や情報を集め、展示を構築していくことになる。

博物館の調査研究と展示は密接に関わっているべきだが、展示のために研究がされているわけではないし、研究成果だけで展示を構築することは出来ない場合が多いのだ。

ボーッと、ジーッとが発想の要

ある国立博物館の方が「展示室でボーッとしたり、ジーッと資料を見つめることが展示企画には大切なのだが、雑用が多くて…」と話していた。確かに私の経験でも大会議を開いて展示を検討したところでろくなアイデアは出てこない。一人でボーッとジーッとが必要だ。また、基本的なアイデアを出して行くには一人でも良いが、立ち飲み屋での談笑、すなわち小グループの自由闊達な意見交換も案外重要だ。こうして出てきた曖昧模糊としたアイデアを深化させるにはKJ法が役に立つ。

展示は特定した空間による情報メディアだ。だから、展示の企画とは伝達したい「情報・資料」を把握し、特定した「空間」(展示室、園内)で「一定期間」伝達できるように企むことなのである。空間のメディアなので、その空間に展示したい資料が入るスペースがあるか、持ち込めるかが、かなり重要になる。展示を企画する場合には常に巻き尺を持ち、展示資料のサイズや形、入り口のサイズ、展示スペースのサイズをチェックすることがすごく重要である。入り口が狭くて、資料を切断して中で再び繋げたなどと言うことがしばしば起こる。他の情報メディアにはない特性である。

博物館の展示は不特定多数が利用するマスメディアだ。だから素人にも解りやすいというだけでなく、グッと引きつける、飽きさせないなどの工夫も必要だ。さらに、プロの仕事としての展示を発想する場合には、「資金」、関係者の「説得」、「入場者数」など世俗的な事柄もすごく重要なのである。(草刈清人／くさかり・きよと)

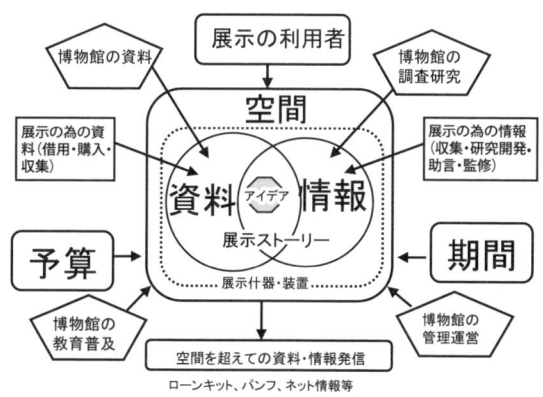

展示企画の構造図

2-2
企画から完成まで

　博物館づくりは、おおむね、構想段階(基本構想、基本計画)、設計段階(基本設計、実施設計)、製作施工段階のステップで完成に至る(図1)。こうした流れの中で、展示の企画デザインが、具体化していくのは、基本計画以降である。以下に、その概要をまとめる(図2)。

基本計画段階
　博物館全体の具体的な方向性、施設、展示、活動、運営等のあり方を策定するのが基本計画である。展示計画では、先ず、基本構想で示された博物館の目的を具体化するために必要な展示、すなわち常設展示、企画展示、屋外展示等の有無を明らかにしていく。
　常設展示では、その館のテーマを明確にしていくとともに、総合展示、テーマ展示、コレクション展示、体験学習展示等、設定する展示の性格を定める。企画展示では、その頻度や規模等を想定し、必要な規模や展示環境を明らかにする。さらに、常設展示では、ゾーン毎のねらいと内容や目玉展示等を明らかにしながら、この段階での完成イメージを描いていく。これらは、建築設計に対しての与件となるが、まだ、建物が決まっていないので、ここでのイメージは、あくまでも考え方を示したものである。
　基本計画の策定は、設置者サイドの検討委員会や事務局、準備室等が、主体となって進められていくが、コンサルティング会社等がそれを支援するケースも多い。展示だけではなく博物館づくり全体の各種のノウハウを有している大手の展示会社が、この段階でのコンサルティング業務を手がけることもある。

基本設計段階
　設計の段階になると、建築、展示、造園、情報システム等、各分野の専門会社に設計が委託発注される。展示設計を担うのが展示会社であり、展示の企画設計は、学芸員と展示会社のプランナー、デザイナーとの共同作業で進められる。
　基本計画で示された方向性を確認しながら、展示のねらい、展示テーマ、ターゲット、展示の性格等、展示の考え方の明確化をはかる。それに沿って展示の全体構成を検討するとともに、ゾーン毎の展示意図、内容等を明らかにしていく。ここまでが、おおむね展示の企画業務となる、展示会社ではプランナーが中心を担う。
　そして、この展示企画をもとに、展示空間としての具体化をはかっていく段階が、展

示デザインである。建築設計に示された展示室の物理的条件をもとに、ゾーニングや導線を検討しながら、展示プランを平面構成や立面展開に置き換えるとともに、映像や造形等、主要な展示手法や展示演出のあり方を検討し、完成イメージを作成する。その際に展示内容やテーマに相応しい素材や形状なども検討し、デザインコンセプトを固めていく。商業系のデザインでは、はじめにデザインコンセプトあきりの場合もあるが、文化財を展示する環境条件や来館者への情報伝達効果など、主人公となるモノやヒトの条件をも吟味しながら進めていくところが博物館の展示デザインの特色である。

さて、基本設計の完成によって博物館展示の骨子が固まり、ここで描かれた完成イメージは実際のそれと近いものになるが、より実際の展示として具現化するためのスタートが展示ストーリーの作成である。

美術館の展示は鑑賞型展示であり、展示する作品の選択は学芸員の手にゆだね

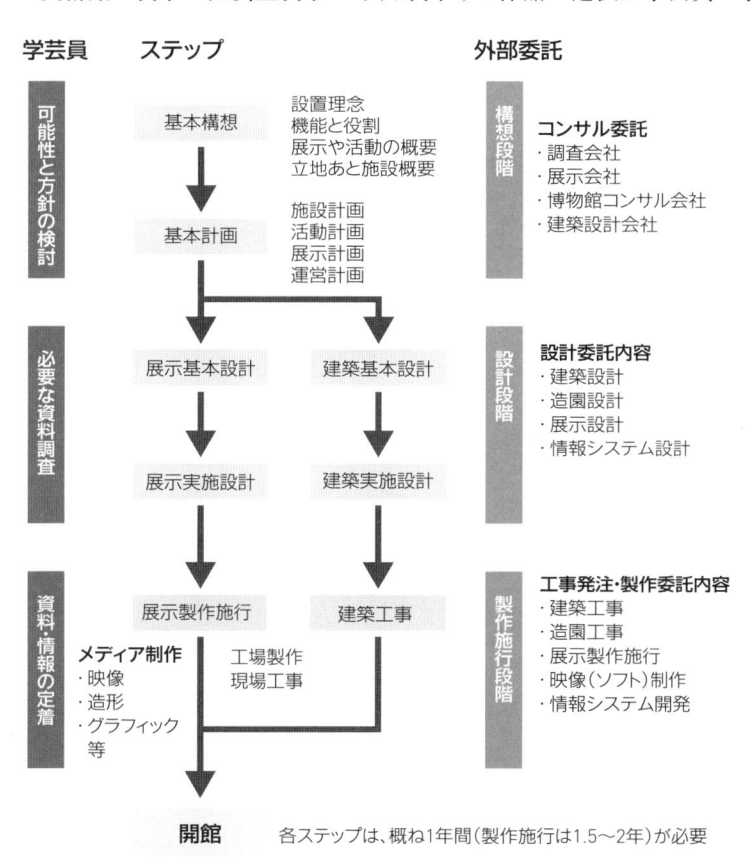

学芸員	ステップ		外部委託	
可能性と方針の検討	基本構想	設置理念 機能と役割 展示や活動の概要 立地あと施設概要	構想段階	コンサル委託 ・調査会社 ・展示会社 ・博物館コンサル会社 ・建築設計会社
	↓			
	基本計画	施設計画 活動計画 展示計画 運営計画		
必要な資料調査	展示基本設計 / 建築基本設計		設計段階	設計委託内容 ・建築設計 ・造園設計 ・展示設計 ・情報システム設計
	↓ ↓			
	展示実施設計 / 建築実施設計			
資料・情報の定着	展示製作施行 / 建築工事		製作施行段階	工事発注・製作委託内容 ・建築工事 ・造園工事 ・展示製作施行 ・映像(ソフト)制作 ・情報システム開発
	メディア制作 ・映像 ・造形 ・グラフィック 等	工場製作 現場工事		
	開館	各ステップは、概ね1年間(製作施行は1.5〜2年)が必要		

1 博物館ができるまで

基本計画	構想を具体化するための諸計画を策定する。これによりミュージアムの全体像が明らかとなる。			
	施設計画	展示計画	活動計画	運営計画
	・建設予定地 ・敷地計画(造園、駐車場等) ・建築計画(規模、構造等) ・必要な施設と構成 ・誘導計画	・設定する展示の種類 ・常設展示のテーマと対象 ・各ゾーン毎のねらいと内容 ・企画展示(頻度や内容) ・屋外展示など	・資料収集、保管 ・調査研究 ・学習交流、学校連携 ・情報システム計画 ・広報、集客計画	・開館時間、料金等 ・運営方式と組織体制 ・市民参加のあり方 ・関係諸施設・機関との連携 ・事業計画(収支、計画)

展示基本設計	展示計画の考え方や内容を「空間」として成り立つように具現化し、形にする。			
	施設の考え方	展示計画	展示空間	運営演出
	・展示のねらい ・展示テーマ ・主なターゲット ・展示の性格	・各ゾーンの意図 ・各ゾーンの展示内容 ・展示構成(概念図) ・展示構成リスト	・ゾーニング・導線図 ・平面図 ・立体図 ・完成イメージ	・造形演出計画 ・映像演出計画 ・照明演出計画 ・開設計画

↓深化

展示実施設計	展示設計をベースに詳細を詰めて図面化する。絵コンテやイメージが、構成概念図等を用いることもある。			
	全体	空間系設計		情報系設計
	・特記仕様書 ・展示構成リスト	・全体ゾーニング図 ・全体導線図 ・全体平面図 ・全体立面図	・詳細平面図 ・詳細立面図 ・詳細詳細図 ・部分拡大図	・電気図 ・照明図 ・天井伏図 ・什器備品図	・全体鳥瞰図 ・ゾーンイメージ図 ・展示物展開図	・グラフィック図 ・映像演出計画 ・照明演出計画 ・開設計画

空間系設計 ↓入札
展示製作施行

2 各段階での展示企画、デザイン業務

られる。それに対して、博物館の展示は学習型展示が中心であり、モノを使って意図を伝えることに主眼が置かれる。そのためのストーリーづくりは「考え方」が中心の基本計画の段階までは、博物館が扱う分野や資料についての専門知識に立脚して行うことができるが、具体的な展示表現に直結する基本設計の段階では、空間やメディアについての専門知識も必要となってくる。そこで、学芸員と展示のプランナー、デザイナーとの共同作業が必要になってくるのである。

また展示ストーリーの作成にあたっては、一定の定石を踏まえることも大切である。もちろん、最終的に完成した展示ストーリーは、それぞれの博物館でオリジナルなものになるのだが、定石を知るか知らないかでは、結論に至るまでの時間が変わってくる。こうしたことも博物館展示ならではの基礎知識といえよう。

実施設計段階

基本設計をベースに詳細を詰めて図面化していくのが実施設計である。基本設計の段階でも、大枠の図面は書かれるが、実施設計では、詳細図や部分拡大図、電気図、照明図、天井伏図など必要に応じて各種の図面が作成されていく。それと並行して展示する実物資料も、具体的なものが選定されていく。いざ展示が完成したら

モノが入らなかったということにならないように、展示ケース等の什器設計と学芸員が行う資料選定とは並行作業が求められる。また、将来的な展示物の入替え等も考慮する必要がある。

そして展示ならではの設計がグラフィック、映像、造形等の「情報系」と言われる分野の設計である。基本設計の段階では、コーナースケッチ等でイメージ表現されていたものが各メディア別(工種別)に設計されていく。グラフィックは、掲載される図版の原稿作成者や写真の出典等の明確化、原稿等の文字量の検討等を行いながらグラフィック図を作成する。映像やIT メディアのソフトについてはシナリオとしてまとめるとともに、機器は仕様やスペックを記した装置図(システム図)を作成する。模型やジオラマ等の造形物は、図面表現が難しいため完成イメージスケッチによって検討が行われる。また、必要に応じて模型等を作成する場合もある。

グラフィックの素材、映像や造形物の制作資料は、学芸員から提供されるのが基本であるが、不可能な場合は展示設計会社が代行することもある。また、時代考証等が必要なものについては、有識者による監修委員会等が設置される場合もある。

このように「情報系」の設計は博物館展示ならではの分野であり、展示設計会社からはプランナーやデザイナーに加えて各メディアの専門デザイナーやディレクターが参画する。こうした人々と学芸員との良きコラボレーションとコミュニケーションが、展示設計を成功させる鍵を握っているといえよう。

製作施工段階

実施設計図にしたがって設計者見積もりが作成され、入札によって業者が決定し、製作施工の段階に入る。建築と同様、展示工事となる場合もあるが、より自由度の高い展示物委託製作となるケースも多い。

建築は、設計と工事が別の業者に発注されるのが通例であり、展示も床・壁・天井等の内装工事や什器製作については建築と同様の考え方が成り立つ。しかし、「情報系」(グラフィック、映像、造形等)の分野についてはソフトとハードを区分することが難しく、そのため、意思伝達上のリスク回避とコスト低減の観点から結果的に設計と製作施工を同一の会社が担当することが多い。

また、製作施工の最中に設計変更を余儀なくされるというケースもある。たとえば施工中に新しい遺跡が発見された、新しい標本が採集された、自治体の合併により地域としての対象エリアが広がった等のケースである。こうした事態に柔軟に対応していくためにも、展示の企画、デザインは完成直前まで続くといっても過言ではない。
(若月憲夫／わかつき・のりお)

2-3
展示に関わる人々

　「展示をつくるのは誰か」という問いに対し、博物館(学芸員)であるとの答えが一般的だと思われるが、実際に展示が完成するまでには、運営者である博物館関係者以外にも、数多くの多様な人々が関わっている。ここでは、公立博物館における展示づくりの場面を例に、展示に関わる人々とその役割を概観する(図1)。

国・地方自治体(設置者)

　公立博物館の展示づくりにおいて、国や都道府県・市町村等の地方自治体は設置者として、展示の目的は何か、誰を対象に、どのような内容の展示を、どの程度の規模で行うのかといった事柄について最終的な意思決定と責任を担う。

　首長・行政(担当部局)は市民や議会に対して展示プランを説明する役割を担い、予算的措置を行う。議会ではこの展示プランの必要性や実現性、継続性等が検証され、承認されたのち、実際の展示づくりが稼働していく。

博物館(運営者)

　展示づくりにおいて、学術的なイニシアティブを一貫して持つのが博物館、特に学芸員である。

　展示テーマや構成、展示資料の選定、解説文の作成等、展示で何をどのように伝えるか、そのために必要な展示構成や展示資料は何か、どのような手法で伝えるかを検討・決定する役割を担い、展示の企画から設計、制作の各段階で中心的な役割を果たす。また、完成後の展示を管理・運営する点からも、展示づくりにおいて持続可能で的確なジャッジが求められる。なお、これらの業務は、以下に説明する展示会社や協力者等との協働で行われることが多い。

展示会社

　展示プランを三次元化するには、学芸員の展示意図を最も効果的に伝える手法を検討する作業が必要である。そのための展示ストーリーづくり(展示の流れ、展示手法等)と図面化(空間や展示機器等のデザイン、システムの設計)、施工を主に担当するのが展示会社である。それぞれ、企画担当(プランナー)、設計担当(デザイナー)、制作担当によって担われている。展示設計・制作の過程では、これらの人々以外にも、模型・造形、グラフィックデザイン、映像・音響、電気設備、構造等の技術者が、各

場面で活躍する。

協力者

　外部の有識者の意見等を加えて展示をよりよいものにしていくため、展示委員会を設置することがある。多くの場合、展示委員会は行政によって設置され、展示内容に関する学識経験者や地域の教育関係者、NPO等活動団体等の構成員から成る。展示委員会では、博物館や展示会社が作成した展示の素案をもとに討議・検討を行い、展示内容の決定に影響を与えていく。

　このほか、展示内容についてより専門的な見地から監修を行う学術監修者、標本資料・情報資料等を提供していただく資料提供者、他館との連携で展示づくりを行う場合等は、関連機関等の協力者が欠かせない。

一般市民

　かつては展示づくりに市民が登場する場面は少なく、展示が完成した後のエンドユーザーとしての関わりがほとんどであったが、今日では展示づくりの各段階において市民の声を取り入れたり、市民主役の活動によって展示が作られたりする場面も多くなってきている。その方法には、行政が計画・設計等の節目に行うパブリックコメント、ワークショップやシンポジウム等のプログラム・イベントを通じた市民参加の展示づくりのほか、日常的に館と市民との協働による調査活動などをベースに展示がつくられる例もある。「市民参加」から「市民との協働」は、近年の展示づくりにおける大きな流れとなっている。（安斎聡子／あんざい・あきこ）

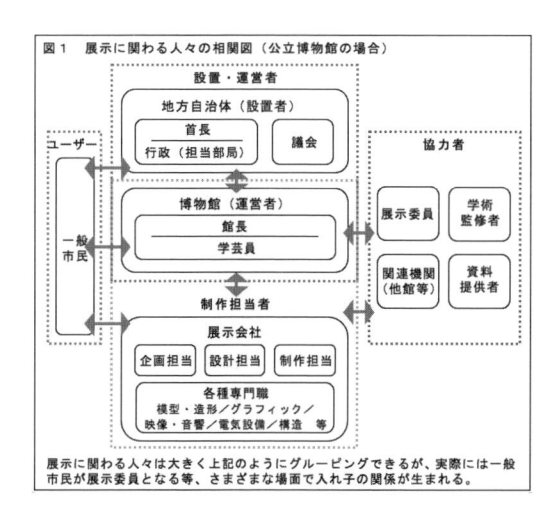

図1　展示に関わる人々の相関図（公立博物館の場合）

展示に関わる人々は大きく上記のようにグルーピングできるが、実際には一般市民が展示委員となる等、さまざまな場面で入れ子の関係が生まれる。

2-4
展示と建築

博物館計画における展示と建築

　学芸員や展示企画・設計者は、展示資料や情報をどのように来館者に分かりやすく伝えるかを研究し、それらの配置や演出(見せ方)を考える。展示の流れは情報のヒエラルキーと順序がストーリーとして整理されると同時に動線上での抑揚や心地よさをつくりだし、来館者にとっての分かりやすさを演出する。これは一つ一つの展示資料という博物館の最小単位から発想し、それらを集積し展示をストーリー化していく展示からのデザインアプローチである。

　一方、建築設計者は立地の地理的、法的条件からその環境や風土を分析し、建築のストーリーを作りあげる。博物館の様々な機能をゾーニングするとともに、施設の利用者と管理者の双方の利便性を考慮した動線計画をたてゾーンごとの関係性を整理する。

　展示と建築の2つの方向からのデザインアプローチが同じ価値観のもと、同軸上に融合した時、感動的な展示と空間体験を来館者に提供でき、誰もが利用しやすい博物館が実現するのである。

展示と建築が融合していない博物館

　展示と建築がうまく融合していない博物館は多い。それらには、3つのタイプがある。

　1つめは、建築設計者が展示や施設の機能性より外観の象徴性や作家性を重視してデザインしたものである。展示設計という概念が十分に普及していなかった1970年代からバブル時代の建物に多く見られ、奇抜なデザインが機能を圧迫している。

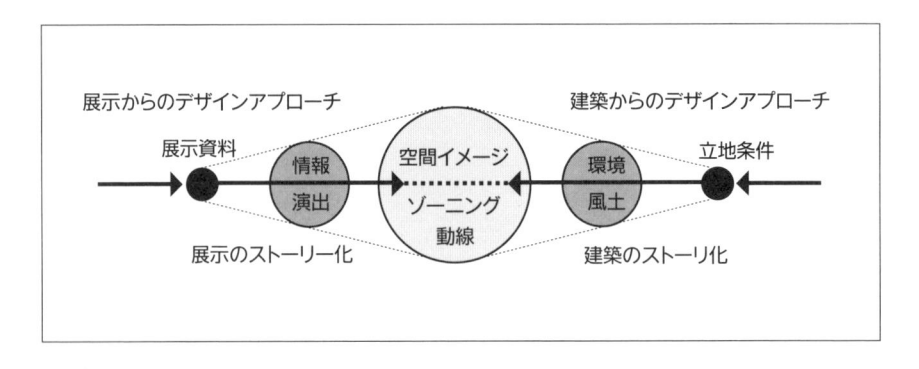

2つめは建築設計者が展示に関心のないまま計画した建物で、展示室は貸会場や百貨店のフロアのように単純で無個性な「ハコ」として存在している。

3つめは建物の再活用が文化財保護・環境保護の方策の一つとして捉えられるようになった最近、増え続けているケースで、耐震補強やバリアフリー化の整備とともに古い建物を博物館として再活用したものである。建物の歴史的な意味と展示内容が一致する場合は相乗効果も期待できるが、無関係な場合も多く、博物館という複雑な用途に対応する条件をクリアするために逆に多くのコストを要する場合もある。低い天井や数多くの柱等が、展示に多くの制約を課している場合も多い。

展示と建築の調整内容

展示と建築はどちらかが極端に先行するのではなく、同時進行的に各段階で綿密なコミュニケーションをはかっていく必要がある。

基本構想、基本計画段階では、事業主が中心となり、展示と建築のそれぞれの専門家がサポートする形で、博物館の目的と目標を整理し、コンセプトを立案する。

基本設計の段階では、ゾーンの基本構成と空間イメージをそれぞれの立場から検証し、それらを互いに共有する。施設の機能のレベルを最大限に高め、さらに空間デザインの特徴をどのように創り出していくかはこのタイミングでの事業主、展示、建築の関係者の3者の協働作業の深度にかかっている。

実施設計の段階では、技術的な調整が中心となる。例えば展示で必要な電源はその容量と位置を建築設計とすり合わせておく必要がある。展示物を天井から吊り下げる必要がある場合は、吊りもとに十分な強度が必要になる。その他、避難動線の確保や非常用設備に関すること、大型展示物の搬入ルート等、展示と建築の双方の技術者が解決すべき内容は膨大である。（高橋久弥／たかはし・ひさや）

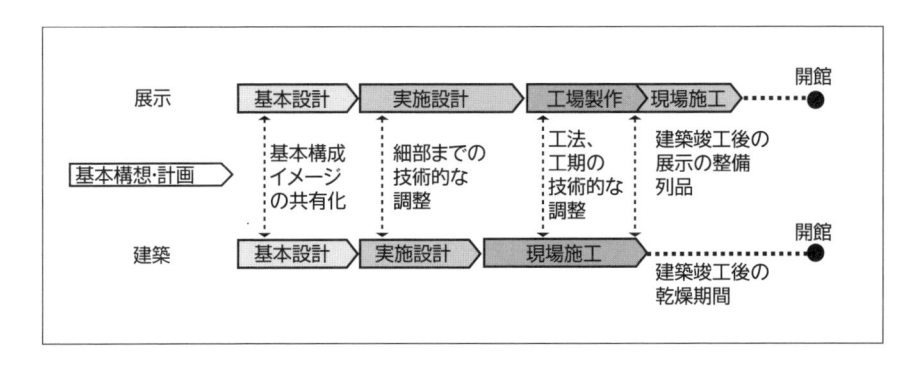

2-5
展示と保存

　展示と保存に関しては、展示した標本資料を含むさまざまな展示物の保存管理の面からと、展示場全体の施設及び設備の維持管理といった二つの側面から検討しておく必要がある。

資料の保存
　まず展示資料について考えてみる。一般的に展示といっても、長期間にわたる常設展示とよばれるものもあるし、特別展、企画展、トピック展示などの期間限定の短期的なものもあるので、一応ここでは前者の長期間を前提とする。展示物のなかには、標本資料と呼ばれる実物資料、模型、レプリカ等の製作物をはじめ、写真や解説パネル、情報・映像機器などさまざまな種類があり、展示すればそれだけ劣化が進行するわけであるから、それをいかにくい止めるか、それぞれに適切な対処を講じなければならない。

　モノの損壊原因といわれる光、熱、水、空気は四大因子である。そのため標本資料や製作物の場合、照明による退色や変色、温湿度、空気汚染、虫害などに注意を払う必要があるとともに、資料の演示具・展示具などその演示方法などに配慮することが大切である。それとともに、一端展示してしまえばそれで終わりではなく、日常の点検や、定期的な点検を実施していく必要がある。最近では露出展示や体験型展示などの手法を取り入れている博物館等が多くなってきており、そのため観覧者が直接モノにさわったり使用したりする機会も増え、それらに対処する方法もあらかじめ講じておくことが求められる。また映像機器、機具類についても定期的なメンテナンスが必要であることはいうまでもない。

　国立民族学博物館では民族学（文化人類学）の研究資料として、世界各地から収集されたさまざまな材質や地域環境の異なる資料が展示されている。そのため虫害対策には特に重点がおかれ、保存科学研究からの観点で薬剤の開発、生物生息調査や新しい生物被害対策など、積極的な取り組みが行われてきている。さらに保存対策の一つとして、展示

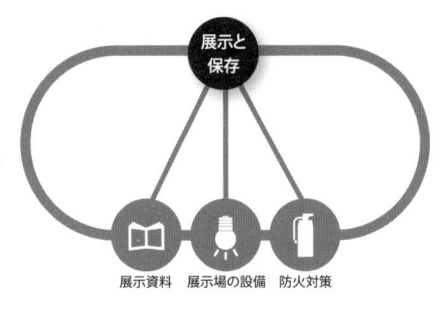

資料のほこりや亀裂、変色等の状態調査とともに、演示具や支持具のゆるみなど器具の点検もあわせて実施されている。このように最近では、展示した資料類に対して事前の予防・保存を重視する傾向が見受けられる。

展示場の維持管理

　つぎに展示場の施設及び設備についての維持管理は、博物館等の規模や設立の目的によって異なるが、おおむね以下の機能を人及びモノの導線計画を考慮し、面積配分、配置、その空間、設備などを決める必要がある。さらにそれらをどのように運営・管理するのか、をも含め検討しておくことが建築設計段階でのポイントの一つである。

　展示場に関係する設備を以下に列挙してみる。
① 空調設備：冷暖房設備、換気設備、除湿設備など。
② 照明設備：一般及び展示照明、調光装置など。
③ 電気設備：照明、防災、防犯、情報通信、受電・変電、非常用電源、監視カメラなど。
④ 防災・防犯設備：火災報知器、煙感知器、スプリンクラーなどの消火設備、レーダー、電子錠などの警備装置、監視モニターテレビ、非常放送設備など。
⑤ その他関連設備として、情報機器、映像機器などや、展示場に付随するエレベーター、エスカレーター、ロッカーなどのサービス設備、専用エレベーター、専用トイレ、授乳室など弱者対策設備。

　このような設備によって、展示場及び展示資料を長期にわたって良好な状態で公開、管理するための環境を整えるとともに、またそのランニングコストの点やメンテナンスのしやすさ、設備の老朽化による装置・器具等の更新計画を考慮した建築設計など、あらかじめ留意しておかねばならない点でもある。

　以上のほか、最近各地で頻繁に発生している地震や火災、水害などの災害に対する防災対策や安全対策、また盗難などの人災による防犯対策などについても資料の保存を考える上で不可避なことである。そのような緊急事態が発生した場合の危機管理マニュアルを作成しておくことや避難訓練など、日頃から対応策を講じておく必要がある。万一の開館中の緊急事態は、観覧者の人命に関わることでもあり、モノの保存とともに十分な対応が望まれる。（宇野文男／うの・ふみお）

2-6
展示と資金

博物館展示の要求性能

　博物館は学習指導要領にあるとおり、とくに「理科」・「社会」・「総合的な学習の時間」において学校教育に対する多大な貢献が求められている。博物館は学校と異なり、「楽しみ」ながら「学習」できなければ、教育上のプレゼンスを獲得できず、子どもを念頭に置いて「学習」の動機付けを図る展示が不可欠となりつつある。こうした展示形態の一つがハンズオン(参加・体験)型展示であり、実物・標本のもつ力を最大限に引き出すとともに、利用者を接遇する博物館員の創意工夫によって子どもたちのマインズ・オン(心で感じる)を覚醒させていく必要がある。

　また、博物館はおとなに対する役割も重要である。近年、ワークライフバランスが注目されるとおり、自己啓発(人間開発)のための学習空間であるとともに、子どもと訪れて充実した休日を過ごせる快適な余暇空間を演出する工夫も必要になっている。

　さらに、高齢者・障がい者・インバウンド等の利用に対する配慮が必要であり、多様な利用者にむけた情報発信を可能にする複線的な展示構成によって、バリアフリー、ユニバーサルデザインを実現しなければならない。

　こうした展示に要求される性能を充足するには、サービスに対する博物館員のスキル・ギャップを解消するとともに、多大な初期費用を覚悟しなければならない。とくに、触察可能な模型やジオラマ等の製作、ワークショップやグループワークの開催、館内におけるコミュニケーターの常置等の導入となると、資料購入費・展示造作費・人件費等を著しく押し上げることになる。

　このように、これからの博物館の役割を捉え直し、住民・地域との結び付きを強化することで、入館者の質的広がりを獲得できるようになる。しかし、これまでになかったサービスと新たな設備投資が要求されることになり、コストプッシュ要因の抑制が大きな課題になりつつある。

博物館展示のトータルライフサイクルマネジメント

　「楽しみ」ながら「学習」できる展示は、マーケティング等により、博物館の中心的利用者層を定義することでその効果を大きくできる。また、展示の開発にあたっては、設計時の期待目標と公開後の達成成果のギャップを最小化する工夫が不可欠であり、製作中に効果測定をしながら、適宜、設計変更することがイニシャルコストの低減と費用便益の最大化に繋がる。

展示は当然のことながら、耐用限界、すなわち老朽化が不可避であり、経常的なランニングコストに加え、実物資料の突発的な修復や復元に対処できる資金の余裕や基金の積立が必要である。さらに、開館後一定期間が経過すると「飽き」の心理が入館者数の伸びを鈍化させることから、発生→拡大→頂点→衰退→消滅という流行の周期にあわせて、定期的なリニューアルが避けられない。加えて、調査研究水準の向上、教科書記述の書き換えによって現状の展示と乖離等が生じた場合は迅速な改定が必須となる。

　このように展示の現在価値(NPV=Net Present Value)を判断しながら、適切な更新を行う必要がある。とくに、ホームページやデジタルミュージアムを標榜するウェヴサイト等にあっては、情報通信端末が高額であり、ライフサイクルがきわめて短いことを念頭に置いて、減価償却(Time Dependent Variables)を様々な工夫で代替(Alternative)しながら、展示の費用変数(Sensitivity)を最小限制御しなければならない。ハード、ソフト、そして、コンテンツの維持・更新に伴う負担に耐えられなくなり、これらを放置・閉鎖した博物館は枚挙に暇がない。

　展示のライフサイクルマネジメントは、工夫次第で高額なトータルコストを分散させることができる。また、硬直的な展示となることを回避することにも繋がるため、中長期的な運用を念頭に置いて展示計画と資金計画の両方を用意しておくべきである。

　一方、指定管理者制度を導入している博物館は新設館を除いて、展示のNPVが下がり切った状態で放出されることがが少なくない。フルコストリカバリー(full cost recoery)の概念の普及によって、指定管理者の間接経費が措置されるようになったものの、指定管理期間中の展示更新を可能にする予算も手当てするべきである。民間の創意工夫に期待するだけでなく、NPV改善のための資金を裏付ける必要があろう。

博物館展示の資金環境とステークホルダーマネジメント

　日本では、2006年あたりまで新設館ラッシュに沸いてきた。とくに、市町村合併に伴う地域総合整備債事業・合併特例債事業等によって、博物館に対する大型予算が投下され、設立時の潤沢な資金を背景として高品質の展示が製作されてきた。また、製作→配給→興行という流れをもつ外部の展示パッケージを購入し、年間展示計画の一部が外製化されることもあった。こうした中で、民間プロダクションが現在の展示形態を牽引するようになり、また、博物館専門職の調査研究に充てる時間が保証されたことで、数多くの優秀な展示が手がけられてきた経緯がある。

　しかし、景気後退による財源不足の状態が慢性化する中で、これまでのような資金

の投下を期待できなくなっている。企業等の支援縮小、公募による指定管理者制度の拡大等に見られるとおり、収益性を一定水準以上に確保しなければ、博物館の存廃さえ左右しかねない雰囲気となってきている。とくに公立博物館では行政評価制度が導入され、これまでの確定拠出型の予算が外部評価と連動した行政評価・配分型予算編成となりつつあり、一旦評価が墜ちると財政の立て直しがきわめて難しくなる。

　予算の復活折衝のためには、費用がローリングされても、上質で集客力のある展示を維持し、さらに、展示及び関連事業の開催回数を増大させて、入館者数等の評価上のベンチマークを乗り越えることが先決となる。また、館員がフィードフォーワード（feed forward）で臨む組織風土の醸成が不可欠となってくる。採算性・費用対効果をある程度棚上げする代わりに、展示及び関連事業を内製化し、関係者の思いや汗の匂いが伝わる手作感・割安感以上の感動を地域住民、博物館外の自治体職員（社員）に印象付けることである。こうした努力が関係者に好感を与えることに繋がり、庁（社）内調整を円滑にし、健全な資金環境を堅持することに繋がる結果を生むのである。

博物館展示における資金の新たな源泉

　新しい展示の製作、展示に対する再投資を可能にするには、経営的な予算に加えて入館料収入、ミュージアムショップやレストランの物販飲食収入、また自動販売機等による雑収入を積み上げるとともに、新たな資金の源泉を掘り当てることが必要である。

　近年は、稼働率の低い展示室・講堂等の賃借料収入に期待を寄せる博物館が少なくない。借り手の展示造作を容易にするパネルやケース類を充実させ、レイアウトフリーの展示室に改装する博物館もある。海外では有名企業の新製品発表会やウェディングプラン等において、博物館の佇まいや場のもつイメージの活用が一般化しており、博物館のブランディング戦略こそが資金の弾力性を獲得することに繋がっている。ブランドイメージが向上すると所蔵資料の意匠や写真を活用し、商標権・著作権を利活用するコンテンツライセンス事業等に踏み出せるようにもなる（高橋・杉光2009など）。

　また、文部科学省科学研究費補助金等の競争的研究資金にアプライすることは、博物館専門職の調査研究を底上げし展示を充実させることに繋がる。さらに、博物館とそこに集まる利用者の活動に対する助成もあり、社会的責任投資（CSR=Corporate Social Responsibility）等のメセナ支援に訴えかけることも有効である。

近年の目立つ事例としては、カンボジアにおけるシアヌーク・イオン博物館(Preah Norodom Sihanouk Museum)の建設があげられる。上智大学はイオン1％クラブのCSRによって、2007年に1億3千万円の建設費等を調達した。また、個人の寄付に目を向けると、近年の「ふるさと納税」が注目されている。2008年に制定された「小樽ファンが支えるふるさとまちづくり寄付条例」では、寄付者の社会的投資を明確に定義することで、多額の寄付を獲得している。「市立小樽文学館及び市立小樽美術館の整備事業並びにその周辺の整備事業」「小樽市総合博物館の鉄道車両の保全事業」等があり、このうち後者は、平成20・21年度で51件合計4,265,000円の寄付金を調達し、展示用鉄道車両の修復費を賄っている。

　こうしたファンド・レイジング(Fund Raising)の事例は寄付募集者の信用とともに、寄付者が寄付先と使途を選択できる仕組みによって、寄付行為を引き出しているとおり、寄付の目的に関する説明責任と寄付の使途及び効果に関する情報公開が必要不可欠であることはいうまでもない。

　なお、資金を圧縮するため、人件費を縮減し、来館者接待の人的対応を友の会やボランティアに転嫁する組織運営が目立ってきている。これらの起用は組織的な統制が取り難く、成長の方向についても足並みを揃えることが難しいので注意が必要である。サービスパートナーにまで成長せずにトラブルに見舞われている館園もある。
（徳澤啓一／とくさわ・けいいち）

1 博物館における結婚写真の撮影
　ホーチミン市歴史博物館（ベトナム）

2 シアヌーク・イオン博物館
　写真提供：石澤良昭（上智大学）

2-7
展示と法令

　展示のための特別な法令は存在しない。しかし、展示計画の立案、実施に当たっては、様々な角度からの広範多岐にわたる法令や規制等があり、これらと無関係で展示は成り立たない。ここでは、展示に関わる各分野においてどのような法令が存在し、どのような点に留意しなければならないかを概説する。各法令の詳細については、実際に条文を確認し、コンメンタール等の解説書にあたることが必要である。

法令の体系

　まず、一般に「法令」という場合、「法律」「政令」「省令」「告示」などの国が定めるいわゆる法的拘束力のあるものの総称である場合が多い。「政令」は、「施行令」、「省令」(「内閣府令」とは、省令と同様のもの)は「施行規則」という名称であることが多く、それらは優劣関係にあり、上位の法令が優先され、上位の法令に反する下位の法令は効力を持たない。「法律」が国会で成立したものであるのに対し、「政令」は法律を施行するための手続きや法律で定めきれなかった内容を委任したもので、内閣が定め、手続き的には閣議決定が必要となる。さらに、政令よりも細かい内容については、「省令」や「告示」に委任し、主務大臣が主管省庁限りで決めることになる。つまり、上位の法令になればなるほど多くの手続きが必要となる。このため、簡易な事項まで法律で定めてしまっては時代や状況の変化に応じた機動的な行政が期待できなくなることから、軽微な内容については比較的手続きの少ない政令や省令、告示等の下位の法令で定めることになっているわけである。また、法的拘束力はないものの、行政指導としてこれらを補完するために所管官庁より通知や通達が出されることも多く、行政内部でその運用指針を定めた細則や内規(例えば「文化庁長官裁定」等)が設けられている場合もある。これをわかりやすく示せば、図1のようになる。

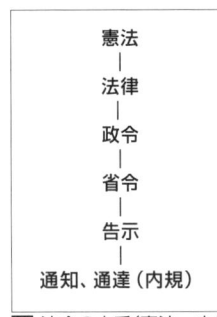

```
憲法
 |
法律
 |
政令
 |
省令
 |
告示
 |
通知、通達（内規）
```

1 法令の体系（憲法～内規）

　次に、法律には一般法と特別法とがある。一般法とはその分野に対して一般的に適用される法であり、特別法がない限りその法律が適用される。そして、特別法は一般法に優先し、一般法と特別法とで法が異なった規律を定めている場合、特別法の適用を受ける事象は一般法の規律が排除され、特別法の規律が適用される。例えば、社会教育に関しては、「社会教育法(昭和24年法律第207号)」が一般法であるのに対し、「図書館法(昭和25年法

律第118号)」及び「博物館法(昭和26年法律第285号)」はその特別法という位置づけになっている。

また、憲法と個別法との間をつなぐものとして「基本法」の存在があり、憲法の理念を具体化する役割を果たしている。教育関係の法律の場合、教育基本法が親法としての性格を有しているものが多いと考えられる。

なお、これらは必ず重層的に定めなければならないわけではなく、法律から省令に委任することもあり、この場合は政令では何も規定しないことになる。具体的に、博物館法の例で考えれば、図2のようになる。

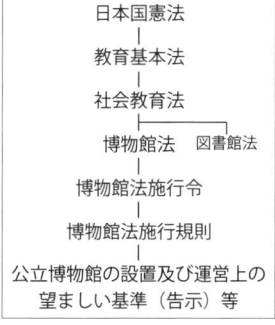

```
日本国憲法
  │
教育基本法
  │
社会教育法
  │
博物館法   図書館法
  │
博物館法施行令
  │
博物館法施行規則
  │
公立博物館の設置及び運営上の
望ましい基準(告示)等
```

2 法令の体系(博物館法の例)

建築基準法と博物館

展示を行う"場"である建物や、それに附帯する施設設備関係の法令は、展示のための設計・施工を行う上で、必ず押さえておかなければならない。どんなにデザイン性に優れた建物であっても、法令違反をしていれば違法建築物となるからである。建築法規の根幹を成す法律が「建築基準法(昭和25年法律第201号)」である。

この法体系のもとには、建築物を建設する際や建築物を安全に維持するための技術的基準などの具体的な内容が示されている。一般に、建築基準法は建築物の敷地、構造、設備、用途に関する最低の基準を定め、国民の生命、健康、財産の保護を図ることを目的としており、建築基準法施行令では建築基準法の規定を受けて、規定を実現するための具体的な方法や方策を定めている。また、建築基準法施行規則では法と施行令を実施する際に必要とされる設計図や事務書式を定めており、建築基準法関係告示は複数分野の技術革新により日々変化していく事物へ追従するための補完的な役割を担っている。

法令の解釈上、法律を読むだけではわからないことも多い。例えば、建築基準法第2条第2項の「特殊建築物」には「博物館」が例示されていない。ところが、政令(建築基準法施行令)では、第115条の3第2号で、耐火建築物又は準耐火建築物としなければならない特殊建築物として「博物館、美術館」が列挙されている。この政令の条文は、法別表第一(い)欄(三)項に掲げる「学校、体育館その他これらに類するもので政令で定めるもの」から委任されていることから、「その他」に「博物館、美術館」が包含されていることがわかる。では、「博物館」は法第2条第2項のどこで読むのかというと、「その他これらに類する用途に供する建築物」で読むということがわかるの

47

である。なお、博物館法では、「美術館」は「博物館」に包含されているが、「文化芸術振興基本法（平成13年法律第148号）」や「地域における歴史的風致の維持及び向上に関する法律（平成20年法律第40号）」等では「美術館」と「博物館」が併記されているなど、法文上必ずしも整合性が取れていない。このことは、動物園や植物園等でも同様であり、注意が必要である。

次に、都道府県や市町村等の地方公共団体はそれぞれの地域の特殊性を加味して建築基準法第40条に基づき所轄大臣の承認を得た上で条例として制限を附加することができ、一般的には「建築条例」や「建築基準法施行細則」等と呼ばれる。例えば、東京都では「東京都建築安全条例」を制定しており、これにより、各地域の実情に応じた細やかな定義付けを行い、指導の徹底を図っている。これらに加え、各地方公共団体において「建築指導要綱」等の内規が建築担当課で定められている場合がある。これらは行政手続上の効力や拘束力を持たないものの、行政指導の名目で実態として建築行為の制限を受けることがあり、各地方公共団体の条例や内規等も確認する必要がある。

都市計画法・バリアフリー新法・消防法

建築物を企画・設計し、建設して実際に利用者が建築物を使用する場合には、建築基準法のほかに、都市計画の内容及びその決定手続、都市計画制限、都市計画事業その他都市計画に関し必要な事項を定めた「都市計画法（昭和43年法律第100号）」、宅地造成に伴う崖崩れや土砂の流出のおそれがある土地の区域内において、宅地造成に関する工事等について必要な規制を行う「宅地造成等規制法（昭和36年法律第191号）」、地震による建築物の倒壊等の被害から保護するため、建築物の耐震改修の促進のための措置を講ずることを定めた「建築物の耐震改修の促進に関する法律（平成7年法律第123号）」、高齢者、障害者等の移動上及び施設の利用上の利便性及び安全性の向上の促進の観点から建築物の構造及び設備を改善するための措置を講ずることを定めた「高齢者・障害者等の移動等の円滑化の促進に関する法律（平成18年法律第91号）」（いわゆる「バリアフリー新法」）、風俗特殊営業の禁止区域を定めた「風俗営業等の規制及び業務の適正化等に関する法律（昭和23年法律第122号）」、建築物を設計する際に求められる職能について規定した「建築士法（昭和25年法律第202号）」、建築物を施工する事業所の業態を規定する「建設業法（昭和24年法律第100号）」などのさまざまな建築関連法規の規制を受ける。

また、火災予防等に関しても、「消防法（昭和23年法律第186号）」や「火薬類取締

法(昭和25年法律第149号)」、「高圧ガス保安法(昭和26年法律第204号)」等の法令があり、消防や防火、救急、危険物に関する規制等が定められている。なお、これらの法令で定める対象物の規定外であっても、業界において適切な措置を行うことが求められている場合もある。例えば雷保護システムの設置については、JIS(日本工業規格)の雷保護適用基準において「美術上・科学上・歴史上貴重な建築物及び貴重なものを収容する建築物(博物館・陳列場・保護建造物など)」は、避雷針設置等の措置を講ずることが求められており、施工業者等とよく相談することが必要である。

避雷針(大徳寺芳春院昭堂／春龍湖)

博物館法・文化財保護法・銃刀法

　展示の"現場"である博物館等に関しては、「博物館法」があり、同法上の登録博物館または博物館相当施設になるためには、同法第12条または第29条に基づき各都道府県教育委員会が条例で定めている基準を満たす必要がある。

　国宝または重要文化財を展示する場合は、「文化財保護法(昭和25年法律第214号)」体系の規定に留意する必要がある。例えば、重要文化財の所有者及び管理団体以外の者が展覧会等で重要文化財を公開する場合は、事前に文化庁長官の許可を受けなければならない(第53条第1項)。かつて、新聞社やデパート等による展覧会が増加し、重要文化財の保存上問題のある許可申請も多くなってきたため、文化庁ではたびたび指導の通知を発し、昭和49年2月以後、デパートの火災を契機として、文化財の公開を本来の目的としないデパート等臨時施設における重要文化財の公開は許可しないこととされた。

　博物館等が恒常的にこれらを展示するためには、文化財保護法第53条に規定する「公開承認施設」の承認を受けなければならない。承認の基準は、「重要文化財の所有者及び管理団体以外の者による公開に係る博物館その他の施設の承認に関する規程(平成8年文化庁告示第9号)」に定められている。なお、文化庁では美術工芸品等の国指定文化財について公開許可を行うに際し、公開施設の状況を事前

重要文化財の公開に相応しい博物館等の施設を文化庁長官が文化財保護法に基づき「公開承認施設」として承認。

↓

現在114施設が承認(平成22年1月現在)

利点
○企画展における重要文化財の公開手続が簡素化。
○重要文化財等公開促進事業(公開に伴う作品の応急修理費、梱包・輸送費、出品者への謝金を文化庁が負担)に申請可能。
○所有者は、大切な所有品を信頼できる施設、専門家にゆだねて、安全な環境下で公開が可能。

公開承認施設

に把握するとともに、公開承認施設を目的として博物館等を建設する場合には、事前に協議を行い、計画段階から指導を行っている。その際、内規として「文化財公開施設の計画に関する指針(平成7年文化庁文化財部)」や、「有形文化財(美術工芸品)の展示を主体とする美術館または美術工芸品を多く取扱う博物館等の施設設置に関する基準(昭和45年文化庁文化財保護部)」等が定められている。

さらに、公開承認施設であっても、国宝または重要文化財の公開日数等については制限があり、「国宝・重要文化財の公開に関する取扱要項(平成8年文化庁長官裁定)」に規定されている。すなわち、原則として公開回数は年間2回以内、公開日数は延べ60日以内とし、たい色や材質の劣化の危険性が高いものは、年間公開日数の限度を延べ30日以内とし、他の期間は収蔵庫に保管して、温・湿度に急激な変化を与えないようにする必要があることや、公開のための移動については、原則として年間2回以内とし、移動に伴う環境の変化に十分な対応を行うとともに、重要文化財等の梱包又は移動の際の取扱いは慎重に行うことなどが定められている。

また、銃砲刀剣類の展示に関しては、「銃砲刀剣類所持等取締法(昭和33年法律第6号)」による規制を受け、同法第4条第9号及び第10号により「博覧会その他これに類する催しにおいて展示の用途に供するため、銃砲又は刀剣類を所持しようとする者」及び「博物館その他これに類する施設において展示物として公衆の観覧に供するため、銃砲又は刀剣類を所持しようとする者」は、所持しようとする銃砲又は刀剣類ごとに、その所持について住所地を管轄する都道府県公安委員会の許可を受けなければならないことなどが規定されている。

ワシントン条約・PL法・風営法

展示資料の輸出入に関しては「絶滅のおそれのある野生動植物の種の国際取引に関する条約」(いわゆる「ワシントン条約」)に留意する必要がある。同条約の附属書Ⅰ及びⅡに掲げる種に属する動物又は植物については、商業目的のための国際取引が全面的に禁止されているが、学術研究目的(主として動物園や大学などでの展示、研究、繁殖)のための取引は可能とされている。その場合でも、これらの動物または植物が作品の一部に使用されている場合(象牙など)も含め、経済産業省に申請する必要がある。なお、条約そのものには罰則規定がないため、各加盟国が独自に条約運用のための法整備を行っており、我が国では「絶滅のおそれのある野生動植物の種の保存に関する法律(平成4年法律第75号)」(いわゆる「種の保存法」)がこれにあたる。また、生物展示を行う場合は、検疫や野生生物保護関係の法令や条約がからんでくる場合もある。

なお、展示空間の設営や展示構成物の多くは「工作物」とみなされ、「製造物責任法(平成6年法律第85号)」(いわゆる「PL法」)の対象とはならないと考えられる。すなわち、同法にいう「製造物」とは、「製造又は加工された動産」と定義される(第2条第1項)からである。展示を構成する機器や装置等に欠陥があった場合は、そのメーカーが責に応ずることになるが、その設置状態や調整、運用が逸脱していたり改造を加えたものであった場合は、展示実施者にも責任が及ぶことになろう。

刀剣の展示(備前長船刀剣博物館)

ワシントン条約違反の物品
(横浜税関資料展示)

環境・衛生関係法令

　展示を行う博物館等が国立公園又は国定公園にある場合は「自然公園法(昭和32年法律第161号)」上の、また、都市公園内にある場合は「都市公園法(昭和31年法律第79号)」上の規制を受けることになる。

　動物園・水族館の場合は、「動物の愛護及び管理に関する法律(昭和48年法律第105号)」上、「動物取扱業者」の位置づけとなっており、同法に基づき各館園ごとに都道府県知事または政令市の長の登録を受ける必要があり、「展示動物の飼養及び保管に関する基準(平成16年環境庁告示第33号)」など、動物の管理の方法や飼養施設の規模や構造等について定めた基準を守ることが義務づけられている。

　また、「感染症の予防及び感染症の患者に対する医療に関する法律(平成10年法律第114号)」でも、「展示する動物又はその死体が感染症を人に感染させることがないように、感染症の予防に関する知識及び技術の習得、動物又はその死体の適切な管理その他の必要な措置を講ずるよう努めなければならない。」(第5条の2第2項)と規定している。

　このほか、展示内容に関わる表現行為に関して、公的秩序、良俗を保ち、特に未成年のために良好な社会環境を保証する観点から多くの規制法令があり、「軽犯罪法(昭和23年法律第39号)」、「風俗営業等の規制及び業務の適正化等に関する法律(昭和23年法律第122号)」(いわゆる「風営法」)、「興行場法(昭和23年法律第137号)」、「食品衛生法(昭和22年法律第233号)」等が定められている。(栗原祐司／くりはら・ゆうじ)

＊知的財産権関係法令に関しては、第6章の9「展示と知的財産」(P186)を参照

展示にチャレンジ 1
コラボレーション展示～福井大学～

　福井大学では学芸員資格を取得するための科目である「博物館実習」で、地域の博物館と連携した教育活動を行っており、その受講生である実習生がかかわっている展示の一端を紹介する。

　学芸員と博物館実習生との共同企画として開催したのは、展示のテーマから企画したコラボレーション企画展である。それらは2004年にリニューアルオープンした福井県立歴史博物館での「缶CAN展」、2005年の「魅力の紙箱展　箱ワンダーランド」、2006年の「ビン。展」である。また2008年から取り組んでいる福井市立郷土歴史博物館での秋季特別展の子どもむけ関連展示、福井市自然史博物館のミニ展示で、これらはあらかじめ展示のテーマが決められていた企画である。

コラボレーション企画展
　我々の身近かにある学生でも入手できるものにスポットをあて、その素材を調査し、モノを集め、展示までを学芸員とともに、体系的に企画し内容を両者で検討しながら展覧会を共同企画する試みであった。「缶CAN展」(2004年10月11日～12月14日)では、年度当初実習生に、身のまわりにある形、デザインのおもしろさ、良さ、収集のしやすさ、古いものがすでに博物館に収蔵されている等々から展示できるテーマを考えよう、との提案から始めた。7月に「缶」をテーマすることが学芸員との企画会議で決定、全体スケジュールをたて、4つのチームを設けた。缶の歴史や収集の範囲をまとめるカン識、資料収集や缶詰ラベルや缶切りなど館蔵資料の調査をするカン集、看板作成やポスター・チラシ等の広報印刷物にかかわるカン板、関連イベントの企画・運営を検討するカン遊。以上のチームに16名の実習生を振りわけた。

　夏休み中、福井市内の缶工場の調査と資料収集、2回の全体打ち合わせし、9月末、資料の収集完了をめざした。多数の方々の御協力のもとに集まった寄贈あるいは借用分、さらに今回のために購入したディズニーのキャラクター缶200個はじめ、収集された缶は2千点あまりにふくれあがった。その中からデザインの良さ、形のユニークさという基準で展示するものを選定して、展示方法やジャンルを検討して、歴史カン、生活カン、世界カン、など5つの展示コーナーに分類、展示した。

　以上のような展示品の選択、クリーニング、実際の展示、終了後の撤去に至るまで、それぞれの作業段階に応じて学芸員から実習生に対しアドバイスをしてもらった。10月1日から10日間の展示作業ではそのなかから結果的に約1,200点を展示した。会

期中に実習生による6回のギャラリートークと3回の「缶で遊ぼう」のイベントを開催。会期中には約1万人の入館者があり、おおむね好評であった。

このようなコラボは博物館側にとっても初めてであり、学生たちの発案、発想が新鮮な刺激を与えた。市民が支える地域博物館の実現に少しでも前進できればと期待し、大学の教室から一歩出た教育活動を展開したものである。

特別展の子ども向け関連展示

2008年、福井市立郷土歴史博物館の秋季特別展「福井藩と江戸」(10月4日～11月9日)の関連展示を実習の一環として取り組んだ。江戸時代の越前から江戸までの庶民の旅を取り上げる「旅チーム」に8名、江戸庶民の仕事と暮らし、食事や楽しみなどを考える「お江戸チーム」に6名を振り分けて行った。

6月上旬に両チームの構想を聞き実習生にアドバイスをするなどの検討をふまえ、7月に展示名を「江戸時代の旅とお江戸のくらし」とし、展示準備に着手した。9月に準備作業を本格化させ、関連催しの内容、開催日と回数、担当者も決めた。パネル原稿のデータの入稿遅れと修正などで展示作業は月末にずれ込み、短期集中作業となった。10月4日からの会期中には関連催しとして「実習生とあそぼう!」を4日間、ワークショップ「通行手形と風車を作ろう」を1日開催した。

実際に企画から運営まで関わった実習生は試行錯誤であった。外部の組織との共同作業では、それぞれの役割と果たすべき作業の分担、意思疎通などさまざまな課題を残しながらも、なんとかカタチにすることができた。

博物館実習として長期間での対応は大変であるが、展示の企画を通じて博物館活動の一端を理解するとともに、実践的な企画力の形成に寄与しているのではないか。また大学が地域に目を向け大学教育と博物館との連携という観点からもなんらかの地域貢献につながっていくことを期待している。(宇野文男／うの・ふみお)

模型等制作の展示準備

関連展示に関わったスタッフ

写真：木村浩

3章
博物館の展示をつくる

　ここでは博物館の展示を作っていくプロセスを具体的な事例を通して紹介する。取り上げた館は、屋内型で、規模も比較的大きく、しかも新設館や移転新築の事例が中心になっている。この場合、展示の内容に合わせて建物を設計したり、展示の為に建物の形状を調整変更することも出来る。逆に、大きな抵抗に出会い挫折することもあるが、原則は建物デザインより展示優先である。

　博物館で日常的に実施される小規模の展示でも「企画〜設計〜施行」という基本的な流れは同じである。ただ、既存の展示空間を改築することなしに、いかに活用するかという点が大きく異なる。

　コラム「展示にチャレンジ」は小規模な展示のつくり方の参考にもしてほしい。（草刈清人）

ルーブル美術館／ピュジェの中庭

3-1

総合博物館の展示をつくる

北九州市立自然史・歴史博物館 いのちのたび博物館

　2002年11月八幡製鐵所東田第一高炉跡を望む、テーマパーク「スペースワールド」の隣地にいのちのたび博物館はオープンした。当初この地区一帯は北九州市の「東田地区文化施設整備構想」によってワシントンDCのスミソニアン博物館群さながら、自然史博物館、歴史博物館、環境博物館、産業科学博物館の4館が軒を並べるかたちで計画された。その後、計画の変更を経ながら、本博物館はその中核となる博物館として、環境ミュージアムに次いで開館したものである。引き続き2007年4月には北九州イノベーションギャラリー(北九州産業技術保存継承センター)が開館している。

　市には歴史博物館(1975年開館)、自然史博物館(1981年開館)、考古博物館(1983年開館)の3館が存在しており、それらを統合する形で、新しいタイプの総合博物館として生まれ変わったものである。

計画の背景

　上記3館はすでに20年近い博物館活動の実績を持っており、その活動における研究、資料の蓄積はその量と範囲において、大きな広がりをみせており、かつ、特定の分野における深度は非常に深いものとなっていた。展示計画においては、それらの特徴を生かす展示構成とするとともに、学術面において専門家の利用も対応できる施設構成が求められた。また当館はJR駅前に位置し、その利便性から日常的な利用が予測されるとともに、北九州というアジアの玄関口としての立地は周辺施設と合

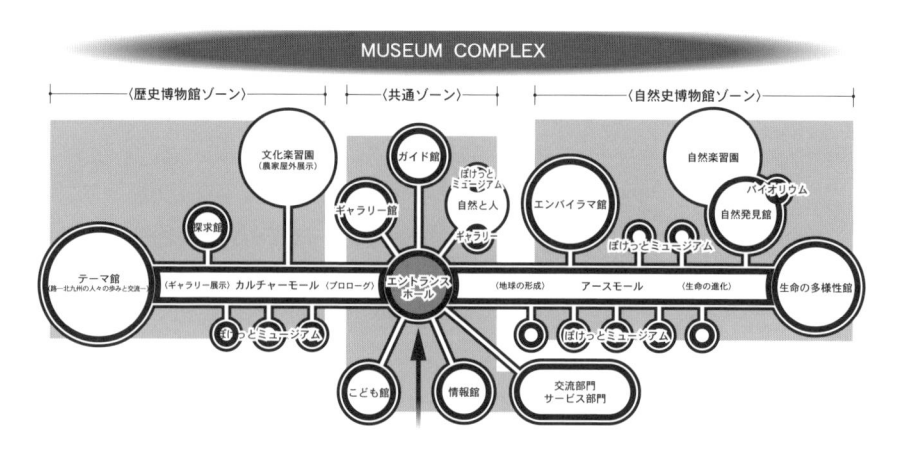

図1　ミュージアムコンプレックス

せて、国内はもとより東アジアからの訪問も期待できるため、話題性のある、集客力のある施設となることを必要とされた。このような様々な背景を考慮しながら新しい博物館は計画された。

ミュージアムコンプレックス

　延床面積17,000㎡の大規模施設、かつ予想される多様な利用者のニーズに対応するために全体を様々な特徴・規模を成す博物館、教育施設、サービス施設等を組み合わせることで計画した。この構成はショッピングセンターの展開にインスパイアされたものである。自然史ゾーン、歴史ゾーンそれぞれにショッピングセンターにおけるモールの役割をはたすアースモール、カルチャーモールを配し、話題性のある目玉アミューズメント施設としてのエンバイラマ館、集客力のあるキーテナントとしてのテーマ館、規模は小さいが特徴ある展示の並ぶ専門店街としてのぽけっとミュージアム群、イベントホールとしてのギャラリー館は、中短期の企画展でリピーターを生み出す。これらを複合したもの：ミュージアムコンプレックスとして計画した（図1、2）。

　2つのモール空間が軸となって独立的な各施設を連結する構成にすることで、それぞれの空間、展示は個別に対応ができるようになり、個々の特徴を際立たせることが可能となる。それらが複合すること、それが施設全体での特徴となっている。

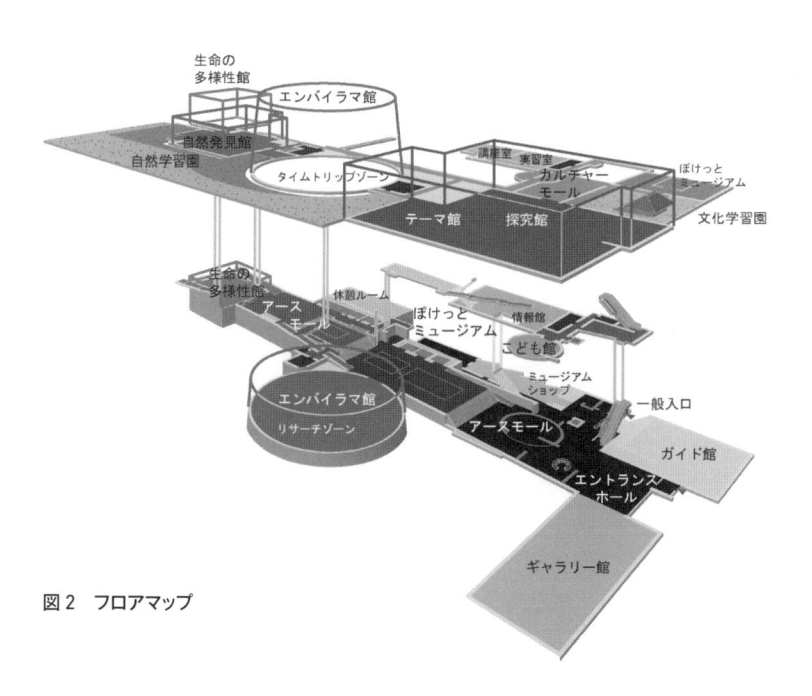

図2　フロアマップ

建築と展示とのボーダーレスな関係

　建築設計と展示設計は、当然ながらその目的に添った形状を求め、手法を模索する。ところが計画の進捗や発注の時期により、建築設計が先行してしまうことが今でさえ減ったがそれでも少なくはない。

　本博物館は計画から実現まで理想的な形で進行した。まず展示設計者選考のプロポーザルが先行して行なわれ、建築設計者選定のプロポーザルは展示設計者の意図を吸収、実現できるかということが選考基準の一部になったということである。こうしてスタートした展示設計、建築設計はお互い対等の立場で意見交換し、一体となって計画は進行した。その結果として建築全体もミュージアムコンプレックスを明確に具現化したものとなり、それぞれの展示スペースにおいても、展示と建築が融合した非常に特徴的な空間と展示手法を実現できた。

図3　アースモールスケッチ

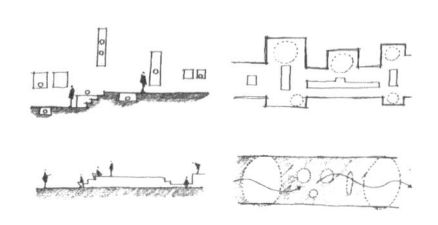

図4　アメニティ要素案

進化の大通り＜アースモール＞

　地球・生命の進化を展示するアースモールでは多数の骨格標本が展示されている。骨格標本には通常それらを設置するための台座が付いている。来館者が骨格標本と同じレベル、同じ素材の上に立つことにより「同じ大地に立つ」感覚を演出したいという強い思いから、ここでは展示エリアについてあらかじめスラブを250mm 下げておき、その中で標本の台座処理をしてから床タイルを貼るという方法を採用した。また、アースモールは奥に進むほどスキップフロアで床は徐々に高く、天井は斜めに低く、両壁が迫ってくるというパースペクティブを強調する空間となっており、地球・生命の進化の長大な時間を建築全体でも表現している(図3)。

　アースモール、カルチャーモールはショッピングセンターのランブリングモール(そぞろ

図5　生命の多様性館スケッチ

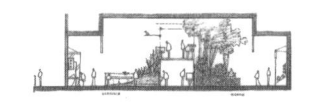

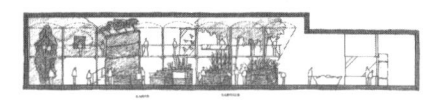

図6　自然発見館スケッチ

歩きができるモール)に相当するものと考え、休憩スペースや床、壁に埋め込まれたケース、のぞき窓など来館者に対するアメニティ要素を建築に融合する形で配置した(図4)。

生き物たちの多様性を体感
＜生命の多様性館＞

　大小さまざまな標本を大量に展示。そのためのケースは什器としての単体ケースではなく、建築躯体にガラスの仕切りを入れることで、建築と融合する展示ケースを形成した。床面をガラスにし、床下のピットを活用した展示、二階デッキ下にガラスを嵌めた哺乳類標本ケース。それらは天井から吊られたオープン展示の資料と相まって、まさに生物の多様性を体感する展示空間となっている(図5)。

自然環境標本ギャラリー＜自然発見館＞

　北九州における特徴的自然環境を部分的にを切り取ってきたように再現したジオラマ、それらを標本的に見せるギャラリー空間。天井の高いホワイトキューブ空間に配置したジオラマ、表現内容に合わせて、デッキやもぐりこみなどを駆使し多角的に見せる。またジオラマによる乾いた展示だけでなく、飼育生態展示「バイオリウム」や実際の自然に触れることのできる屋外のビオトープを隣接させることにより、その相乗効果で展示体験に深みを持たせている(図6)。

調査、スタディ、制作

　これらの特徴的な展示をつくりあげるには、すでに蓄積された研究資料、情報、データの入手のみならず、それぞれの手法に合わせた調査、資料収集、スタディが必要であり、それらを経て展示は制作される。

フィールド調査

自然発見館の自然環境ジオラマは現在の植生、環境を再現するものであるので現存するモデル地で現地調査が行なわれた(写真1)。一方エンバイラマ館は1億数千年前の白亜紀前期の環境であって、もちろん現在では見ることができない。なので、発見された地質、植物の化石などから当時の気候、植生、地形などを想定、オーストラリア他近似するモデル地での調査が行なわれた。

写真1　現地調査

展示資料調査

展示する資料形態は多岐にわたり、またその展示方法もミュージアムコンプレックスを構成する各館ごとに特徴を持たせるために、さまざまな手法がとられた。それらを確認、検討するうえで個々の資料の実測が必要になる。膨大な資料があるので、展示方法(平置き、壁付け、斜台に設置等)に合わせ、ポイントを絞った実測が必要であった(写真2)。

写真2　資料実測

レイアウト・搬入・取り付け

こうした調査を経て造形制作図やレイアウト図を作成(図7)、演示具等の設計を行なう。このときに資料の見せ方、安全性、列品の作業性、背景演示具の色彩など学芸員との綿密な確認をした後、制作設置となる(写真3)。同時に巨大なもの、重量物、吊り物など搬入、設置に条件があるものなど搬入のルート確保、建築的な処置などの対応は設計段階か

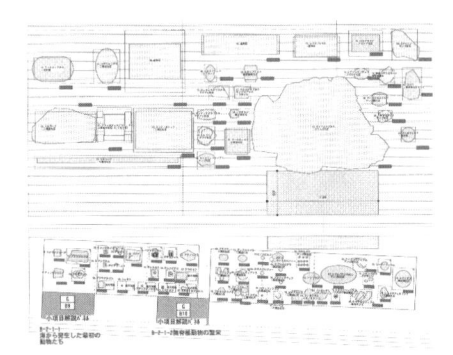

図7　ケースレイアウト図

写真3　ケースレイアウト

写真4 大型展示物搬入

写真5 大型展示物設置

写真6 全館案内現場検証

写真7 ユニバーサルデザイン現場検証

ら建築設計との調整が欠かせない(写真4、5)。

サイン計画、ユニバーサルデザイン

様々な施設の複合体として構成した博物館なので、単体の博物館における一筆書き動線でなく、選択性のある動線は同時に来館者の迷いを生み出す。それらを解消するものとしてサイン計画は重要であった。複雑な建築構成を理解してもらうため、立体的に表現したフロアマップを使った全館案内を要所に設置、自分の位置を確認しやすくしている。

また、動線の分岐点にはシンボリックな誘導サインを配置、現地でのモックアップを使った確認で的確な誘導ができるように表示内容の検証を行なった(写真6)。

さらに、スキップフロアによる展示空間には段差やスロープが発生する。また臨場感を求める展示手法は来館者、資料双方への危険性をはらんでいる。図面上だけでなく。現場での検証によってそれらは解消しなければならない(写真7)。

このように展示コンセプト:ミュージアムコンプレックスのもとに展示、建築一体的な計画によって特徴的な施設、展示を実現した。(土井啓郁/どい・ひろふみ)

3-2

歴史博物館の展示をつくる
江戸東京博物館

ゼロからの出発

　江戸東京博物館は日本最大規模の博物館といわれ、1980年に建設準備をはじめ12年余をへた1993年3月にようやく開館をむかえた。知事部局が担当したこのプロジェクトは、当初、チームのなかに学芸員など専門のスタッフもいないし、展示資料もなにもないといった状態からの出発であった。開館近くには多くの学芸

江戸東京博物館（外観）

員や研究者をむかえることができたが、当初の専門スタッフ不在で計画推進ができたのは、主に展示監修の先生がたの一貫した責任ある指導と多くの研究者の方がたの協力によるものである。資料がないことで企画が制約されないという自由度はあったが、博物館の基本ともいえる資料の収集は当初から大きな課題であった。しかし、これも12年余にわたる準備期間と早い時期から収集をはじめたことで、多くの方がたの協力もえられ、開館時には収蔵資料の数は10万点をこえるまでにもなり、心配していた展示も思いのほか充実したものとすることができた。

博物館の構想と計画

　1980年、「マイタウン東京構想」に‐江戸東京博物館の建設を検討すべきである‐と記されたのをうけ、庁内にプロジェクトチームがくまれ、1981年8月に建設懇談会が設置され、博物館の建設について検討された。
　1982年11月に懇談会の報告書が提出され、1983年には30名をこえる有識者による建設委員会や、建築・資料・展示・情報・運営の5部門からなる専門部会がもうけられた。そして、建設の背景や目的、名称や主題、目標や対象など、展示構想や情報システムの考え方、機能と活動、規模と立地、運営のあり方など、建設懇談会の意見をふまえ博物館の基本的なあり方が検討された。その結果、「利用者本位で、学習・リクリェーション・知的娯楽性を備えた博物館」「センター的機能をはたす博物館」「情報化された博物館」「成長し発展する博物館」「楽しみながら学習できる体験型博物館」「利用者参加でつくられる行動型博物館」「調査研究・資料収集保管・展示公開・教育普及サービス機能」など博物館の性格や機能があきらかにされた。また、野外

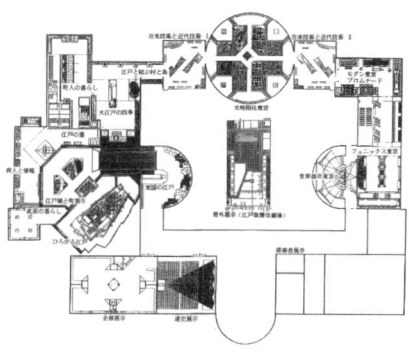

展示の配置構成図(87年『東京都江戸東京博物館展示基本計画調査報告書』より)

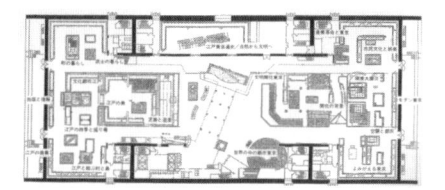

常設展示5階平面図(89年展示実施設計)

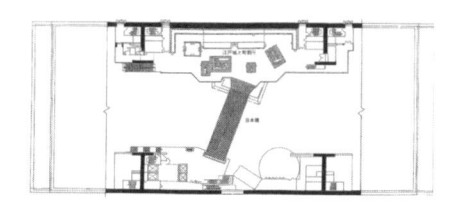

常設展示6階平面図(89年展示実施設計)

展示の模型をつかった検討会(88年基本設計)

施設を併設し建造物等を移築保存すること、規模は野外展示場をふくめ敷地面積10万㎡・建物面積3.3万㎡程度、立地条件は都心型または市街型、都心の公園型、郊外の公園型などがのぞましいとされた。展示については、館内展示と屋外展示とからなる常設展示と企画展示とし、館内展示は武蔵野の自然から中世までをあつかう導入展示、江戸誕生以降の都市の歴史をあつかう通史展示、江戸・東京400余年の都市の歴史のなかにいくつかのテーマを見出し展示する主題展示、モノ資料を中心とした収蔵展示の4つで構成するとされた。

この基本構想をふまえ、基本計画では「江戸東京学を基本にした都市の歴史の博物館」「貴重な文化遺産を保存し継承する」「将来の都市と生活を考える場」「楽しみながら時に考え、知的好奇心を刺激し、新しい文化創造につながる発想の場」「次なる学習へと動機づける展示によってフィールドで学ぶ展示」といった目標にむけて主要機能や計画規模、展示展開形式や主題などを体系的にさだめ、建設計画具体化の指針とした。これらをまとめた建設委員会の報告書が、1986年に都の「江戸東京博物館建設基本構想」になった。

この段階で建設地が決定し野外博物館は別につくられることになり、展示は常設展示と企画展示だけになった。この常設展示は通史展示と導入展示にはじまり、主題展示と障がい者のための展示、

博物館の展示をつくる

63

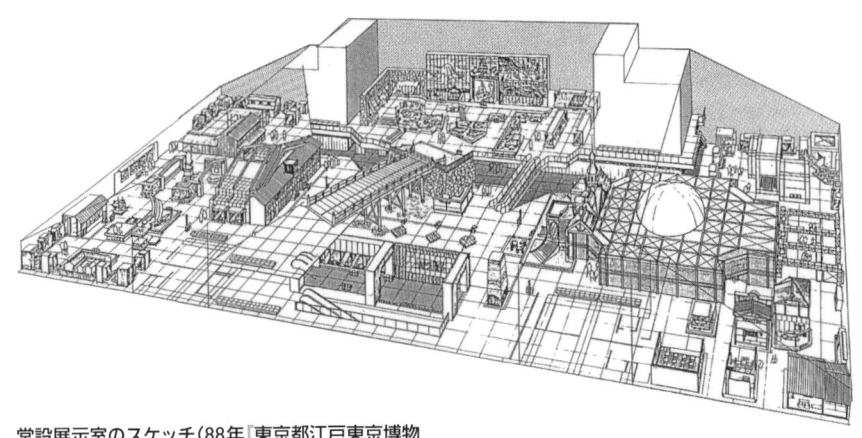

常設展示室のスケッチ（88年『東京都江戸東京博物館展示基本設計図』より）

そして屋外に歌舞伎小屋を復元するといったものであった。しかしこれも、1987年に建築設計者が決定し建築の形状がしめされたことによって変更。通史展示と導入展示はそのままに、主題や主要な展示資料は異なるが、広大な展示場を近世と近代に二分し、それぞれに主題展示が展開されるという開館時の姿に近いものとなった。

展示の設計

　1987年にはじまる展示設計段階では、展示は東京の都市や生活を考えるうえで観覧者に強力な動機づけとなり十分な素材となるよう配慮し、庶民生活に題材をもとめた。また、歴史のなかにも現代の視点を重んじることにより厳選した20余のテーマ展示で常設展示を構成した。

　展示を大きく＜江戸ゾーン＞と＜東京ゾーン＞にわけ、＜江戸ゾーン＞は1590年の家康入城にはじまり寛永のころに一応の完成をみ、その後、明暦の大火で焼失した初期の江戸の町を都市の原型としてしめす「都市の原型」、江戸260余年をひとつの時代ととらえ、江戸の庶民生活の諸相を具体的にしめす「江戸の生活」、そして江戸の町に花開いた都市文化、現代にもつたわる江戸文化の特色をしめす「江戸の文化」という三つに区分し、それぞれにテーマ展示を配置した。

　一方、＜東京ゾーン＞は明治維新の転換期のなかで東京が首都として再建され発展していく様子をあきらかにする「首都東京の誕生」、東京の市民生活と文化の諸相を近代都市の形成とともにとりあげながら次第に戦争へとむかう過程をしめす「近代都市生活」、そして、戦争から高度経済成長期をへて現在にいたる東京の姿を同時代

```
                    6階
         都市の原型・江戸城と町割り
           江戸図屏風の世界ほか
                                     5階
   江戸の生活        通 史    近代都市生活
 町のくらし  武士の生活  在来技術と近代技術  市民文化と娯楽   関東大震災
      江戸の文化   江 日   首都東京の誕生
       江戸の美   戸 本       東京の産業     モダン東京
 出版と情報 芝居と遊里  ゾ 橋       開化の背景
       江戸の文化交流 ー         文明開化東京   戦争への道
       江戸の四季と盛り場 フ 東
              ァ 京
              サ ゾ
              ー ー
              ド ン
              　 フ
              　 ァ
              　 サ
              　 ー
              　 ド
          世界の中の都市東京   戦争と復興
 江戸の商業 江戸と結ぶ村と島  障害者展示   よみがえる東京  空襲と都民
                              常設展示配置図
```

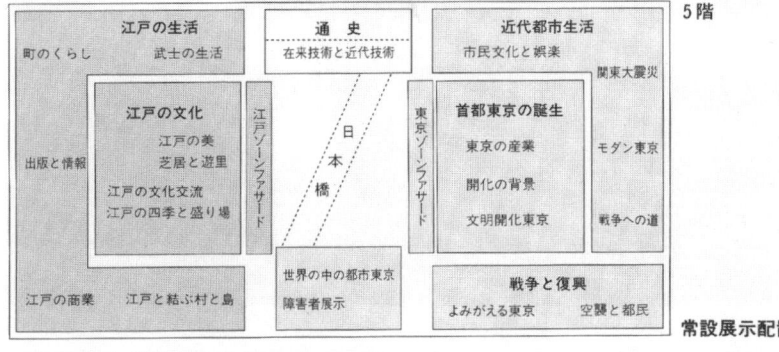

常設展示へのテーマ配置（'89年実施設計）

史としてとらえる「戦争と復興」という三つに区分した。この〈東京ゾーン〉は近い過去の展示でもあり展示観覧上の混乱をさける意味でも観覧動線にそって時代順にテーマ展示を配置した。なお、〈東京ゾーン〉の導入部には「世界の中の都市東京」という区分をもうけ、現在の東京の生活と内外主要都市の生活を映像をもちいた展示によって比較対照できるコーナーをもうけた。

また、これらテーマ展示を補完する展示として〈江戸ゾーン〉と〈東京ゾーン〉をつなぐ部分に〈通史ゾーン〉をもうけた。テーマ展示展開において欠落した近世・近代・現代の通史と、原始・古代から中世までの江戸・東京前史を展示する「江戸東京通史」からなる〈通史ゾーン〉には、江戸より現代につたわる産業技術の流れをしめす「在来技術と近代技術」という展示コーナーも併設した。また、このゾーンには常設展示の主要資料を模型にして展示し、手でふれることによって資料の形状を理解できる、「手でみる展示」という主に視覚障がい者を対象にした展示コーナーももうけた。

こうした常設展示のほかにも研究成果をもとに特定なテーマで構成される企画展開催のための「企画展示室」はもちろん、映像を楽しみながら江戸・東京の歴史を発見できる「映像ホール」と講演会やシンポジウムのほか伝統芸能の演示や映画上映などに利用できる「ホール」、さらに「映像ライブラリー」や「図書室」など、さまざまなメディアを駆使した設備により展示を補完できるようにした。

展示の空間構成

延床面積48000㎡、地上7階地下1階、高さ62mという巨大な高床倉庫にも似た江

戸東京博物館の建物の5・6階、地上より35mの高さにうかぶ巨大な台形の箱が常設展示室である。東西165m、南北65m、天井高26m、面積9000㎡におよぶ吹抜け大空間、この広大な床を大地とみなし、道をとおし、まちを築くことから展示のゾーニングをはじめた。6階北側デッキの上に「都市の原型」、5階の西側には＜江戸ゾーン＞、東側には＜東京ゾーン＞を築き、中央部には江戸のまちの日除地（ひよけち）にならい大きな広場をもうけた。

日本橋と近世ゾーンの景観

エスカレーターまたはエレベーターであがってきた観覧者が最初に降り立つ、6階南側デッキをこの広大な都市を見下ろす見晴らし台と捉えこの南側デッキから北側デッキへ、5階中央部広場の上に幹線通路をわたすブリッジをかけ、5階フロアの南側と北側には東西にのびる2本の幹線通路をとおした。高層の展示室での非常時の安全を考え、これら幹線通路の幅員は7.2mを確保した。また、これら幹線通路につながる展示をめぐる通路（観覧動線）も大量の動員を予想し3.6mの幅員を確保した。

近世ゾーンの展示

さて、都市の景観はまちを形成する重要なエレメントであるのと同様、展示をつくるにも景観の構成は最も重要なものである。6階南側デッキの見晴らし台から

都市の原型と東京ゾーンの景観

北側デッキへとわたるブリッジは幕末期の日本橋を長さは半分に原寸復元し、日本橋をわたり江戸にはいる第一の景観とした。6階南側デッキの上は「都市の原型」の展示で、幅20m高さ5mの巨大な映像によって寛永の江戸のまちの姿を表現する第二の景観である。さらに大型映像にむかえられ日本橋の上にたつと西側は＜江戸ゾ

東京ゾーンの展示

東京ゾーンの展示

江戸東京博物館（夜景）
（本項図版提供：東京都江戸東京博物館）

ーン＞となりこの第三の景観には、江戸三座のなかでも代表格といわれる中村座のファサードを原寸で復元し、その手前に神田明神祭りの山車がおかれた。そして、反対の東側の＜東京ゾーン＞では明治10年に竣工した銀座煉瓦街の四丁目交差点、現在、和光がある場所にあった朝野新聞社のファサードを原寸で復元し第四の景観とした。このほかにも各ゾーンの展示には、さまざまな大型復元模型や大型展示資料がそれぞれのまちの景観を構成している。観覧者はこれらまちの景観にみちびかれ、時空をめぐり、充実した展示資料で構成されたテーマ展示の世界を体感する。

　このように、厳選され極めて正確に復元された大型で象徴的な展示資料によって空間環境を構成し、空間自体を情報化することで環境をドラマタイズし、参加体験型のコミュニケーション環境を創造し、テーマ展示があらわすさまざまな文脈へと観覧者をみちびき実物資料で構成する展示を身近なものとしてみられるようにした。

博物館の展示をつくる

展示の製作

　1989年にはじまる展示の製作と施工は工期も3年度にもわたり、展示や製作技術への要請も高く、くわえて高層階の展示であることもあり、高度な技術力はもちろん高い計画性と緻密な管理を要するものであった。なかでも大型復元模型資料の製作は、新たな文化財を創造するにも等しいものであり、特殊技術だけでなく多くの技術開発をともなうことから、開発制作の方式を採用することにより期待を上回る成果をあげることができた。（高橋裕／たかはし・ひろし）

3-3
体験型博物館の展示をつくる
釧路市こども遊学館

はじめに
　釧路市の中心市街地に立地する5層建ての建物が釧路市こども遊学館である。
　当館は、釧路市青少年科学館を発展的に継承した科学館機能と、中央児童センターとしての機能を併せ持つ施設として誕生した。全面ガラス張りの建物で、寒冷な気候のもとに暮らす市民にとっては、一年中利用できる全天候広場にもなっている。

市民と連携して設計を推進することを提案
　当館の基本設計を行ったのは平成11年度である。我々がコンペ時に提案したのは、市民を運営に取り込み、それを原動力として年々成長していく施設像と、市民の知恵や経験がこの施設を通じて地域の子どもたちに伝わり循環していく運営モデル、"目玉"のない展示であった。そして、設計段階から市民組織を立ち上げ、連携して設計をすすめる必要性を訴えたのである。しかし、納期までに半年足らずしかなく、結局のところ市民不在のまま基本設計を納めたのである。

念願の市民組織誕生
　平成12年度の春、当初の予定では実施設計に着手するはずであったが、市の事情で1年見送られることとなった。何も進めることができない空白の一年に設計チームに動揺が走ったが、市の担当者から告げられたのは「市民組織をつくるという提案がありましたよね。あれをやりたいのです」であった。
　早速計画に取りかかった。市民組織と何をどうやるのか、どのような市民に参加してもらうのか、スケジュールはどう組むのか、等々である。検討してみると1年かけても期待する成果をあげるには足りないくらいだとわかった。そのため本来ならば公募をかけるところ、時間がかかりすぎるので指名依頼で市民を集めることにし、それを市の担当者が行った。そうして、児童館関係者、当時の釧路市青少年科学館のスタッフ、学校の先生、教育学の専門家、主婦、学生、会社員など、本施設の主旨に何らかの接点を持つ総勢25名もの市民による市民組織が誕生した。市民たちがつけた組織の名前は「(仮称)釧路市こども遊学館をつくり・育てる会」である。

市民と行政と設計者が同じテーブルを囲んだ3年間
　最もオーソドックスな市民参加のかたちは年数回程度のワークショップで市民の意

釧路市こども遊学館（外観）

見を引きだし、設計担当者がそれを計画に反映させるというものだ。年数回程度呼ばれて意見を述べるのみなので、そこには市民の計画策定者としての担当者意識は育ちにくい。本会も当初そのような性格であったが、回数を重ねるうちにみんなが担当者になり、ワークショップではなく設計会議の場となった。市民と行政と設計者が同じテーブルを囲んで釧路市こども遊学館のあり方を検討する日々が実現したのである。そこで建築、展示、活動、運営の全てについて議論した。セミナーや視察も行った。通常なら専門業者と行政担当者だけで行う設計業務を市民もいっしょに3年間継続して行うことができたのである。会議の回数は優に160回を超えた。

釧路市こども遊学館の展示の基本的な構成

こども遊学館には「遊びのステージ」と「学びのステージ」の2つの展示ゾーンがある。「遊びのステージ」は児童センター機能を、「学びのステージ」は科学館機能をそれぞれ担っている。創意工夫によって様々な体験が可能な展示を重視するというのが全体を通していえる特徴である。基本的な構成は以下のとおりである。

「遊びのステージ」

性格の異なる5つの場で構成。子どもたちの行動特性にあわせて"動"と"静"の遊びをバランスよく配置した。未就学児から小学生低学年までを主対象としているが、ネットジャングル（網で構成したジャングルジムのような遊具）のような体を使って遊べる遊具はより高い年齢の子どもたちも楽しく遊べるようになっている。また、未就学児の

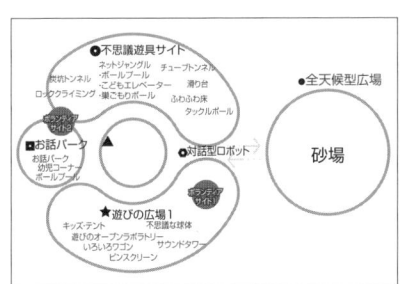

遊びのステージ 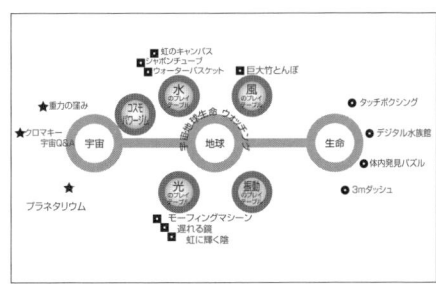　　　　学びのステージ

子どもたちが遊べる遊具は、家族での利用が多いことを想定して、家族の会話を醸成する工夫や大人の居場所を確保するよう留意した。

「学びのステージ」

「宇宙」「地球」「生命」というテーマをゆるやかに繋げる展示構成が特徴。「宇宙」「地球」「生命」の各テーマをシンボリックにメッセージする3つのコア展示を配置し、その周辺に関連するテーマの体験装置を点在させた。また、小道具や体験プログラムによって多様な使い方ができる"科学体験のインフラ装置"として、水のプレイテーブル、風のプレイテーブル、光のプレイテーブル、振動のプレイテーブル、コスモパワージムを設置。体験の仕方を規定しない道具としての展示の代表格であり、「学びのステージ」を特徴づける展示でもある。

基本的なスタンスは、「建築や展示は、ステージであり、道具である!」

こども遊学館は大きく4つのステージから成る。「遊びのステージ」「学びのステージ」「創造のステージ」「発信のステージ」である。このステージという言葉は初め、設計者の提案した企画の言葉でしかなかった。しかし最終的にはこども遊学館の全てに通底する大切な言葉となった。それが意味するのは"建築や展示はステージであり、道具である。主役はそこで遊び学ぶ子どもたちや、活動する市民であり、館が行うことは、主役たちがかがやくための場＝ステージを用意し、学んだり遊んだりするための展示＝道具を提供することである"という考え方だ。これが釧路市こども遊学館の基本的なスタンスである。

ちなみに、市民組織「(仮称)釧路市こども遊学館をつくり・育てる会」が解散し、新しく生まれ変わってできたNPOの名前は「市民ステージ」で、「市民ステージ」がつくりだした情報誌の名前は「スポットライト」である。これも同じ考え方をベースとして市民たちがつけたもので、より多くの市民たちが活躍しかがやける場＝ステージをつくることが自分たちの使命であるという意思を体現している。

市民からの発案で実現した本施設の目玉・日本最大級の屋内砂場

釧路市こども遊学館を特徴づける遊具の一つが直径18㍍の屋内砂場だ。これは一人の市民メンバーの発案がきっかけとなって実現した。

砂遊びは一人でも複数でも遊ぶことができ、お団子や山などをつくって限りなくイマジネーションを膨らませることができる。子どもたちは失敗してもすぐにやり直すことができるし、水を含ませた時の変化を体験し、科学的な感性を養うきっかけにもなる。

最も創造的でプリミティブな遊具なのだ。しかし、このように多様な可能性を秘めているにも関わらず、猫の糞害などで不衛生な場として敬遠されるようになり、近年急速に姿を消している。こうした砂場の持つポテンシャルと置かれている現状への危機感にメンバー全員が共感し、こども遊学館に日本最大級の屋内砂場をつくろうということになったのである。これを実現するためには建築を含め大幅な設計変更が必要になるなどハードルは高かったが市民・行政・設計者全員が一つになって実現に漕ぎ着け、こども遊学館を代表する展示が誕生したのである。

屋内砂場

ウェルカムロボット「ハロット」

地元企業からの寄付金でつくられたウェルカムロボット

釧路市こども遊学館の活動主旨に賛同した地元企業から寄付金の申し出があった。これを受けることとなり、お客さんを迎えるロボットを製作することとなった。

釧路市にはあのNHKの「ロボコン」の常連である釧路高専があるが、市民組織のメンバーの一人がその学校で教員を務めていた。そういった関連もあり、このロボットの製作に釧路高専に参画してもらうこととなった。展示の施工を請け負う会社との共同開発で、館内を自分で動き回り、お客様に話しかけ、電気が切れそうになると自分で充電機まで移動して充電を行う、こども遊学館に相応しい楽しいロボットが出来上がった。地元の企業がお金を出し、地元の学校が設計・制作に参画して完成したこのロボットは、市民参画を志向するこども遊学館の趣旨を体現する展示アイテムとなった。公募してついた名前は「ハロット」で、こども遊学館のマスコットとして子どもたちや市民にかわいがられている。

児童館での活動経験が詰まったワークショップ・ワゴン

「遊びのオープンラボラトリー」という工作やワークショップを行うコーナーに、道具や材料を収納し、必要な時に引っ張り出して使用するワークショップ・ワゴンを設置した。その中に収納するものを具体化するにあたって大活躍したのが、児童館で活躍してい

るお母さん方であった。子どもたちが使用する道具は、使いやすさだけでなく安全性を考慮しなければならないが、子どもたち相手に折り紙や工作などを日常的に行っている彼女たちは、何が必要でどの製品が良いか常識として知っている。あっという間に用意すべきものが揃えられていた。その中に当たり前のように入っていた両利き鋏を見て、ここには一朝一夕では成らない活動経験が詰まっているのだということを実感したのである。

視察先で見た子どもたちに大人気の展示アイテムを遊学館にも！

シャボンチューブ

　市民組織は、先進事例調査も行った。市民たちが視察先で子どもたちの反応を目の当たりにして「遊学館にもほしい」ということになり、導入が実現した展示アイテムが二つある。子どもたちが自由に創作した生き物が、モニターに映し出され水中を自由に動き回るデジタル水族館と、大型のリングで洗剤の被膜をつくり、その中に身を置くことができるシャボンチューブである。利用者である市民が自分たちの目と体で確かめ、納得したうえで導入した展示物となった。

サイエンスショースペースの充実はみんなの共通意見であった！

　「市民が生き生きと参加する「遊学館」～一人ひとりがきらめくステージづくり」という理念を掲げる本施設にとって、サイエンスショースペースの充実は格別の意味を持っていた。「こども遊学館をつくり・育てる会」にも多数の理科系の先生が参画しており、彼らの専門的な意見を反映させながらつくったのがこのサイエンスショースペースである。現在では先生が子どもたち相手に新しいプログラムに挑戦するまさに活躍のステージとなっている。

子どもたちのための市民活動を、より多くの子どもたちに届けるために

　市民組織の中に子どもたちへの読み聞かせに取り組んでいる方がいた。市が主催する生涯学習フェスティバルに市民組織が「出前遊学館」を出展した時のこと、我々は、その市民と仲間たちによるきちんと訓練を積んだ読み聞かせの素晴らしさと、それを食い入るように聞き入る子どもたちの真剣な姿に感動した。こうした実体験を踏まえ、読み聞かせスペースの検討が進められた。お話パークという地べたに座って本を読

サイエンスショースペース

おもちゃのお医者さんコーナー

めるコーナーに、子どもたちの長続きしにくい集中力を維持するために囲いを施し、ある程度の音と視覚的な遮断が図って、ここを読み聞かせの場として活用できるようにしたのである。

また、建物の一階に無料で利用できる全天候ひろばがあり、その気持ちの良い空間の一角に「おもちゃのお医者さんコーナー」を設置した。子どもたちが壊れてしまったおもちゃを持ち込むと修理してくれるのだ。このコーナーが設置されたのも、「おもちゃのお医者さん」活動を行ってきた市民がいたからである。

どこの地域社会にも、子どもたちの遊びや学びを支援する自主的な活動をしている人たちを見つけることができる。この釧路市にも様々な取り組みを行っている市民たちがいた。しかし彼らの活動はけっして場所や機会に恵まれているわけではない。だからこそ、このような活動の場を施設の中に積極的につくることの意味は大きい。活動する意欲とノウハウはあるが場を持たない市民と、ハードはあるが人材とソフトに課題を残す施設が互いに補い合うことが可能になる。善意ある市民の取り組みをより多くの子どもたちに届けることができる。

「自分たちの税金の使い方を自分たちで決めていくことなんです」

釧路市こども遊学館は、児童館機能と科学館機能が融合した施設だ。そこには子どもたちが遊ぶための遊具と楽しみながら学べる科学体験装置がある。見た目は他の類似施設と大きく変わるところはない。しかし、ここにある展示アイテムの一つひとつは、市民が初期段階から終わりまで設計に関わる中で、選択され、改良が加えられ、新たに導入されたものである。利用者の視点、あるいはここで活動する者の思いが込められており、その意味において他の類似施設の展示とは一線を画していると考える。

「自分たちの税金の使い方を自分たちで決めていくことなんです」この活動に参加した市民の一人が言った言葉である。市民たちの意思をどのように博物館づくりに取り込んでいくのか、これからの博物館づくりの大きな課題の一つである。（斎藤恵理／さいとう・えり）

3-4
企画展をつくる
ノーベル賞100年展

企画展示の意義

　一般に人文系、科学系を問わず企画展を開催する目的には集客効果や研究成果の学術公開が期待される。その館のテーマや常設展と関連性を持ちながらも、常設展示にはない視点の広がりや奥行きのある専門性など企画展には幅と深さのある展示が求められる。さらには、その博物館が常に創造の拠点として存続していくためにも企画展を一定のリズムで開催していくことが望ましい。

　企画展は短時間の内に膨大な情報を収集・解析して展示内容を企画・構成しなければならず、またそれらを空間デザインやグラフィックデザインに置き換えていく作業は常設展示を作っていく過程と何ら変わることはない。

企画展の整備

　台湾国立科学工藝博物館で2000年に企画展「ノーベル賞100年」が企画・開催された。通常、企画展は夏季休暇時期に開催されることが多いが、この企画展は1年間の開催期間、その後に巡回展が計画された。比較的長期間の企画展として博物館側が集客効果を担うのは当然のことであり、また、科学立国・台湾を継承・発展する意図も込められ、物理系の体験・実験装置により実際にノーベル賞受賞のきっかけとなった現象を体感・実感することを方針に展示の立案・設計が進められた。

　開催2年前に博物館担当チームと共に開催に必要な資料の調査・調達するために、ノーベル財団とスェーデン・アカデミーなどへの取材・資料提供協力を依頼し快諾された。「物理学賞」「生理学・医学賞」「化学賞」の3部門を受賞した原理・解析を体験・実験装置の主な対象として展示構成概念図を作成した（図1）。

　この展示構成概念図に従い、項

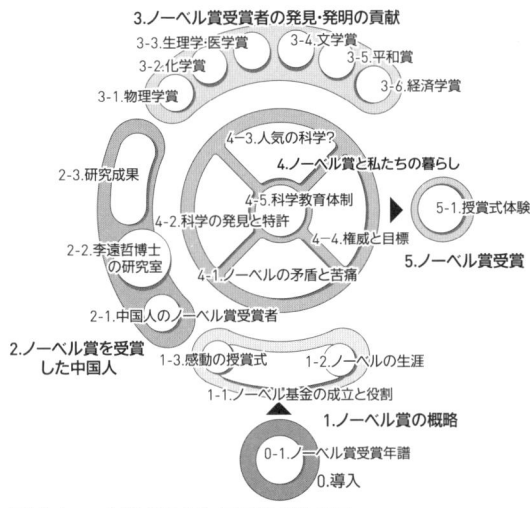

1「ノーベル賞100年」展示構成概念図

目毎の展示手法の開発へと進めたが、博物館側の背景として理工系の展示物に実験や体験を強く求める考え方があり、小中学生の来館者を主な対象とし友人や家族連れを単位として捉えることとした。

体験展示主体で構成された企画展示は、博物館の方針、"体験展示"で構成されたため、来館者に受け入れられ、将来の常設展示化することが期待された。また、これを機会に新たな展示手法も開発され、可能な限り単純明快な操作方法の中にも被験者が予想もしなかった意外性のある展示手法を開発することができた。施工方式にも柔軟性を持た、素材や材料などにも工夫を重ねた。例えば再利用可能な材料を使用したり、ノックダウン方式を採用することでごみの削減と巡回展での効果的な搬送を可能とした。

この「ノーベル賞100年展」は、企画展示終了後、8年の時を経て常設展示へと移行することなり、企画展を生かした新しい「科学桂冠展示室」(図2)が誕生した。(久光重夫／ひさみつ・しげお)

「ノーベル賞100年」展

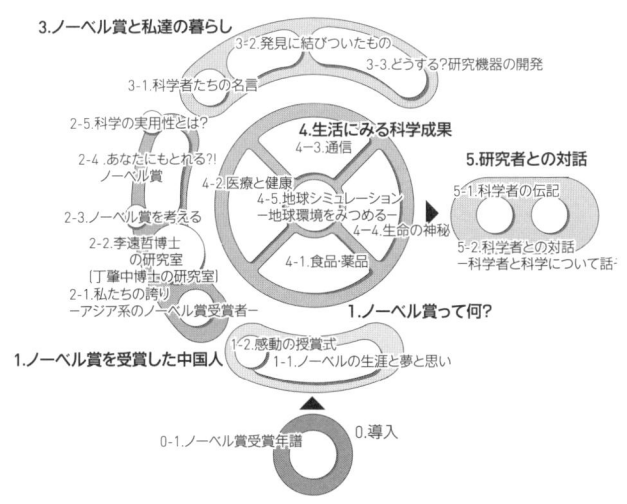

2 「科学桂冠」展示構成概念図

3-5 新聞社・放送局と連携してつくる
生活と芸術─アーツ&クラフツ展

メディアと企画展

　日本の美術館や博物館(美術館と総称)では、単発の企画展や特別展(企画展と総称)に、新聞社やテレビ局(メディアと総称)が、資金面や準備作業に関わる場合が非常に多い。企画展の開催は海外から展示作品を借用したり、大がかりな造作物の制作が必要だったりと、多大な支出を伴う。こうした事業では支出に見合った収入を得ることが重要であり、常設展とは別の入場料と目標動員数を設定し、そのための広報・宣伝活動を展開するなど事業規模が拡大する。大規模な企画展では多くの場合、美術館だけではなくメディアと共同で予算を拠出し業務を分担しあって実施している。

　日本におけるメディアと美術館との関係について「生活と芸術─アーツ&クラフツ展」(2008〜2009年、京都国立近代美術館、東京都美術館、愛知県美術館で開催)を例に共同作業の実際をみてみたい。

開催のきっかけ　ヴィクトリア&アルバート美術館(以下V&A)からのアプローチ

　2005年、世界屈指の工芸美術館として名高い英国ロンドンのV&Aで「インターナショナル・アーツ・アンド・クラフツ展」という大規模な企画展が開催された。工芸家で思想家のウィリアム・モリスらが進めたアーツ・アンド・クラフツ運動が欧州や米国、さらには日本の作家や工芸家にどのような影響を与えたかを美しい工芸品を通じて検証する野心的な内容で、ロンドンに続き米国の3都市で開催され好評を得た。

　その展覧会の構成は日本部門が展示の四分の一を占め、「生活に芸術を」というアーツ・アンド・クラフツ運動が後に思想家の柳宗悦が開いた「民芸運動」に通底するととらえ、柳らが建てた建造物「三国荘」の部分再現や民芸に関わった工芸家の作品を多数展示するものであった。

　V&Aは2002年の企画段階で日本での開催を模索しており、日本での作品借用交渉と並行し、日本のメディアに企画の提案していた。提案をうけた朝日新聞社では内容を検証し、質が高く、時代性のある開催意義の深い企画であると考え、開催候補の美術館と交渉したがまとまらず、いったん日本巡回を断念した。ところが2005年、ロンドンでオープンした展覧会の高い評判が聞こえ、さらには2008年に日本で英国の文化や科学を紹介する英国祭が予定されていることが明らかになった。そこでV&Aの関係者と再協議し、同じコンセプトによる新しい展覧会を英国祭にあわせて開催できないか、再検討した。

事業化のポイント

　絵画展が50〜100点の作品で構成されるのに比べ、工芸品が中心の展覧会では展示品が200点を超す場合もある。この展覧会はテーブルや椅子、室内の再現など立体的で大きな作品が多く、輸送費や展示日数がかかる。そうした高いコストを吸収するためには類似のテーマや作家の展覧会を開いた実績がある美術館で、相応の来場者をいかに集められるかが事業成功の鍵になる。また、作品の空輸といったイニシャル・コストを効率よく国内会場で巡回させ負担を軽減するか。さらには、情報があふれかえる現代、質の高い広報活動を行い期待通りの来場者を導くコミュニケーションが出来るかなどの課題も浮かびあがった。

　こうした観点をふまえながら再度事業化を検討し、国内の美術館に共同開催の打診を行った結果、1997〜1998年にV&Aが企画したモリスの回顧展を開催した実績のある京都国立近代美術館(京近美)と愛知県美術館、過去にV&Aの「アール・ヌーヴォー展」などがヒットした東京都美術館(都美)での実施が決まった。とりわけ京近美は近代日本工芸を専門とする学芸員がおり、英国での「インターナショナル・アーツ・アンド・クラフツ展」に作品を貸し出し調査にも協力していた。そのため、最も重要な作品選定や展示構成に関しては京近美が3会場をリードする立場として、V&Aの学芸員との折衝にあたった。

展示内容　日本開催のための3つの変更

　展覧会の構成についてはV&Aが作ったコンセプトを守りながら、英国展に3点大きな変更を加えた。第1は、国際巡回展で点数が少なかったウィリアム・モリスらの代表作を40点ほど加えること。モリスの個展は動員実績があり、作品の追加は事業化のポイントだった。第2は、日本コーナーのうち、とりわけ民芸運動の出発点ともいえる「三国荘」の再現を拡充すること。日本ならではの追加調査を行い、日英の学芸員が意見交換を行う機会を設けることは、日本開催の大きな意義でもあった。「三国荘」については、京近美が詳細な調査で展示を充実させ、関連冊子を発行するなどの成果を挙げた(写真1)。第3は、V&Aがリストアップした出品候補作品のうち、日本の美術館に類似品があればそれをあてる、というものである。これは英国からの輸送を避けコストを軽減させ

1 三国荘の室内再現

るだけでなく、日本の美術館が世界レベルの作品を所蔵することを周知し、いわば資源を有効に活用する目的があった。京近美を中心に国内美術館の所蔵作品を調査し、V&Aと選定会議を行いふさわしい作品を選んだ結果、約20カ所から140点もの水準の高い作品を借用することになった。

　こうした3点の変更は日本での開催を模索する過程で、V&Aと交渉し了承を得たものだ。企画展におけるメディアの重要な役回りは、美術館と議論を重ね、予算に見合う来場者が期待でき、より意義の深い展覧会を開催するために、関係者の意見を集約し実現させていくことにある。

展示作業　二つの展覧会をまとめる作業

　「アーツ&クラフツ展」は見方を変えると、2つの展覧会を同時に開催するような内容だった。同じコンセプトの中にV&Aからの借用品が約140点あり、これらに関しては展示室やケース内の温湿度管理、作品に触れる部分の展示方法について事前に詳細なチェックを受け、実際の展示は修復家や学芸員らが来日して行った。この来日者のアレンジなどは朝日新聞社が、作品を展示する環境作りや施工などの監督は美術館側がそれぞれ担当し協力して進めた。

　その一方で、国内の美術館や所蔵家合計約20カ所から140点の作品を借用しており、これら作品の調査と借用は京近美の学芸員と朝日新聞社が行い、それぞれの借用条件などをふまえながらV&Aの作品とあわせて展示していった。総点数280点で構成される全体の展示と演出は、V&Aと国内の作品の選定作業と並行しながら美術館を中心に準備をすすめた。日常品である家具や工芸品を際立たせるため、室内の雰囲気を演出するステージや室内再現（写真2）などを随所に入れる工夫がポイントとなった。

メディアが得意とするマーケティングと広報　予算を達成するハードワーク

　近年の構造的な不況下、美術館もメディアも事業の採算性向上に真剣に取り組んでいる。関連グッズの開発、音声ガイドなどのサービスはもちろん、飲食店やブランドなどとのタイアップ企画がさかんに展開されている。従来まではメディアは自社媒体を使った広報を中心としていた。しかし現在は、マーケティングと広報戦略を担う立場を強化し、新たな切り口の開発に人材と時間を投入している。

　「アーツ&クラフツ展」の場合、ウィリアム・モリス、民芸など、美術ファンや愛好者には一定の知名度があるが、"アーツ&クラフツ"という概念への一般の理解度は低い。こうした問題を解消するため、朝日新聞社は"アーツ&クラフツ"の言葉を伝え、現代的

な意味を問うウェブサイトを中心にキャンペーンを展開した。デザイナーや作家、建築家の方々に協力を仰ぎ"アーツ&クラフツ"の考え方を現代流に解釈してもらいながら、楽しく展覧会鑑賞に足を運ぶ意識付けに挑戦した。一方、街頭のポスターや看板類にはコピーライターに展覧会のメッセージを解きほぐしてもらい(写真3)、デザインを学ぶ学生やクラフトを趣味とする主婦、ファッションに関心のある層に向け特別のチラシを印刷して配布するなどした。

ともに目指すべきもの

「アーツ&クラフツ展」のように、外国の美術館からメディアに基礎的な企画内容が提案されるケースは非常に多い。特に海外の美術館やコレクターなどとのコンタクトや交渉の経験はメディアに多く蓄積されている。メディアが文化事業を社会貢献と自社ブランドのイメージアップや販売の機会ととらえ、半世紀以上前から海外の取材拠点や人材を介し情報を集め、交渉を行ってきた、その実績である。欧米の美術関係者はこうした現状を認識し、美術館の改装に伴うコレクションの貸し出しや国際巡回展の企画についてメディアにコンタクトをとるケースが多い。

もちろん、美術館の学芸員は日頃から研究成果として、あるいは新たな味付けによって独自の企画を生み出している。美術館とメディアが互いに発案し協力しながら時間をかけて共同で実現させていく場合もある。そもそもメディアは会場をもたず学術機関でもない。そのため、独力で展覧会を開催することはできない。

近年、美術館の数が増え、同時に企画展の数や種類も多様になり美術館への来場者が増加する傾向にあり、美術館とメディアは事業を成功させなければならないという意識をますます強めている。美術館はより学術的な意義を志向し、メディアは一般性や人気を重視する傾向にあるが、そのどちらか片方に傾斜すると多彩な来場者の関心や理解度をそぐ危険性がある。双方の違いを補い合う建設的な共同作業によって、来場者の利益をより総合的に高めていくことが、ともに目指すべき理想といえる。
(草刈大介／くさかり・だいすけ)

2 ケルムコスット・マナーの室内再現

3 京王線駅構内のポスター

写真：木村浩

4章 博物館展示のコンポーネント

　展示は空間を特定した情報メディアであり、たくさんの人々が利用する博物館の展示は「新聞」「放送」と同じくマスメディアである。「新聞」を構成するコンポーネントは文章、写真、図表である。「テレビ放送」は複雑に見えるが、文字、写真、図表に音声、動く画像がプラスされた程度である。

　展示では、利用者が特定されて空間に出向き、複雑に絡んだ多様なコンポーネントに直に接しながら、情報やメッセージを受け取ることになる。

　この章では、博物館展示の主要なコンポーネントについて現場の体験を踏まえて紹介する。（草刈清人）

4-1
展示空間の発想と実現

展示与件から展示空間へ

　展示のデザインをする前に、既に博物館側から展示したいモノや情報のリスト化がなされている。このリストの多くはマトリックス化、または系統図化された展示与件として、展示プランナーやデザイナーに手渡されることになる。この展示与件をいかに空間化・体験化するべきなのだろうか。その展示与件のままに企画・デザインすることで本当に展示の狙いが体験者に伝わっていくのだろうか。否である。紙という平面の上に記述されページ順にめくっていく書類と、目の行きどころを定めることが難しく、順路を定めてもその通りに人が動かない空間とでは、自ずから全く異なった解釈と編集が要求される。それは、分類体系化された展示与件に別の視点を加えて、空間としての展示デザインに置き換え構成することが求められる、と言い換えることができる。最も重要だと判断したものを、新たな発想と最適な伝達技法により鮮明に打ち出すことである。それは、情報そのものをデザインしようとする姿勢と言ってもよい。展示のデザインでは、空間の力、グラフィックの力、映像の力、など様々な伝達技法の特徴を把握した上での取捨選択と、その組合せによるデザインが非常に重要な作業となる。加えて、展示デザインでは伝達技法が豊富に使えるからといって、決してその多様さに溺れてしまうものとならないようにも意識しておきたい。

　技法を構成する場合、体験者の直感がどのように働くかを優先して企画・デザインしなければならない。体験者がその場その場で感じた最も刺激的な情報や状況に注意を向けられることが大切であり、展示構成する側の秩序や常識を優先することのないようにしたい。また、紙や電波の上でのコミュニケーションとは異なり、展示の特徴は「場」という制約があることだ。「場」には「場」の体験者、及び「場」を動かす運営側にいる人など、「場」に関与している「人」という要素があり、展示の活性化には欠かせないものとなっている。したがってこの後の頁に述べられる展示技法の各要素に、「人」と「場」を必ず重ね合わせた形で読みとる必要がある。人・場が動き、人・場を動かすための展示技法としての解釈が求められる。

展示を発想し、実現するために

展示を構成する最適な技法を発想し実現するために、ぜひとも行動に移したいのは、次の3点である。

1 展示する場・空間に足を運ぶ

その立地、空間サイズ、完成予想イメージなど、机上とは異なった、現場でしか感じることができない印象を身体全体で受け止め、その上で実施する技法イメージを定着する。

2 互いの領域に踏み込む

各展示技法にはそれぞれに専門家が存在し、一つの展示プロジェクトに多くのスタッフが参加することがある。従ってよりよい展示実現のために各分野のエキスパートの意識合わせは重要な作業となる。専門家相互の連携や越境こそが、新たな発想や高いレベルの表現に向けた基礎となる。

3 体験者の動きを予測する

設計者がつくる図面、スケッチ、模型などは、内装や什器などのデザインの外観だけを確認するものではない。体験者の身になり、人とモノ、人と情報、人と人などの関わり合いをシミュレーションし確認を行う道具なのである。（稲垣博／いながき・ひろし）

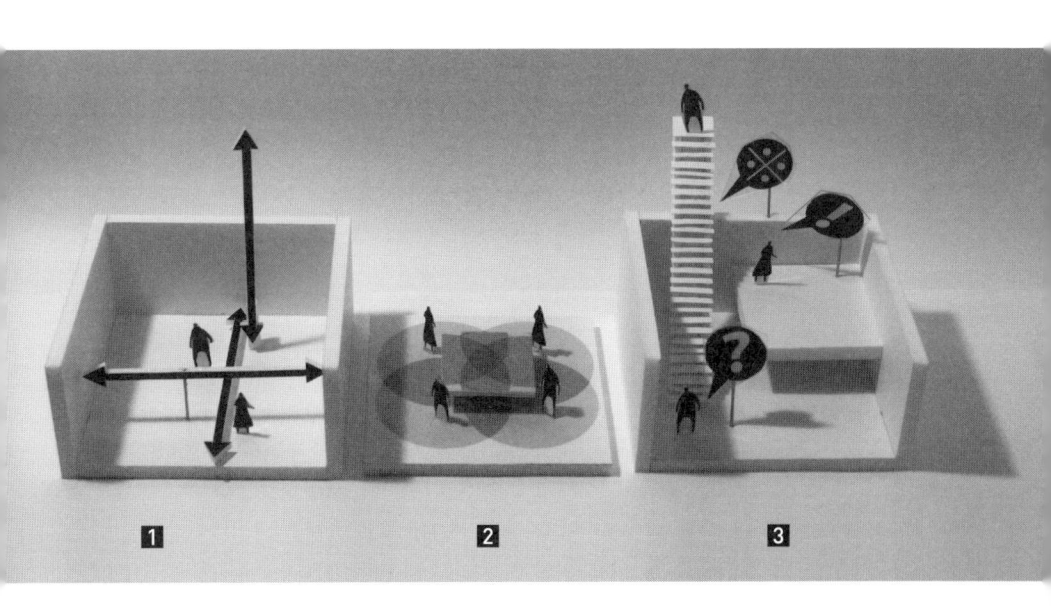

1　　　　　　　2　　　　　　　3

4-2
展示資料～実物・標本・複製～

博物館の展示資料

　博物館の展示資料は、大きく実物と標本と複製に分けられる。標本には動物・植物・岩石・鉱物その他様々なものがあるが、展示という目的から容易に観察できる形態をとるため、展示される資料にとっては、決して良い保存環境ではない。

　特に動植物標本は腐敗や劣化に弱い。その対策としてアルコールやホルマリンを使った液浸、剥製、水分と樹脂を置換するプラスチネーション、魚類の体を透明にし骨格に色付けする透明標本など保存処理を施し展示したり、あるいは複製品を展示している。

　こうした複製資料の作り方には、型取りと造形の二つの方法がある。型取りとは、標本から直接凹型をとり、樹脂成型、彩色を施し仕上げる方法である。造形とは、標本に接触することなく、観察や計測したデータをもとに形造る方法である。古文書のような平面の複製方法として、写真撮影しデジタル変換したデータをもとに原本に近い和紙等に印刷、手彩色していく方法もある。

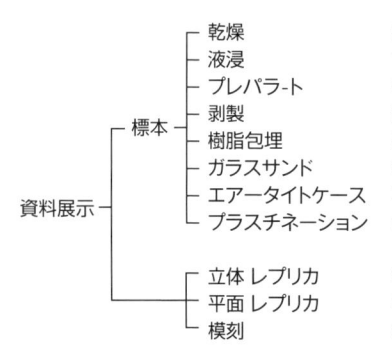

資料展示	標本 ┬ 乾燥	細胞構造の丈夫な植物を乾燥させて保存する
	├ 液浸	アルコールやホルマリンなどの薬液に浸し保存する
	├ プレパラート	微小生物や組織構造を顕微鏡で見るための方法
	├ 剥製	動物の表皮を保存処理し 中に詰め物をし成形する
	├ 樹脂包埋	透明樹脂に封入し腐敗や劣化を防ぐ
	├ ガラスサンド	植物や海草を透明ガラス板で挟みこみ変色や劣化を防ぐ
	├ エアータイトケース	不活性ガス注入により酸化防止、紫外線カットできるケース
	└ プラスチネーション	標本の水分を樹脂に置き換え、腐敗や劣化を防ぐ
	├ 立体 レプリカ	標本から型をとり、樹脂成形と彩色により復元
	├ 平面 レプリカ	写真撮影データを解析し、印刷及び手彩色で複製
	└ 模刻	標本を計測(非接触)及び観察し、造形により複製

レプリカ(植物)

　植物の栽培展示は室内のジオラマ展示などではできず、また、押し花の状態では形も色の現実とはかけ離れたたものになってしまう。そこで植物が生育している状態をそのまま型取りし、樹脂成型及び彩色を施したレプリカにする。その植物の最盛時で理想的な色や形を克明に再現する代表的な展示手法のひとつである。

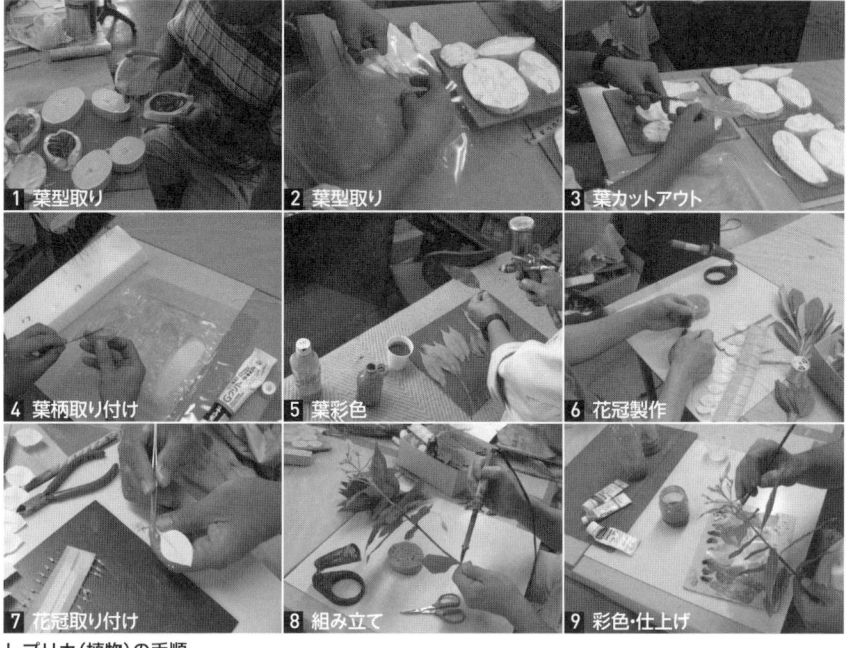

1 葉型取り	2 葉型取り	3 葉カットアウト
4 葉柄取り付け	5 葉彩色	6 花冠製作
7 花冠取り付け	8 組み立て	9 彩色・仕上げ

レプリカ(植物)の手順

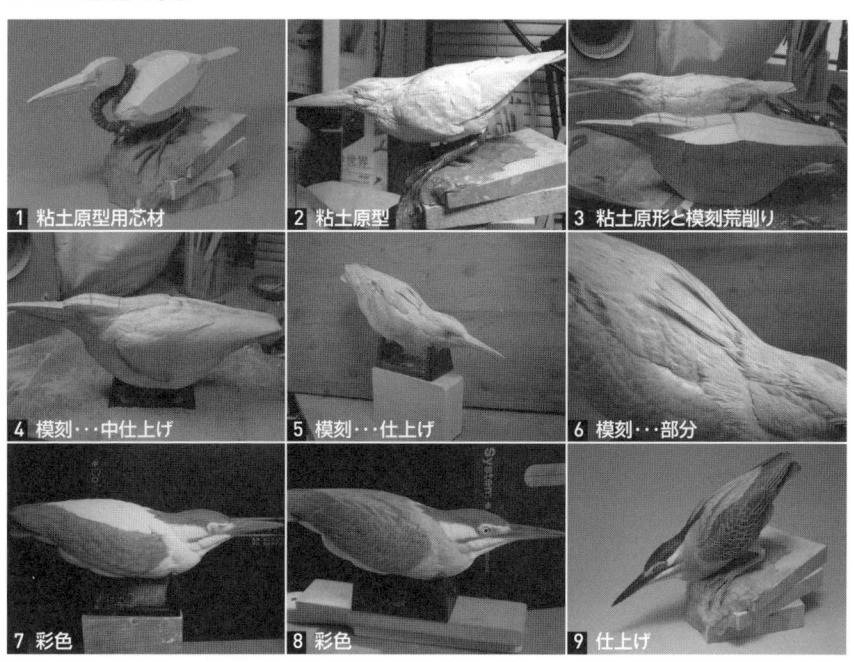

1 粘土原型用芯材	2 粘土原型	3 粘土原形と模刻荒削り
4 模刻・・・中仕上げ	5 模刻・・・仕上げ	6 模刻・・・部分
7 彩色	8 彩色	9 仕上げ

模刻(バードカービング)の手順

博物館展示のコンポーネント

85

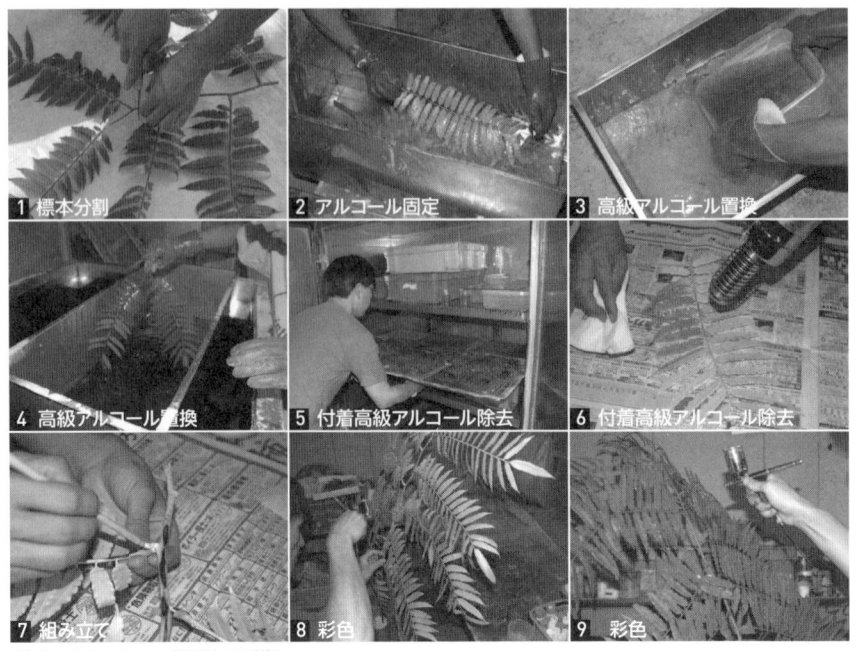

1 標本分割	2 アルコール固定	3 高級アルコール置換
4 高級アルコール置換	5 付着高級アルコール除去	6 付着高級アルコール除去
7 組み立て	8 彩色	9 彩色

プラスチネーション（植物）の手順

| 原資料撮影 | 色取デジタル解析 | 製版彩色 |

エアータイトボックス（密閉標本箱）

模刻(バードカービング)

　もともとは、狩猟に使うおとり(デコイ)を起源とする木製の模型である。自然環境の変化により、ますます貴重となる動物標本を展示することを避け、代わりに綿密な計測データをもとに彫刻された模刻を展示するようになってきた。リアルバードカービングが盛んな米国の博物館を中心に用いられている。

プラスチネーション(植物)の例

　標本の組織に含まれる水分を樹脂に置換し、腐敗を防ぐ方法である。もともとはドイツの医学界で人体や動物の標本に対して行われてきた。近年は植物標本などにも応用され、範囲が広がっている。細胞組織を残しながら展示にも対応できる新しい技術として注目すべき方法の一つである

平面複製(複写)の代表例

　原資料をポジフィルムで撮影し同時に手彩色用に色見本サンプルを作成する。また原資料に最も近い和紙や絹本等及び絵の具を選定する。デジタル変換したデータで骨刷りし、色見本を基に彩色を施していく。

エアータイトボックス(密閉標本箱)

　気密性のある透明ケースで、不活性ガスを注入することにより、酸化を防ぐことができる。また紫外線防止のアクリルを合わせて使用しており、昆虫標本のドイツ箱は収納用であるのに対し、エアータイトボックスは保存性の高い展示ケースでもある。

今後の可能性

　人文科学系・自然科学系の博物館で収集・展示されている多種多様な標本は、それぞれの特性に適応した保存処理が考えられてきた。しかし前に述べたように標本によっては、研究資料と展示が合致していないのが現状である。しかし今後はプラスチネーションやエアータイトボックスと言った保存と展示が両立しうる技術をさらに進化させ、この問題を解決していくべきである。一方、複製技術の分野でも、立体計測技術やそのデータを基にしての複製技術が急速に発達してきている。展示効果を優先したスケールに変換することも可能であり、理解や興味を引き出す方法として積極的に取り入れていくべき手法の一つだと思われる。(中山隆／なかやま・たかし)

4-3
演示具〜取り付パーツ〜

展示効果と安全性

　展示において、「展示効果」と「安全性」は別方向の要素である。「展示効果」を優先させるなら、展示資料を美しく見せるために必要最低限の演示具が理想となる。かたや「安全性」を優先させるなら、大きくても頑丈な演示具が必要となり見た目の悪さが常につきまとう。この相反する要素をどのようにバランス良く組み合せ展示を構成していくかが、演示具に求められる最大の役割である。

実測の意義と必要性

　展示資料の特性や学芸員の展示意図などを踏まえ「展示効果」と「安全性」を融合させた演示具を用いることで、より完成度の高い展示になる。そのために最も重要な作業が資料の実測である。たとえば、石器のように硬質感はあるが小さい資料を壁面に展示する場合、あまりに簡素で華奢な演示具で支持していたら、見る側は不安になるだろう。しかし、必要以上に頑丈で目立つ演示具で資料を支持してしまったら、展示資料そのものが見えにくくなってしまう。

　こうした華奢と頑丈との間にある「適度な大きさ」を見つけるため、展示資料の細かい形状と特徴を把握する資料実測は欠かせない作業である。

　さらに、それは「効果的」な展示が可能か、「安全」な展示を優先すべきかの判断にも繋がる。また、どう展示するか、どのような演示具にするかを、具体的にイメージしてから実測をすることも重要である。

　通常、同じような展示資料でも、それぞれが異なった形状をしている。展示方法、支持する場所などによって、製作する演示具の寸法や形状は微妙に異なる。サイズの合わない既製の演示具では、資料と完全にフィットすることはなく、結果として、資料に過剰なストレスを与えてしまうこととなる。どこで支持すると一番安定するか、資料自体の強度は十分かなど、時間をかけて実測することが、最終的にはバランスのとれた「展示効果」と「安全性」に繋がっていくのである。

事例紹介

　九州国立博物館で実践した、「東の土偶、西の土偶」というテーマの展示を紹介する。この展示に求められた条件は、「単体ケースという限られたスペースに、16点の土偶の背面文様まで見えるよう、安全かつ立体的に展示すること」であった。そこで、

ケースの高さを利用した立体的なレイアウトを、アクリル展示台によって実践した。相応の強度と照明効果を得るため、20ミリという厚手の透明アクリル板を使用した。そして個々の土偶を設置する箇所に窓抜き加工を施し、さらに立てて展示するために棚板を付け、アクリル製の演示具で背面から土偶を支えた。この場合、テグス(糸)はなるべく高い位置、すなわち土偶の首に掛けた方がより安定するが、首に掛けるという見た目の違和感を考慮し安全性を確認した上で、あえて腰回りにテグス(糸)を掛けた[写真1]。さらに、足元が小さく不安定な土偶については、足首と棚板とをテグス(糸)で二重に固定することにより、安全性を高めた[写真2]。単体ケース自体がライトテーブルであるため、窓抜き加工を施したアクリルの小口が美しく光り、アクリルの持つ透明感が活かされて、圧迫感のない展示台が実現できた[写真3]。(渡辺珠美／わたなべ・たまみ)

1 2「安全性」
土偶を立たせるために後ろに取り付けたアクリル製演示具やテグス(糸)は安全性を保ちながらも目立たない黒子のような「機能的演示具」

3「展示効果」
窓抜き加工したアクリル展示台は展示資料をショウアップする「視覚的演示具」

4-4
展示ケース〜資料を見せる・守る〜

博物館展示における展示ケースの役割

　展示される資料そのものが持つ魅力や価値を、ありのままに来館者へ伝えることが博物館における展示の理想である。美術的価値の高い資料はその造形や色彩を余すところなく伝え、歴史的価値の高い資料はそこに刻まれた数々の事象がしっかりと視認できるものでなくてはならない。

　こうしたことから、最も望ましい展示手法は資料そのものを直に見せる露出展示である。資料と来館者を隔てる障害はそれがガラス板一枚であったとしてもない状態が望ましいのである。しかし、多くの展示資料は環境の変化に対して脆弱なものが多い。また価値の高い資料であればあるほど、事故、盗難、災害などから守らなければならない。従って展示には「資料をありのままに見せること」と同時に「資料を確実に守ること」が必要とされる。展示ケースの役割は、この2つの相反する課題を同時に満足させるものでなくてはならない。

　来館者に資料がありのままに美しく見えるためのは、そのものが主張するような意匠は控え、いわば黒子に徹することが必要である。また、資料をガラス越しに見ることになるため、ガラス板を支持する金物のフレームなども極力目立たないものが良い。

　ウォールケースの場合はガラスとガラスの突き付け部分に気密性を保持するためパッキンやシーリング材が用いられるが、ガラス板の割付幅が短いとこれが視界に入り意外と気になるものである。割付幅は構造上、施工上可能な範囲で極力広く取ることが望ましい。さらにガラス板といっても決して無色透明ではない。ガラスの厚みが増すと青味を帯びた色調となる。これは、高価だが高透過性のガラス板を用いるとことで解消することができる。

展示ケースと照明

　展示ケースの照明設備は大きく分けてベース照明と演出照明の2通りがある。ベース照明はケースの形状により目的がことなり、ウォールケースのようにケース内壁面への展示が想定されるケースでは垂直面照度の均一性が重要であり、四方から観覧できるケースでは水平面照度の均一性が求められる。ベース照明の照度分布は、最低照度と最高照度との差を1:3以内に押さえることが望ましい。

　ベース照明は均一に展示資料を照射できる反面、資料の立体感やテクスチャーを表現するには不向きである。なので、スポットライト等の演出照明を併用し光を加える

ことによって、資料の持つ陰影やハイライトを際だたせる必要がある。

　光は資料の変褪色や劣化を招く要因である。蛍光灯を使用する場合は紫外線吸収膜付蛍光灯を用いる必要がある。赤外線(熱線とも呼ばれる)は白熱球型のスポット照明から多く発生し、輻射熱により資料の表面温度上昇や局部的な乾燥を招き劣化の要因となる。このため、熱線カットの照明器具や熱線吸収フィルターを用いる必要がある。

　紫外線や赤外線は資料を見るためには不要な光であり排除して差し支えないのだが、やっかいなのは可視光である。当然ながら可視光を当てない限り、資料を見ることはできない。しかし、可視光も変褪色を起こす要因となる。

　その劣化は露光量に応じて高くなることから、変褪色が起こりやすい資料はできるだけ低照度で露光時間が短くなるよう展示期間を短期にするなどの配慮が必要となる。そのために展示ケースの照明は資料に応じて照度が自由にコントロールできなくてはならない。特に低照度で使用することも多いため、電圧低下により蛍光灯ランプのちらつき等が生じないようにする必要がある。

　また、近年は光ファイバーやLED照明もケース照明設備として採用される場合が多い。これらの光源は光に含まれる紫外線や赤外線といった有害成分が少ないうえに、ケースの局部照明として組み込みやすい利点がある。特にLED照明技術の進歩はめざましく、今後の活用が期待できる。

ケースの気密性能

　通常、資料は収蔵庫など温湿度の変動が極めて少ない場所で保管されている。従って、展示公開により環境が急変する状態は絶対に避けなくてはならない。そのためには収蔵環境に極めて近い状態でケース内の環境を整備する必要があり、最も多く採用されるのが、一般にエアタイトケースと呼ばれる気密性能を高めた展示ケースである。エアタイトケースはケース内外の空気の流入や流出を極力抑えて気密性を保持し、調湿剤の使用により資料特性に合せた良好な湿度を維持するものである。

同時にその気密性から粉塵や害虫がケース内に侵入することも防止できる。

調湿には目的湿度にシーズニングされたカセットタイプの調湿剤が広く用いられている。近年は機械調湿機も利用されているが、調湿性能が高く、調湿剤交換の手間もない反面、イニシャルコストが高くなるため、調湿方法は施設の運営も検討した上で決定していく必要がある。また、資料の材質によっては、必ずしも定常的な湿度管理を必要としないものもある。

エアタイトケースはその高い気密性能ゆえに、ケース内の建材などから発生する有

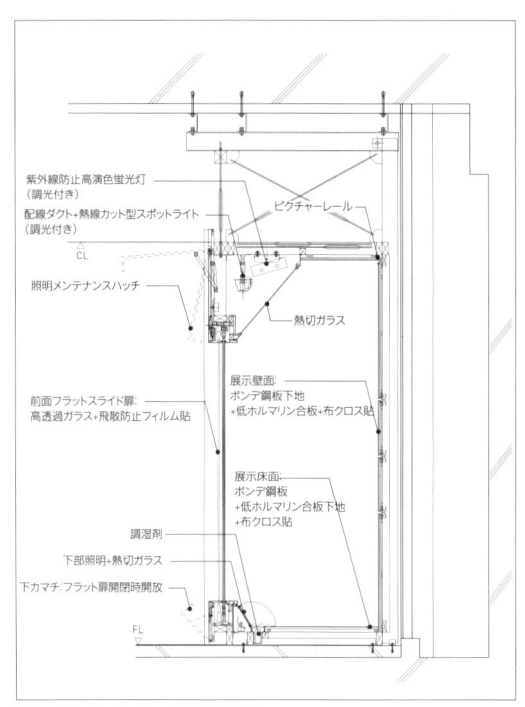

1 エアタイトケースの施工例

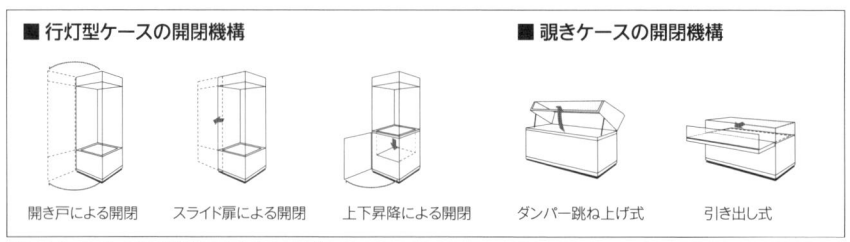

2 ウォールケースの開閉機構

3 単体ハイケース、覗きケースの扉タイプ

害ガスが抜けにくいなどのデメリットもある。そのため、展示ケースも建築物と同様に十分な枯らし期間を確保し、ケース内の空気質を中性化し有害ガスの発生を十分に低減してから使用を開始すべきである。(図1)

ケースの取扱性

　展示ケースは資料の展示替え作業が、効率良くかつ安全に行えるものでなくてはならない。資料の破損等の事故は列品作業時に発生する可能性が高く、展示替え作業が安全に行えることはケースに必要な機能である。例えばウォールケースの開口扉が端部にしか設けられていないとすれば、ケース中央部の資料を交換するためには、既に資料が展示された狭いケースの中を学芸員が資料を持って移動しなくてはならない。こうした行為は資料破損の危険性を考え、できるだけ避けたいものである。

　こうしたことから、近年はガラス面に目立たないように開口部を設けた前面フラット扉型のウォールケースが多く採用されるようになった。これはケース前面を開放できることから、展示替えでケース内に進入する行為を最小限に抑えることができ、資料の交換を容易かつ安全に行える利便性が高い方式と言える。

　また、資料の列品後はケース内の保存環境を維持するため開閉による外気の流入を最小限に控えたい。そのため照明器具のランプ交換はケースを開閉することなく、照明交換専用のメンテナンス扉を設けた構造とすることが望ましい。

　他にも単体ハイケース、覗きケースにも様々な開閉扉の機構があるが、いずれも資料の列品作業が安全かつ確実に行える手法を採用すべきである。(図2)(図3)

展示ケースと展示シナリオ

　多くの博物館では来館者が理解しやすいよう、ケース内のディスプレイを展示シナリオに沿って演出する手法も多く用いられている。この場合でも展示ケースそのものが主張するような意匠は控え、実物資料とその関連情報を一体的に演示することで来館者の理解を得やすくすることが目的となる。例えば、縄文土器の実物資料の背景に、縄文時代の人々の暮らしをイラストで表現すれば、その資料の持つ歴史的価値を子供たちにも的確に伝えることができる。

　このように展示のコンセプトやシナリオに応じた展示ケースを計画することも必要である。(山森博之、斎藤克己／やまもり・ひろゆき、さいとう・かつみ)

4-5
照明と展示資料

資料と照明

　博物館に展示されている資料は貴重で、本来は大切に収蔵庫に保管されるべきであるが、博物館の使命として研究成果を展示するという活動が求められる。従って、資料に対して直接強い光を長時間照射することは避けつつ、展示における照明を工夫しなければならない。さらに紫外線、赤外線は展示資料に損傷を与えてしまうため、限りなく照射されないような環境を設定しなければならない。表1は主な国々の照度基準を示している。日本のJIS基準では他国に比べて数値が高いため、文化庁では表2のとおり、特に重要文化財を展示する場合の照度設定を指導している。

照明灯

　照明灯具は大きく「白熱電球」と「放電灯」に分けられる。「白熱電球」には、シリカ電球やハロゲン電球が含まれ、「放電灯」には蛍光灯や水銀灯などが含まれる。多くの博物館展示室では直接展示資料に照射する場合、ハロゲン電球を使用する。資料1点ごとに照射でき、調光器がついていれば資料ごとに自由に照度を設定することができる。反面、均質な照度分布を設定することが難しく、照度均斉度の高い照明灯具を選択すれば、均質な照度分布を少ない灯数で確保でき、費用、作業、環境の点で効率が良い。照度均斉度とは、展示面の最大照度と最小照度の比のことで、差が少ないほど均斉度が高く照度ムラのない均一な照明環境が設定されているといえる。

表1　美術館・博物館における展示照明の推奨照度

50 lx	日本（JIS,1979）	フランス（ICOM,1977）	イギリス（IES,1970）	アメリカ（IES,1972）
光と放射に特に敏感なもの 織物、衣装、水彩、つづれ織、印刷や素描のもの、切手、写真、ミニチュア、泥絵の具で描いたもの、壁紙、染色皮革	150～300 lx 剥製品や、標本については75～150lx	50 lx できれば低い方が良い （色温度2900K）	50 lx	200 lx
光と放射に感じるもの 油絵、テンペラ絵、天然皮革、角、象牙、木製品、漆器	300～750 lx	150～180 lx （色温度4000K）	150 lx	200 lx
光と放射に特に感じないもの 金属、石、ガラス、陶磁器、色付きガラス、宝石、ほうろう	750～1500 lx	特に制限なし 但し300 lxを越えた照明の必要はない。	特に制限なし 輻射熱の考慮が必要	200～6000 lx 材質及び色による
全般照明	75～150 lx	拡散光で低く		20～150 lx 展示品がそれぞれ照明されているところ
その他	映像や光利用の展示部については30～50 lx			

展示ケースと照明

　展示ケースに資料を置く場合は、ケース内環境のみに設定条件が絞られるため、より精緻な照明環境を設定することができる。ガラス越しに展示資料を鑑賞する場合は、色を忠実に再現できる光源設定が必要となり、照度以外に色温度や演色性についても注意を要する。色温度は、絶対温度K(ケルビン)で表され、5,000K以上になると青味が強くなり、3,300K以下になれば赤味を帯びた光色となる。表3は光源別の色温度と演色評価数を示している。

　人工照明の演色性は、可視波長領域の分光分布によって決まる。分光分布とは、

表2：文化庁推奨値(特に重要文化財を展示する施設の場合)

油絵	300 lx
日本画・水彩	150 lx
版画	100 lx
染色	100 lx
その他	200 lx

表3：各種光源の色温度と演色評価数

	ランプ公称色温度（K）	平均演色評価数（Ra）
美術・博物館用蛍光灯　紫外線吸収膜付 (演色AAA 電球色・L-EDL・NU)	3000	95
美術・博物館用蛍光灯　紫外線吸収膜付 (演色AA 白色・W-SDL・NU)	4500	91
美術・博物館用蛍光灯　紫外線吸収膜付 (演色AAA 昼白色・N-EDL・NU)	5000	99
美術・博物館用Hf蛍光灯　紫外線吸収膜付 (演色AAA 電球色・L-EDL・NU)	3000	95
美術・博物館用Hf蛍光灯　紫外線吸収膜付 (演色AAA 白色・W-SDL・NU)	4000	97
美術・博物館用Hf蛍光灯　紫外線吸収膜付 (演色AAA 昼白色・N-EDL・NU)	5000	99
白色（W）	4200	61
パルック（EX-N）	5000	88
昼白色（N）	5000	72
シリカ電球 100W	2800	100
ハロゲン電球 500W	3000	100
マルチハロゲン灯（Lタイプ）蛍光灯	4300	70
スカイビーム昼白色（D）	5200	93
スカイビーム白色（NDL）150W	4300	85
スカイビーム温白色（WDL）	3000	80
ハイカライト（高演色形）	2500	85
ハイカライト（高彩度形）	2800	78
パナホワイト水銀灯	4200	50

「どんな波長の光をどれだけの割合で含んでいるか」という光の性質で、物の色が自然に見えるためには、各波長の光が充分に含まれていなければならない。一般に、普通の蛍光灯では赤系統の波長の光が不足しているため物の色の見え方が変わり、さらに紫外線が放射されているため、ケースに採用する照明では、平均演色評価数の高い光源（Ra＝90以上が望ましい）を採用するだけでなく、特殊演色評価数もできるだけ高い値の光源を採用することが望ましい。

損傷係数と放射照度

　絵画・染色などの文化財は日光や人工光にさらされると変退色・劣化する傾向がある。380nm以下の短い波長の光を紫外線といい、損傷率が高く損傷度全体の95％の損傷作用を占めているといわれている。変退色の程度は照度×時間で決まるため、変退色を避けるには損傷係数の低い光源で、できるだけ照度を下げて同じ場所に長時間照射しないような配慮が求められる。表4は単位照度当りの損傷係数と相対値を示している。780nm以上の長い波長の光を赤外線といい、被照射物に吸収されると熱エネルギーに変換される。そのため赤外線成分の多い光源で高い照度で照射し続けると、被照射物の表面温度が上昇し、乾燥等による変形が懸念される。温度上昇は放射照度に比例するため、放射照度の値が低いほど温度上昇を抑えることができる。同じ照度であっても、一般の白熱電球の放射照度は蛍光灯の約5倍にもなる。従って、展示資料の照明には好ましくないと判断できる。

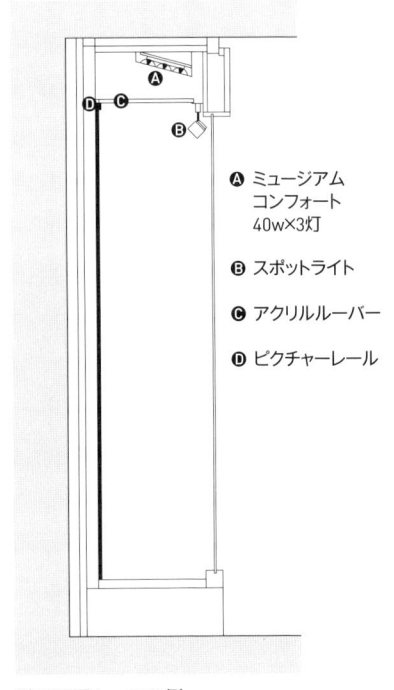

Ⓐ ミュージアムコンフォート 40w×3灯

Ⓑ スポットライト

Ⓒ アクリルルーバー

Ⓓ ピクチャーレール

壁面展示ケースの例

照明と疲労

　来館者の疲労の原因には「歩き疲れ」以外に、「グレア(ちらつき)」による眼の疲れが考えられる。光源が直接、来館者の視線に入らないような設定も重要な点といえる。

　近年では、LED電球の照明灯具も商品化され、紫外線、赤外線照射のない状況を設定できるようになってきたが、まだ発展途上であることや実地での実績調査が十分ではないため、限られた採用範囲にとどまっている。博物館の照明設備を代表する灯具のひとつとなれるよう期待したい。

(和田浩一/わだ・こういち)

表4:単位照度当りの損傷係数と相対値

光源		損傷係数(D/E)	相対値(%)
自然光	天空光(天頂光青空)	0.480	100
	天空光(天空)	0.152	31.7
	太陽光(直射)	0.079	16.5
蛍光灯	パルック(EX-N)	0.027	5.6
	白色(W)	0.025	5.2
	昼白色(N)	0.032	6.7
	美術・博物館用蛍光灯 紫外線吸収膜付 (演色AAA電球色・L-EDL・NU)	0.013	1.3
	美術・博物館用蛍光灯 紫外線吸収膜付 (演色AA白色・W-SDL・NU)	0.013	1.3
	美術・博物館用蛍光灯 紫外線吸収膜付 (演色AAA昼白色・N-EDL・NU)	0.012	2.5
	美術・博物館用Hf蛍光灯 紫外線吸収膜付 (演色AAA電球色・L-EDL・NU)	0.008	1.7
	美術・博物館用Hf蛍光灯 紫外線吸収膜付 (演色AAA白色・W-SDL・NU)	0.010	2.1
	美術・博物館用Hf蛍光灯 紫外線吸収膜付 (演色AAA昼白色・N-EDL・NU)	0.012	2.5
電球	シリカ電球(100W)	0.015	3.1
	レフ球(屋内用100W)	0.008	1.7
	KTクリプトン球(75W)	0.012	2.5
ハロゲン電球	ミニハロゲン(一般型100W)	0.013	2.7
	ミニハロゲン(マルチレイア85W)	0.008	1.7
	ダイクロビーム(12V50W)	0.011	2.3
	一般照明用(ダブルエンド型500W)	0.017	3.5

4-6 音響〜聴覚情報・雰囲気の創出〜

情報伝達媒体としての音の特性

　音の持つ特性は、聞き手の状態への依存度が低い、注意喚起、覚醒作用が強い、選択性がある、到達範囲が無指向性である、視覚障がい者にとって有効な情報となり得る、などが挙げられる。

　聞き手の状態への依存度が低いことや注意喚起、覚醒作用が強いことは、何かをしながら情報の授受が可能であり、音情報によって対象に注意を向けさせることが可能となる。また、パーティーなど多人数の会話で会場が満たされているような状況でも、特定の人の声を選択し、発話内容を聞き取ることができることから、複数の音情報が同一空間で混在していても条件が整えば、必要とする情報のみ選択できることが知られている。

　音は、球面波として伝播するため、到達範囲が無指向性で、壁などで音源が直接見えない場合や後方など、どの方向からでも受容することができる特性がある。一方、音の聞こえる範囲を制御することは、空間の造作や指向性の高いスピーカーを用いなければ難しい。

展示空間における音

　展示空間に存在する様々な音情報は、「物理的な音場」内に分布していると考えられる。これらの音情報は、音源そのものの強さ、音源からの距離、音源と受け手間の遮蔽の有無などの要因によって、受け手の耳にまで到達する量に差が生じる。従って、それぞれの音情報が伝達される量的区画が生じている。

　受け手の耳まで到達した音は「生理的音場」を形成し、その大きさによって知覚されやすさの順位付けがされると考えられるが、受け手が実際に「聴いている音」が何であるかは、音量の大きさのみでは決定されない。受け手によって「選択聴取」された音が「心理的な音場」を形成し、情報として認知されるのである。受け手の耳に到達した音は、受け手個人の関心度や経験、文化背景、慣れ等によって起因する内的要因や、音の聴覚特性や意味性、繰り返しのパターン等に起因する外的要因によって「選択」され、情報が伝達されていると考えられる(図1)。展示空間では、視覚的な要素が音の選択要因に影響を与えることが多いが、同時に選択された音によって場の印象が変化する相互作用もあるため、受け手がどのような「心理的な音場」を形成するかを考慮して計画しなければならない。

二つの役割

展示空間における音の主な役割は、以下の二つにまとめられる。

①展示内容を聴覚情報で伝える

音声・効果音などを用いることで、付加的に情報伝達媒体として機能する。この場合、受け手に対して「聞き取りやすさ」「理解しやすさ」に対する配慮が重要となる。音による情報伝達には時系的な要因が含まれるため、時間による制約が生じる点に注意が必要である。多くの情報を伝達するためには、提示時間をむやみに長くするのではなく、理解しやすい言葉や、展示内容に即した音の意味性を十分吟味する必要がある。

②展示空間の雰囲気を創出する

展示空間内にでは受け手は様々な音に曝されている状況であり、意識的に耳を塞がない限り、常にその空間の音環境からの影響を受けているといえる。演出音として意図的に提示される音情報だけでなく、その空間にいる人々によって発せられる会話や動作音も、その空間にいる「臨場感」を高める働きに寄与していると捉えることができる。

音は視覚上の境界を越えて相互に進入し合う。音によってつくられる「場」は、視覚的なもの以上に公共的性質を強く持っており、その計画には十分な配慮が求められる。(佐藤公信／さとう・きみのぶ)

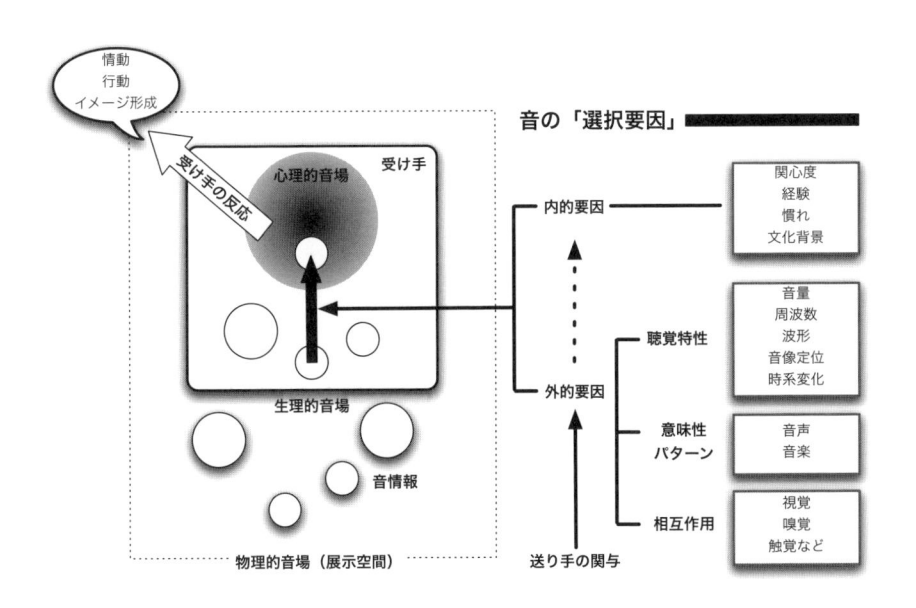

4-7

特殊造形～ジオラマ・パノラマ・人形～

ジオラマと博物館

　ジオラマ(DIORAMA)の原型は、19世紀のはじめにフランス人の銀板写真家が考案した「のぞき箱」であろうと言われている。その後19世紀後半のロンドン自然史博物館において特定地域の生態環境がドームのなかで復元展示され、ジオラマという展示手法が確立された。現在この展示技術の好例はニューヨークの自然史博物館、同じくアメリカのデンヴァー自然史博物館であり、日本でも国立科学博物館、茨城、群馬等の自然史博物館をはじめ各地の博物館等でもこの手法が取り入れらている。

　ジオラマは自然(史)系、人文系、科学系等、どのジャンルにおいても対応可能であるが、全てジオラマにすれば良い、というわけではない。それぞれのジャンルにおいて、ジオラマという表現が持つ効果が最大限に発揮される場合を考える必要がある。

　形状においても、一方向の窓から覗く従来型の手法から、環境のなかへ観客を導くウォークスルータイプや、吹き抜けドーム空間を利用したものなどがある。また映像や音響、照明の効果を加えよりリアルな臨場感を演出した、一歩踏み込んだ手法が展開され、観客の理解と想像力を喚起させる効果を発揮している。

ジオラマの企画から制作まで

　ジオラマの企画、基本計画、基本設計の流れは図1のとおりである。企画の段階ではまず展示手法としてジオラマがベストであることを確認し、それに必要な情報を収集し調査することから始まる。学芸員や専門研究者との調査は、設計者が展示内容を理解し、ジオラマを設計するために必要不可欠な作業である。またこの段階では建築計画との調整が重要な鍵となり密な連絡がジオラマの出来を左右する。

　ジオラマの実施設計の流れは図2のとおりである。予算にかなった手法、演出とともに安全性をも十分に考慮したものが実施設計として承認される。

　ジオラマの制作、施工の流れは図3のとおりである。制作、施工の作業では、設計者は設計図書で示されたデザイン、材料、仕様、構造、機能、品質面を監理し、制作者は制作面の品質管理、予算管理、安全管理を行い工期内に工事を完

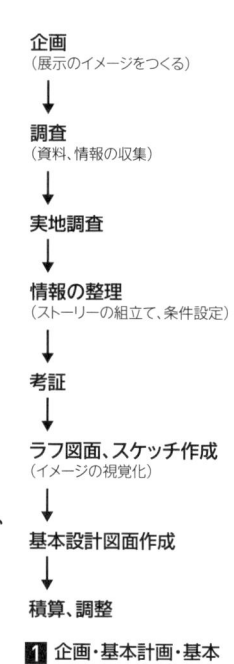

企画
(展示のイメージをつくる)
↓
調査
(資料、情報の収集)
↓
実地調査
↓
情報の整理
(ストーリーの組立て、条件設定)
↓
考証
↓
ラフ図面、スケッチ作成
(イメージの視覚化)
↓
基本設計図面作成
↓
積算、調整

1 企画・基本計画・基本設計の流れ

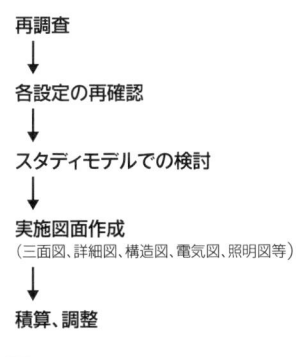

再調査
↓
各設定の再確認
↓
スタディモデルでの検討
↓
実施図面作成
(三面図、詳細図、構造図、電気図、照明図等)
↓
積算、調整

2 実施設計の流れ

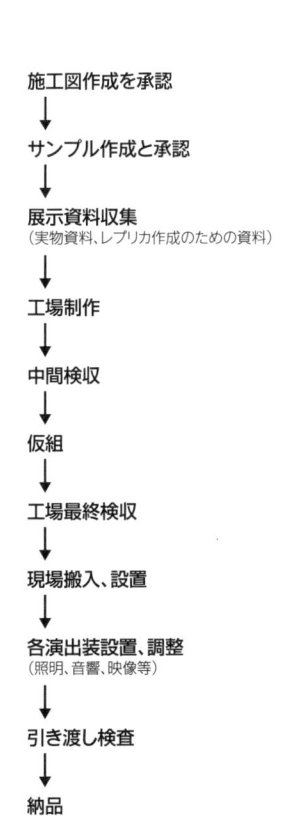

施工図作成を承認
↓
サンプル作成と承認
↓
展示資料収集
(実物資料、レプリカ作成のための資料)
↓
工場制作
↓
中間検収
↓
仮組
↓
工場最終検収
↓
現場搬入、設置
↓
各演出装設置、調整
(照明、音響、映像等)
↓
引き渡し検査
↓
納品

3 制作・施工の流れ

了させる。

　博物館での演出においてジオラマは近年さまざまなメディアを取り込み、アミューズメント性を高めより想像力を刺激する表現が求められるようになった。ジオラマの背景にCG映像を投影し恐竜や鳥を飛ばしたり、ハーフミラーとCG映像のミックスで古生代の海を体感させたりしている。またジオラマの中にキャラクターを点在させひとつのストーリーを語らせたり、生物の飼育展示とジオラマ造型を組み合わせたりといった試みがなされてきている。

　また、シアター空間の舞台装置としてジオラマを組み込み、観客とインタラクティブな対応が可能なプログラムを展開している例もある。昨今、原寸大の街並みや都市などを展示室内や屋外に設置している博物館があるが、これも一括してジオラマと呼ばれることが多い。「復元・情景演出展示」と区別することもあるが、博物館の研究成果としての学術的な擬似体験空間と捉えれば、これもひとつのジオラマといえる。また博物館的ジオラマの発想で病院内に昔の街並みを作り、療法(回想法)の一助としたり、防災のシュミレーション装置としてジオラマ空間を構築したりと、その表現の幅が一段と拡張してきている。アミューズメント施設や商業系の造型復元との違いは、博物館におけるジオラマは学術的な成果や情報を、見る人の感覚に訴え、正確に分かりやすく伝える展示手法のひとつである。

パノラマ

　パノラマとは18世紀末のスコットランドの画家によって作られた造語である。円筒形の内側面に風景画などを描き、360度のワイドな画面をねらった絵画技法のひとつで、転じて全体像が見渡せる写真や視界、模型などを総じてパノラマというようになった。

101

博物館の展示手法としてのパノラマには自然環境を概観できる地形模型、都市模型、歴史模型、未来模型などがあり、パノラマの利点は自然や都市がすべて手にとるようにわかり、全体像の把握に適した手法である。

　パノラマ設計はジオラマの設計と基本的に変わりはない。パノラマは鳥の目となって見るため360度を見わたせることを想定し、制作の範囲、角度、縮尺を決めることから始まる。パノラマでどこまで見せるのかその範囲や、どこまでディテールを表現する必要があるのか、何を目的としているのかを明確にし、それにそった情報、資料の収集を行う。制作の途中段階で見え方を検証する機会を多く持つことが、適切な表現につながる結果となる。位置や形状の確認には学芸員や監修者、専門研究員の検収を受けて学術的に間違いない表現をすることが、博物館のパノラマ模型として最優先される。また内容、目的によっては、ある一部を誇張したり、逆に省絡したりすることもある。

　模型はもともと職人技によるアナログな世界だったものが、昨今はデジタル技術と融合し、模型をつくるときに撮影した写真を利用してCGを作成したり、パノラマの鳥の目に対応し人の目の視線も同時に備え付けのモニターで見ることができる「ミクストリアリティ」も実現化されている。歴史展示パノラマではこうした手法で、リアルな合戦模様や遺跡再現が可能になると考えられる。いずれにせよ博物館展示では、他の展示同様これらも学術的研究成果として舘側の責任のもとに具体化するべきである。

人形

　博物館展示での人形は「人物模型」「人体復元模型」など、その人形表現が何を目的にしているのかによって呼び方が違ってくる。自然史系では過去の人類の形質学的復元である「復元人物模型」であったり、歴史系では衣裳や髪型等を見せるための黒子的「人体模型」であったりする。場所によっては予算的なことから既成のマネキン人形を使用しているのを散見するが、昔の衣裳を見せるのだから、その時代の体格的特徴を表現した人形に着せるべきであり、こうした博物館展示では既成のマネキンを使用することは避けなければならない。

　自然科学系博物館でよく展示用に制作されるもので「人体復元(顔)模型」がある。歴史系でも「縄文人・弥生人復元」などがあるが、設計の考え方は同じである。いずれも研究者の研究成果の具現化であり、展示としてリアルな表情や質感には非常にインパクトが期待できる。設計者は研究者から学術データ、資料等を入手し、制作者(彫刻家)と共に表現ポイントを聞き、スタディモデルで検討を重ね、原型制作に入る。

　人形の原型は通常粘土で作る。まれに実際の人体からそのまま型をとる方法もあ

るが、その際にはモデルの選択に注意する必要がある。原型の段階で研究者や監修者の検収を受け、修正を加えながらイメージに近づける。型取りのあと樹脂で成型し、彩色を施す。植毛（人毛、化繊等）でリアルな質感を出す場合もある。

博物館の人形の場合、附属演出として、人形にメカニックを組み込み、動きや声を聞かせることもあるが、いずれも学術的なデータをもとに制作される。科学系の展示としてロボットがあるがその技術的な成果を人文系博物館の人形として取り入れることは、十分に考えられる。（榛澤吉輝／はんざわ・よしてる）

ジオラマのタイプ

ボックスタイプ

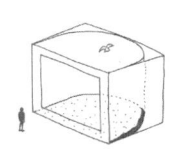

ニューヨーク自然史博物館
デンバー自然史博物館
千葉県立中央博物館「磯」「干潟」「谷地」「山地」
東山動物園動物科学館「狩り」

ドーム／ウォークスルータイプ

釧路市立博物館「タンチョウ」
デンバー自然史博物館「自然史－恐竜コーナー」

ドーム／吹き抜け利用タイプ

岩手県立博物館「イヌワシ」

吹き抜け利用タイプ

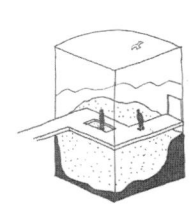

宮崎県総合博物館「照葉樹林」
デンバー自然史博物館「自然史－恐竜コーナー」

スロープ／利用タイプ

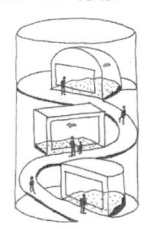

栃木県立博物館「垂直分部」
氷ノ山自然ふれあい館「ブナ林」

ウォークスルー／散策タイプ

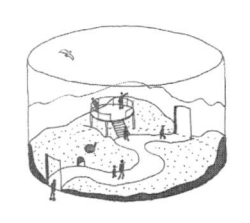

新潟県自然科学館「ブナ林」
夕張市石炭博物館「石炭の森」
姫路市科学館
群馬県立自然史博物館「雑木林」
鹿児島県歴史資料センター黎明館
富山市科学文化センター
国立科学博物館「海洋生物」「発見の森」

4-8
複合演出～情景再現と音・光の演出～

展示の可能性
　展示は印刷や映像媒体等の単体メディアと異なり、さまざまなメディアを複合化させることによって、多種多様で無限の情報を提供することができる。また論理的な内容だけでなく五感に訴えたり、インタラクティブなコミュニケーションをとることも可能である。
　この可能性をさらに広げるのが総合的な演出であり、現実の限られた空間や時間の制約を乗り越え、観覧者に対して、楽しくわかりやすいコミュニケーションを可能にする。この総合的な展示では、単体の資料を観覧させるのではなく、実物、複製、模型等の資料はもちろん、グラフィック、映像、照明、音響など様々な展示メディアを表現意図に従って綿密に連携、配置し、展開する。

空間軸の総合演出と事例
　歴史や生活の場の構成要素、例えば、建築物や生活用具等を展示室に持ち込むには限界がある。また、そのまま持ち込んでも意味や機能が明確に伝わるとは限らない。そこで、展示の意図に合わせて必要な部分を選択し、展示空間に応じて再構成することが必要となる。ここでとりあげる深川江戸資料館では、情景再構成という手法で総合演出をおこなっている。
　この館が立地する江東区深川地域は、江戸時代を扱った文学や芸能等で全国的に知られているが、関東大震災や戦災によりその面影は残っていない。これら、今はなき江戸深川の街並みを再現するにあたり、幕末期のこの地域の生活空間をイメージする要素、掘割、火の見櫓、商家や長屋等の存在を確認する調査を行った。当時の地図、沽券図、絵図資料等を調べ、永代橋近くの佐賀町に31尺高の火の見櫓があったことが判明。米屋、八百屋、油問屋、船宿、水茶屋等、深川らしい商家や長屋も文書や絵図資料等で確認し、さらに、表通り、木戸、路地、広場等、江戸時代の街並みに必要な要素を追加して、自然なたたずまいになるよう建物を配置、再構成している（図1、2）。また、掘割には水を張り、猪牙船（ちょきぶね）を浮かべ、広場には桜のレプリカ、庭には鉢植えで植生を再現し、犬や鳥の模刻を置いている。
　臨場感のある生活情景の再現のため、製作の面でも工夫を凝らしている。建物は文化財修理の職人が江戸時代の工法を用いて製作し、映画技術者による古色など生活表現を施している。生活生業用具も当時の錦絵や絵草紙等を元に収集、製

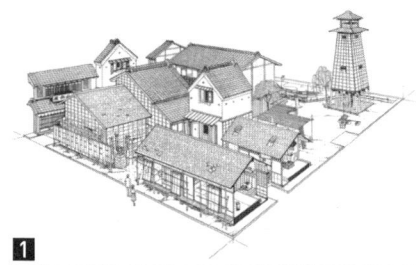

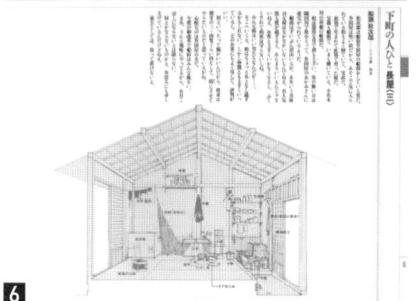

作された(図3)。また、照明や音響で天候の変化や物売りの声などを演出し、"深川の一日"を30分で体験できるようになっている(図4、5)。

　このリアルな情景を再現するためには、企画や製作スタッフの間で、再現する地域や住人のイメージを共有することが必要で、地域の歴史や特性を踏まえ住人を設定し、年齢、職業、暮らしぶりなどを決めたシナリオが、その基となる(図6)。このような情景再構成の総合演出手法は、下町風俗資料館(東京都台東区)(図7)、広島県立歴史博物館(広島県)(図8)等にも導入されている。

時間軸の総合演出と事例

　時間の経過に伴うものの変化、人と人のやりとりや心の動きなどは、静的な資料を展示するだけでは表現できない。この点を解決するために、時間軸で展開する総合演出が考えられる。

　船の科学館羊蹄丸「青函ワールド」では、青函連絡船と連絡船ターミナル青森駅周辺の情景を再現した展示空間に、船出を待つ人々の緊張感、躍動感をドラマ的に総合演出している。羊蹄丸は

深川江戸資料館
1　情景再構成の街並みイメージ
2　完成した街並み
3　火の見櫓前の広場と掘割
4　照明による夕焼けの演出
5　暮らしぶりの再現
6　暮らしぶり設定のシナリオ

1988(昭和63)年に廃止され、1995(平成7)年に船の科学館フローティングパビリオンとして生まれ変わった。この羊蹄丸の船内に昭和30年前後の青森駅連絡線ターミナルの情景が再現されている。

(図9、10)。駅舎、その前に広がる朝市、貨車を満載して出航しようとする連絡船等を建築物、車両、生活生業用具、人形等で再現し、照明、音響、映像、可動展示物(一部の人形や建物)によって1回20分のドラマが連続して展開される。観覧者は駅前から駅舎、連絡船へとそれぞれの情景を巡り、ドラマを体験していく。八百屋や魚屋の人々が通行人に声をかけ、待合室の家族が出航を心配し、駅員が嵐の中で出航指示のやりとりをする場面などが演出されている。人形や建物等にはスピーカーが仕込まれ、場面の進行に応じてスポットライトが当たり、身振りを伴った会話が聞こえ、汽笛やドラが鳴る。

時間軸で演出した展示の例では他に、展示空間内で「展示タイム」と「演出タイム」を分けるものもある。通常の展示空間内で決まった時間帯だけ効果音、照明等を用いて空間演出を施し、映像や模型・人形等を出現させたり、動かしたりしてストーリー性のある解説を行う。こうした物語性の高い演出によって、展示資料の時代背景やそれら相互の関連性への理解が深められる。通常の展示空間とは別に、それ専用の劇場的空間を設け、人形や映像・アニメーション等を複合

台東区下町風俗資料館、情景再構成展示の駄菓子屋

広島県立歴史博物館

船の科学館羊蹄丸「青函ワールド」駅前商店街の再現

船の科学館羊蹄丸「青函ワールド」青森駅の再現

する展示手法もある。さらには、江戸東京博物館「文明開化東京」(図11)のように、一つの展示室内に模型を使った演出と通常の展示を併設する場合もある。

いずれもさまざまな展示メディアの特性を生かして展開しているが、時間経過とシーンに応じて、緊密な展示メディアの展開や連携を設定する必要があり、それらはシナリオやスコアといった書式を用いて表現され、企画や制作の関係者の中で共有される(図12)。

時間軸の演出手法は、1970(昭和45)年の日本万国博覧会チェコスロバキア館で公開された「ラテルナマジカ」が萌芽とされ、映像機器や制御技術の発達により博物館でも取り入れられるようになった。(福島正和/ふくしま・まさかず)

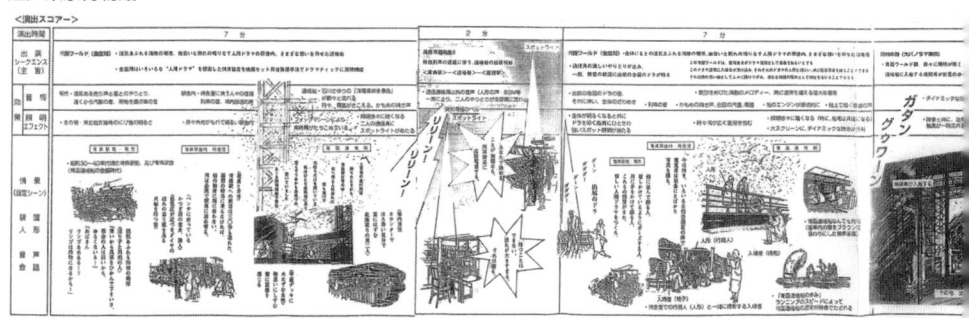

11 江戸東京博物館

12 船の科学館羊蹄丸「青函ワールド」演出のスコアー
横軸に時間軸、縦軸に展示メディアの展開イメージを書き込んでいる

4-9

景観模型〜海外研修生の故郷模型〜

模型の特色

　模型展示とは、映像・写真・絵画などの平面展示と異なり、立体で表現された展示手法である。対象とする物体、あるいはそれを取り巻く空間を様々な視点から，より実体感を持って理解できるという特徴があり，観覧者の興味・理解を助長する利点がある。近年、環境に対する意識の高まりとともに河川・森林などの環境変化の説明に映像や写真だけではなく地形模型などが空間理解のために利用されているのも、そのためである。一般に模型は、計画中の姿を確認するための検討模型、完成後の姿を展示するための完成模型、過去の姿を再現するための復元模型など、用途の違いによって様々に利用されている。本項では小型模型について、「景観模型」を製作することにより自国の風土や環境を見直すきっかけとなった事例を述べることとする。

小型模型の製作実習

　この実習はJICA(国際協力機構)及び国立民族学博物館からの要請によるものであり、対象は海外の博物館に従事する研修生たちである。時間的・物理的に制限のある中での実習のため、小型模型(A4大・縮尺1:300)を基本としテーマは研修生の自国の風景・風土を立体化する「景観模型」としている。

　製作準備として、写真、絵葉書、文献などできる限り収集するが、模型製作という目的にかなったものが揃うのはごくまれで、頼りは実習生の記憶と熱意だけである。スケッチやイラストを頼りにイメージを膨らませ、製作図を作っていく。模型はどんな小さな生活具であっても誠実なリサーチがないと製作できない。この準備段階での粘り強い会話と根気こそ研修生たちに模型への開眼を促す行為であり、事実、研修生たちの目の色が変わり始めるのもこの頃からである。

　事例はコートジボアール出身の研修生ダニエルさんのものである。彼女は都会生活でのストレス解消に家族でよく訪れるグランバッサムという避暑地をテーマにした。タイトルは「私の好きな漁村」、彼女にとっては余程かけがえのない場所なのだろう。この村はリゾート地の海岸にあり、心和む場所だそうだ。

ダニエルさんの「私の好きな漁村」

　製作範囲は約85m×60mで、この空間の中に彼女の思いを詰め込むということは、自ずと自国の風土・歴史を表現することに他ならない。さらに、それを学芸員として理

解することが、自国の博物館展示の根幹を成立させると考える。

スケッチなどを元に討論の後、こちらで用意した資料に彼女は興味を示し、作業は順調に進んだ。図書館でさらに新たな資料も見つかった。作業に手間取ったのは彼女に模型のレイアウトについて理解してもらうことだった。

どうしても平面的に家を並べてしまう。彼女と共に写真を見ながら、家々の並び方も決して直線的ではなく、生活空間として個々に機能的に意味があることを理解してもらった。地面にはヤシの実が転がっていること、屋根の上のカラフルなものは、洗濯物であること、魚を干すための棚にはどんな魚が並べられているか、海岸にあるシャワー設備の囲いは何でできているかなども、一つ一つイラストに記録していく。

製作に入り、海岸に並ぶ家は竹の皮を利用した。色合い・質感ともお気に入りのようだった。また、たくさんあるヤシの木を作ることに熱中して、「ムツカシイ」を連発していたが、地面や海の色が付きヤシの木を植える頃には本当にうれしそうな顔をして、鼻歌交じりで家のまわりにいる猫まで取り付けていった。

現地写真

イメージスケッチ

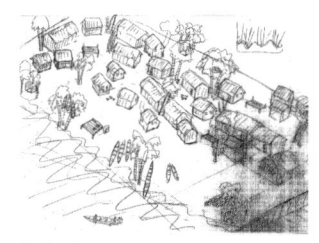

完成予想図

完成した一模型

模型の可能性

模型とは展示手法の一つであり同時に情報の伝達・記録手段でもある。展示のみにとどまらず、それが小型であることにより、立体のフィールドワークノートあるいは携帯型立体手帳としての機能をも発揮させることが可能である。

現在までに約50名、30ヵ国の研修生たちが大事に持ち帰ったこの立体手帳が、自国の博物館などで活躍し始めている。そして、この小型「景観模型」が日常生活の会話の中でメモを取り出すごとく机の上に置かれ、話が弾む光景はどんなに楽しいことだろう。（盛口尚子／もりぐち・ひさこ）

4-10
展示映像〜映像資料と展示メッセージ〜

　展示映像は、「記録映像」「保存映像」などの一次映像資料と、「解説映像」「ガイダンス映像」など二次映像資料に大別して捉える事が出来る。

表1. 一次映像資料のポイント

1	肉眼では視認できないため、特殊な映像手段を必要とする現象
2	言語表現のみでは不十分なために映像によって他の現象と比較する必要があるもの
3	きわめて稀にしか起こらない現象、あるいは人々が観察しにくい現象
4	社会から急速に消え去ろうとしているもの

一次映像資料（収集保存・調査研究）

　「確固たる収集理念に基づく収集品（コレクション）の良し悪しこそが博物館の優劣を決定づける最大要因ともなり得るのである1)」という言葉を借りれば、確固たる映像コレクションの良し悪しこそが展示映像の優劣を決定づける最大要因とも成り得ると言える。一次映像として収集するべき映像には以下のものが挙げられる（表1）。2)

　一次映像資料の具体例を挙げてみよう。自然科学系では、生物の生態、気象をはじめありとあらゆる自然現象、極小スケールの現象、各種実験の記録映像などが考えられる。民俗系では各種芸能・神事・祭りなどの無形文化財、季節毎のくらし、各種道具の使用場面や製作過程など、産業考古系では稼働している状態の産業構造物、ものづくりの現場など、収集対象となる映像は広範囲にわたる。既に撮影が不可能で収集が困難なもの（既に消え去ってしまったもの、過去の事象など）については、ニュース映像のアーカイヴなどを活用することが多い。しかし博物館の独自性を備えた魅力のある映像展示を展開するには、博物館自身の活動による一次映像の計画的な収集は欠かせない。

二次映像資料（展示公開・教育普及）

　展示メッセージを効果的に伝える目的で制作されるのが二次映像資料である。一次映像資料・図版・アニメーション・CGなどを駆使し、展示をより動的に充実させる。二次映像資料を企画する際は、展示における来館者とのコミュニケーションのあり方に留意し、内容、形式の2つの角度から検討する必要がある。まずは内容を検討する際の視点をみてみよう。展示映像を展示展開のどういう場面で使用するかによって以下の様な役割の違いがある（表2）。

　こうした役割を担う上で、その映像単独で検討するのではなく、実物展示・グラフィック展示・人による解説など、様々な展示メディアとの役割分担を考慮し、どの部分を

映像で担うかを計画していくことが重要である。映像が得意な事は映像でひきうけ、映像が苦手な事は他のメディアに譲り、展示構成の中でどのように機能するかを想定して企画されなければならない。このように二次映像資料の内容は、他の展示物との相対的関係性の中で決定される(表3)。

次に、映像形式を検討する際の視点をみてみよう。映像技術の進化は激しいが、そうした技術の変化に惑わされることなく、常に来館者に対するコミュニケーションの中で上げたい効果を設定する事が重要である。実物資料と見比べてもらいたいのか、座ってしっかり視聴してもらいたいのか、通り過ぎる人を立ち止まらせたいのか、詳しく知りたい人にだけ見せたいのか。こうした来館者への働きかけ方を検討することで、来館者動線、滞留時間、来館者視野角の占有率、内容を表現するうえでのハードウェアの表現力の相性などの技術的要件を決定するための基準を明解にすることができる。

映像展示の内容と形式を検討する際、展示映像の「ねらい」をしっかりと絞り込むことが重要である。一つの映像展示に複数の、もしくは複雑な「ねらい」を設定すると、内容的にも形式的にも適切な映像計画の条件を定める事が出来ない。この「ねらい」を定めて行くうえでも、先に述べた一次映像資料の収集・研究を普段から進めることが各博物館の活動に合った映像の特性と可能性についての深い理解につながり、ひいては映像展示の質を高めることにつながる。(河石勇／かわいし・いさむ)

表2. 二次映像資料のポイント

1	実物資料と同じくコレクションとして展示される、資料性希少性の高い一次映像資料
2	実物資料そのものを補足説明するもの
3	実物資料同士の関連を説明するもの
4	実物資料が展示できないため代わりに展示されるもの
5	展示物がもともと置かれていた環境を示すもの
6	展示内容に関する様々な現象を解説するもの
7	展示ストーリー上の、あるエリア全体の考え方を示すもの
8	展示施設全体のメッセージや概要を伝えるもの
9	来館者の注意を喚起し、より展示物を効果的に見せる演出を意図したもの
10	展示室とは独立したメッセージを伝えるもの
11	ウェブ、施設外、放送等にて使用される、集客・来館を促すための映像

表3. 展示映像のポイント

展示映像が有利なポイント	展示映像が不利なポイント
・百聞は一見にしかず	・来館者の時間を拘束する
・時系列による順序立てた解説	・時系列のため情報の一覧性がない
・空間の制約を受けない画像情報量	・文字を多くすると見づらい
・動きのある展示	・詳細情報には向かない
・来館者の参加できる手法が豊富	・参加型は同時に多くの来館者が鑑賞できない

4-11
実験装置〜科学現象体験装置〜

科学館と体験装置の使命

　科学館の使命とは「科学的な思考を育む」キッカケを与える事にある。「科学的な思考」とは「客観的に物事を見つめ、論理的に道筋を立てて考え、自ら計画的に行動する」という、社会生活をスムーズにおくるために必須の能力のことであって、科学法則や難しい数式を巧みに操れる能力のことではない。利用者へ「科学原理や法則」に対する理解を促すことは無論であるが、豊かな創造性や感受性・好奇心を「科学」を題材に育み、思考する能力を向上させることが本質的な使命である。

　人類が「森羅万象」を紐解いてきた原動力となったのは、従来の経験や価値・常識にそぐわない『！』や『？』との出会いであって、「驚愕と感動」という鋭い心への刺激(センス・オブ・ワンダー)が発端となったことは言うまでもない。

　故に科学館における「装置」とは『感動→思考誘発装置』といえる。「実験装置」でありながら、同時に優れた「芸術品」であり、優れた「工業製品」であり、優れた「玩具」であり、優れた「エンターテインメント」でなければ、不特定多数の人間に限られた時間内で感動と科学的思考を誘発することはできない。言ってみればいくつかの作法があるのである。

レスポンスと操作性

　装置性能のうち、特に注目したいのはレスポンスと操作性である。「簡単な操作」で「顕著な現象」が「瞬時に観察」できなければ、利用者は立ち去ってしまう。写真1と2は拡大鏡で体の一部や衣服などをモニタに表示する単純な装置であるが、直感的な操作で扱え、約200倍に拡大された画像が瞬時(ジャスト・イン・タイム)に表示されることから安定した人気がある。あたかも、ガリレオが始めて望遠鏡で月面を観察したときのごとく、日常が非日常になる瞬間が体験できる。

　熱力学や化学実験などは、顕著な現象が確認できるまで時間を要するテーマが多いため、手法・設備は熟考する必要がある。

　また今日、操作性はユニバーサルデザインと照らし合わせた検討が必須条件である。難解な操作説明やインターフェイスは利用者にストレスを与え、やはり立ち去ってしまう結果となる。

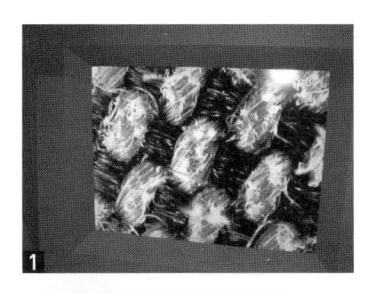

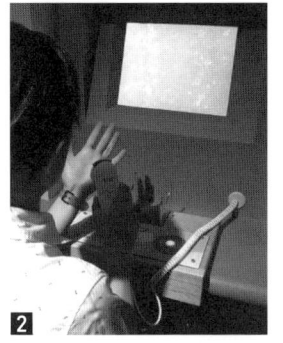

五感や体全体で感じる体感性

　教科書やテレビでの学習と「装置」を通しての学習との決定的な違いは、五感を駆使し、体感して理解できるということにある。教育現場における理科実験の減少が理科ばなれを加速させていると聞く。科学館に求められる実体験性という役割は極めて高い。

　左の写真3は数種のギアによって「力の伝達」を示す装置である。自転車型のペダルをこぐと、正面の巨大な風車が回る。ペダルは比較的重く設定されており、汗をかきながらこぐことになる。しかし頑張ってこいだだけ、爽やかな風でクールダウンしてくれるというユニークなものだ。チカラという肉体への負荷、スピードを増すごとにサドルから伝わる回転振動、そして風という単純さが、理屈抜きに「力の伝達」への思考のキッカケを与える。

　図4はサンフランシスコの科学館、エクスプロラトリアムの装置であるが、「指の触感」で「目の動体反応」を感じることができる秀逸な装置である。ドラム缶の内側が白く塗られ、幅2cmの黒いストライプが描かれている。利用者はドラム缶を回転させ、片方の目を閉じて指で押さえながらストライプを観察する。そうすると、閉じている眼もつられてストライプを追いかけ、ピクピク動くのを指先で確認できるのである。眼球カメラを使ってモニタに映すという仰々しいシステムより、このブラックボックスのない装置には脱帽する。

美しくて大きいと感動も大きい

　「自然は芸術家」とよく例えられるが、シュリーレン現象(写真5)や共振による模様(写真6)、

万華鏡の繰り返し図形などは美しいモノが多い。普段は目に見えない自然の振る舞いを視覚化することで、利用者は偉大な自然界へ畏敬の念を感じる。

　ダビンチなどの偉大な科学者が、同時に優れた芸術家であり、豊かな観察眼を有していたこともうなずける。この類の現象はプロジェクタやレンズなどを用いて拡大すると効果的である。幻想的な空間が心を癒し、あたかも美術館にいるかのように感動が拡大する。

コミュニケーションや共同作業で楽しさ倍増
　最近の潮流であろうか、かつては利用者と一対一の関係であった「装置」にコミュニケーションという手法が加えられ、新たな魅力化に成功している例が多い。

　写真7は「循環と位置エネルギー」を体感する装置。循環型の一連のコースに豆粒が大量にしかれており、子供たちはベルトコンベヤーのハンドルを廻したり、容器に移し替えて隣の機構へ豆粒を移動させ、最終的に上方の容器にためていく。一定量たまると弁が外れ、勢い良く豆粒が落下し羽根車を回すというものだ。一人でも移動させるのをやめると循環系が途切れてしまう。必死になって豆粒を移動させている様子は砂遊びをしているようにしか見えないが、羽根車が回った瞬間は、みんな手を叩き飛び上がって喜んでいる。

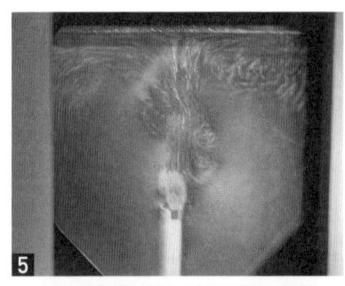

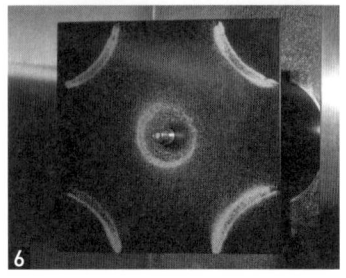

　また「エンターテインメント」の手法も効果を上げている。写真8はテレビ番組の手法を取入れた、利用者参加型の「クイズスタジオ」。言葉巧みな司会者につられて、観客に注目されている恥ずかしさを忘れ、つい真剣にクイズに参加してしまう。

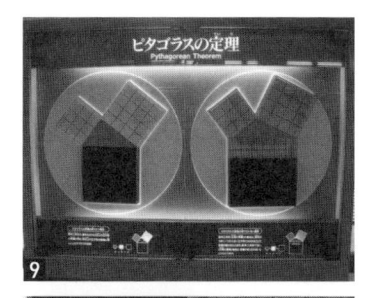

装置は万能ではない

単純な「原理・定理装置」の場合、それが生活の中でどのように役に立っているかという「解説」が伴わなければ、単なる知識の復習で終わってしまうことがある。写真9は御馴染み「ピタゴラスの定理」だが、例えば「現在位置の特定に利用されているGPSの基本原理」と組み合せると、単なる水のオブジェから思考を誘発させるキッカケ装置となる。

「軽くならない動滑車」(写真10)は、巡回展用に制作された科学クイズアイテムである。動滑車を使うと、持ち上げる物質の重さの半分の力ですむ」というのがよく知られている原理であるが、これは同じ錘で何故か釣り合っている。答えは滑車自体に重さがあるからである。

この展示は、観察→推論→仮説想像→実証実験→考察といった「自己内対話のループ」をクイズという手法で仕掛けたものであるが、利用者に相当な問題意識がなければ、やはり単なるオブジェになってしまう。しかし、解説者(インタープリター)が参加すると、展示効果は飛躍的に向上する。

運営が大切

よく「解説は読まない」「装置体験は遊びと同じ」「運営負荷の低減が条件」と言われる。しかし本来「装置」は、「解説」「運営」と三位一体となった時に最大の効果を発揮するものだ。ハードルは高いが、展示計画に先立って『体験を知識欲求に導き、深め、発展させる一連の仕組み』のあり方を熟考すべきである。原理・法則の重要性や優先順位だけで展示構成してしまい、解説・運営計画を後に回すと、学習効果の乏しい、賑わいのない、無個性な施設になってしまう。

今日、様々な要因によって科学館の無人化と装置の自動化が進み、その結果ゲームセンター化している例を散見する。ある種、時代のニーズなのかも知れないが、科学おじさんのヒューマンコミュニケーションのある科学館を懐かしく思うのは、筆者だけであろうか。(成田英樹／なりた・ひでき)

4-12
実演とトーク～専用の空間・一般の空間～

コミュニケーションをスムーズにする
　博物館展示は来館者が展示物やその解説から何らかの情報を得る、あるいは何らかの感情が芽生えるという点から、コミュニケーションの一形態として捉えることができる。博物館展示におけるコミュニケーションでは資料（非言語情報）と解説（言語情報）の組み合わせが基本となる。しかしながら、博物館には多様な世代の、様々な目的意識を持った人々が訪れるため、博物館が伝えたい情報やメッセージを静的な資料と解説のみで全ての来館者に効果的に伝えるのは容易ではない。そこで多くの博物館では、人間による実演や解説を加え、様々な来館者のニーズに合わせた情報を提供している。これは、多様な情報の提供のみでなく、身振りや手振り、表情といった非言語情報を介することによって、博物館と来館者のコミュニケーションをよりスムーズにする効果もある。

専用の空間での解説
　人による実演や解説は、専用の空間や設備を設ける場合と、既存の展示空間を活用する場合とに大きく分けられる。専用の空間を用いる代表例は、科学実験の実演である。実際に実験を行うことで、来館者は理解を深めるだけでなく、楽しみながら学ぶことが可能となる。また、水族館や動物園において動物とトレーナーが演じるショーも大変人気が高く、楽しみながら動物の生態や習慣を理解できる。さらには、演劇を行う専用の舞台や、スタッフが常駐して解説や操作を行うことを前提とした展示空間を設ける場合もある。このような専用の空間の存在によって博物館の体験はより印象的なものとなる。

一般の展示空間での解説
　専用空間を用いない最も一般的なものは、学芸員による展示解説（ギャラリートーク）である。来館者は展示資料を前に、専門家の視点から詳細な解説を聞くことが可能である。
　また、団体客など滞在時間の限られた来館者向けに、解説員やボランティアなどが館内を引率して展示の概要を紹介するガイドツアーも盛んに行われている。比較的受動的な来館者にとっては、見どころを短時間で観覧し理解できる利点がある。
　さらに、展示室の雰囲気に合わせたコスチュームを身にまとって解説や寸劇を行う、

人形劇の上演や紙芝居や絵本の読み聞かせ等を行うなど、演出効果を高めた多様な手法も盛んに用いられている。

既存の展示空間を用いた実演や解説は、大規模な設備の追加を行わずに情報の追加や展示見学の楽しさを増すことが可能であるが、展示設計においてゆとりを持った空間、導線計画が必要となる。

特徴的な事例

英国のマンチェスター科学産業博物館では、専門のスタッフによる各種エンジンの動態展示を行っている。子ども向けに、内部機関が見えるように改造した蒸気機関車の前でエンジニアと機関士に扮したスタッフによる面白おかしい掛け合いによって仕組みを学ぶプログラムも実施されている。また、展示室では歴史上の人物に扮した役者による実演も行われている。

ロンドンのホーニマン博物館では、週末を中心に、人形劇や物語の読み聞かせ、ダンス教室や演奏会などが館内の各所で催され、来館者は各々の興味・関心に合わせて参加することができる。

日本の国立科学博物館の地球館では、各フロアに1カ所ずつ「ディスカバリーポケット」という空間を設置している。これは、どうしても資料を詰め込みがちになってしまう展示空間にあえてフラットな小空間を設置することで、時には休憩スペースとして、時には展示解説や実演の場として多目的に活用できるようにという狙いがある。ここでは毎週末研究者による展示や最新の研究についての解説(ディスカバリートーク)を行っているほか、ミニ展示や外部施設との中継イベントなどが開催され、常設展示の様々な魅力を引き出すために活用されている。また、300名を超えるボランティアが活動登録を行い、毎日、ガイドツアーや展示案内を館内各所で行うほか、実演、観察や工作といったイベントも定期的に行っている。(有田寛之／ありた・ひろゆき)

国立科学博物館におけるディスカバリートーク

4-13
インタラクティブ展示〜来館者との対話〜

対話型展示装置
　近年、博物館や科学館などで来館者と展示物の間に双方向のやり取りが行われる、インタラクティブ性の高い展示手法が多く見られる。ここでは、展示における「インタラクティブ(対話型)」手法の特徴や、その効果について紹介する。
　対話型の展示装置は以前より多く用いられた展示手法であるが、近年の対話型の展示の特徴としては、来館者の自由な操作によって予測しえない結果が得られるなど、より意外性のあるやり取りが可能な点が挙げられる。背景には、コンピュータや映像機器の進歩といったハード面と、参加体験型展示を導入して来館者の満足度向上につなげたいといったソフト面の双方が影響しているように思われる。
　来館者とコンピュータが一対一で対話するだけでなく、来館者と来館者がコンピュータを介してコミュニケーションできるという点も、近年のインタラクティブ展示の特徴のひとつである。また、対話している相手が見えないネットワーク型のコミュニケーションと違って、来館者同士で楽しめる展示の存在は楽しみを増幅するだけでなく集客の点からも重要視されている。
　来館者の「相手」がコンピュータというだけでは、いわゆる「ゲーム」となんら変わりがない。ゲームと違うのは、3次元空間にその展示が存在しているという点である。展示空間という非日常の「空間」の中で、自分の身体という「インターフェース」を用いて対話することで、直感的かつ全身での体験が可能である。意識だけ仮想空間の中に入るのではなく、体ごと仮想空間の中で感じることができるよう、内包型の展示が多く見られる。
　ここでも、ただ楽しいだけでは「ゲーム」となってしまうので、楽しさをきっかけにして学習、理解につなげていく必要がある。伝えるべき内容と、演出の手法との間に必然性があるものこそ、秀逸なインタラクティブ展示といえる。

事例　CGスクエア〜声のシャボン玉〜(倉敷科学センター)
　倉敷科学センターは、小学生をメインターゲットとした科学館である。ここでは「声のシャボン玉」でデジタル技術を展示している。
　展示室中央の床面スクリーンに映像が投影されている。この中に入ると、センサーが来館者の姿を認識し映像がリアルタイムに変化する。また、そのスクリーンの四隅に音声入力装置が設置されていて(写真1)、まず、来館者はマイクで思いつく言葉を入

力する(写真2)。すると、その音がシャボン玉となってスクリーンに放出される(写真3)。放出されたシャボン玉は来館者がけったり触ったりすることで動かすことができる(写真4)ようになっており、棘のある玉にぶつかると破裂し、同時に最初に入力した音声が音声認識されて文字として表示される(写真5)。実は、往々にして最初に入力したつもりの言葉とは違った文字が表示されるのだが、間違って表示されることでかえって来館者の興味をひく、という効果も発揮している。

　集客に悩む館が多い中、インタラクティブ性の高い展示は、比較的人気を集めることができる。オリジナルの展示を開発することも可能で、空間的にも核となる展示になりうる手法である。(西山健一／にしやま・けんいち)

1 CGスクエア〜声のシャボン玉〜

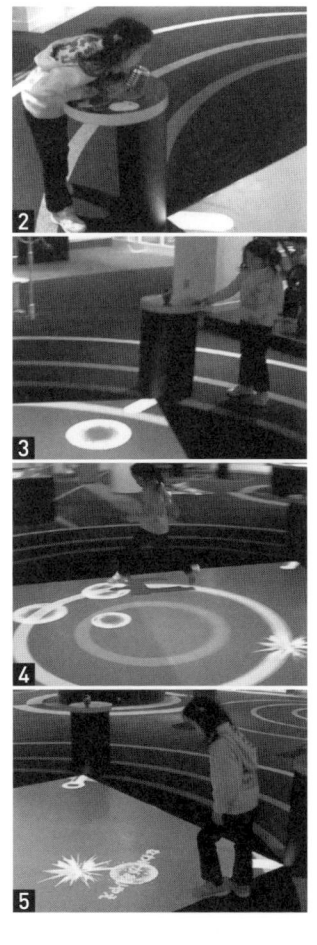

2

3

4

5

4-14
ハンズオン展示〜触る・試す・発見する〜

触る・試す・発見する

　ハンズオンとは、まず言葉の通り、手で扱える展示のことである。「触らないでください」と注意書きのある、コレクションをケースに並べるタイプの伝統的な展示とは対照的な展示に位置づけられる。五感を通じて物事を把握しようとする子ども本来の好奇心や行動に応え、気づきや学習動機につなげることが期待される。展示に対して能動的、自発的に参加するという意味を含み、「参加体験型」ともほぼ同義で捉えられる。実験や探索、めくる、開くといった、身体的な動きを伴う展示のほか、再現空間への没入体験など様々な参加性のある展示にハンズオンという言葉が適用される。

ハンズオン展示のインタラクティブ性

　一方、インタラクティブ展示という言葉が、ハンズオン展示と同義あるいは区別して用いられることもある。デジタルテクノロジーにより実現する双方向性とは区別して考えるべきだが、ハンズオン展示にとりインタラクティブ性は重要なテーマである。現代のハンズオン展示のコンセプトは、1960年代に海外の科学館や子ども博物館において、より教育的でインタラクティブな展示が登場してからの流れと考えていいだろう。背景には「学習は環境とのインタラクションの結果、発現する」といった、ミュージアムの関係者たちが支持した発達心理の理論がある。インタラクティブ性のあるハンズオン展示とは、利用者の自発的な選択やアクションに反応して、展示物の状態が変化する、さらに利用者がそれに反応するといった状況が、繰り返し行われるような展示といえる。結果以上に、結果(発見)に至るまでの経験の質が重視されるのである。

事例―車輪とレールの実験(ヨーク鉄道博物館)

　写真1は、ロンドンのヨーク鉄道博物館にあるハンズオン展示である。鉄道車両の車輪は、内側と外側の直径が異なる特有の形状をしている。この車輪の形状と、曲線レールをスムーズに通過できることの関係性に気付かせることがこの展示のねらいである。車輪形状が異なる数種類の体験用輪軸(写真2)から1つを選んで、曲線レールに転がすと、ある車輪形状の輪軸だけがレールから外れることなく最後まで転がることが分かる。近くには鉄道の車輪の実物があり、「なぜこんな形をしているの?」などの問いかけや、実物と実験結果を照らして振り返ることもできる。自分の行動と現象とが結びつき、選ぶ、試す、観察する、推測する、繰り返す、確かめる、という

一連の探索活動を経験できる、ハンズオン展示の好例といえる。

ハンズオンの企画とマネジメント

　ハンズオン展示では、展示のメッセージが伝わっているのか、利用者の展示への接し方を観察し、評価・改善を繰り返し行うことがより重要となる。テーマに対してハンズオンが向いているかどうかも含め再検討することもあるだろう。また、ハンズオン展示はそれだけで成り立つ場合もあるが、プログラムや他者との対話があることで、より豊かな学習経験となることが多い。解説グラフィック（親向け・子ども向け）、実物資料との組み合わせ、人的支援等、ハンズオン展示をめぐる解説のあり方を総合的に構築することも重要である。

　また、ハンズオン展示は基本的に壊れやすい。米国の科学館などは自前の展示工房を持っている場合が多く、プロトタイプをつくって試験展示を行うことも、展示の修理や改善も比較的容易にできる環境にある。これに対し、日本の博物館等は外部の展示業者が展示を製作するのが一般的である。このため、ハンズオンの導入にあたっては、展示の修理やメンテナンス、評価・改善のシステムなど設置後の対応を入念に検討しておく必要がある。（松本知子／まつもと・ともこ）

1 ロンドンのヨーク鉄道博物館にある車輪とレールのハンズオン展示（2004年撮影）
2 写真1のレールに転がすための体験用輪軸。黒いラインにより車輪とレールとの接触面の位置関係を観察できる

4-15
展示グラフィック〜展示資料・解説〜

　アートからデザインの分野まで幅広い領域をもつグラフィックは、博物館においても非常に広い範囲をカバーしている。展示情報はもとより、サイン、イメージ演出、各種印刷物と多岐にわたる。本来これらは一貫したアートディレクションに基づき総合的にコーディネートされることが望ましい。展示の場におけるグラフィックの役割は大きくふたつに分けられる。

展示資料としてのグラフィック
　ひとつは、展示"資料"としてのグラフィックである。展示の主役は"実物"だが、展示を構成する資料にはレプリカやジオラマ、映像・音声など、二次的に加工・記録された資料も活用される。そのなかに、絵図や写真、図面・図表などグラフィカルな"資料"も含まれる。たとえば、過去や未来のすがたを視覚化した復元図や想像図、場面や状況を現すイラスト、位置や所在を示す地図や写真、事象を時間軸で表す年表などである（図1・2／写真3）。
　これらは研究的な側面をもつ情報であり、グラフィックの出来映えが展示資料としての理解度や訴求力に大いに影響する。また、グラフィック領域は、コンピュータによる画像処理力のアップ、出力メディアの進化により表現の可能性が飛躍的に拡大している。超パネルともいうべきダイナミックな展開も期待される。

解説におけるグラフィック
　もうひとつは、解説系のグラフィックである。博物館の展示にはメッセージがある。展示する側にはテーマに対する明確な意図があり、展示はそれに基づいて展開される。しかし、展示物を見るだけの観覧者には、必ずしも意図どおりにメッセージが伝わるとは限らない。こうした隔たりを埋めようとするものが解説系グラフィックである。
　解説系グラフィックで重要なのは情報とその伝え方である。情報のどの部分をどの程度提供するか、どの位置で提示するかは展示のテーマや観覧者像によって異なり、それぞれに工夫がいる。解説グラフィックは専門的な知識のみならず、ものの見方・捉え方を示唆する。それらが観覧者を触発し、未知の知的体験や新しい発見につながれば、解説グラフィックの成功である。ひいては、それが博物館の魅力や個性につながっていく。
　解説グラフィックのデザインは、ソフトとハードのふたつの面を検討する。ソフトは情

報のビジュアルな表現、通常は書体・文字数・サイズ・色彩などを吟味して、基本のフォーマット(型)を決定する。一方、ハードは情報を乗せる媒体、パネル・壁・スクリーンなど形態と素材を検討する。必要があればプロダクトデザイナーと協力する。下の事例は、情報を階層化(説明の序列化)して統一のフォーマットのパネルに乗せた例(写真4)とQ&Aの方式で展示装置に直接印字した例(写真5)である。
(安藤敏博／あんどう・としひろ)

1 あずきの民俗資料として「小豆焼き占い」をイラスト化(あずきミュージアム／イラスト:遠藤ケイ)

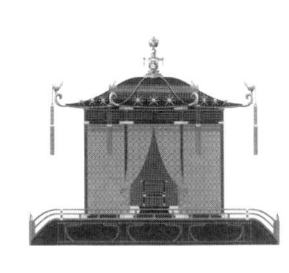

2 天皇の御座である高御座(たかみくら)を原寸大で平面復元(大阪歴史博物館)

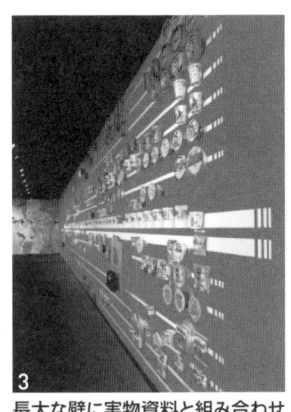

3 長大な壁に実物資料と組み合わせたインスタントラーメンの系譜図(インスタントラーメン発明記念館／1999)

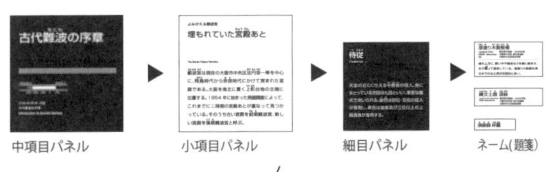

中項目パネル　小項目パネル　細目パネル　ネーム(題箋)

4 全体にシステム化した解説グラフィック(大阪歴史博物館)

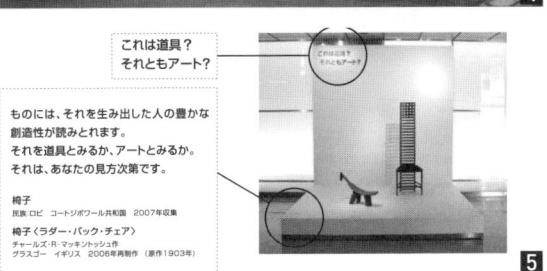

5 文化人類学的"もの"の見方を啓発するイントロダクション展示(国立民族学博物館)

博物館展示のコンポーネント

123

解説文〜展示空間での特殊性〜

解説文の構造

　展示の解説は展示のストーリーにそって、概ね「タイトル」「サブタイトル」「解説文」「キャプション」という構造で構成される。

　「タイトル」は、まず目に入る情報として重要なものであり、来館者を展示の中に惹きこむための工夫が施されている(図1)。

　「サブタイトル(またはキャッチコピー)」は新聞の見出しのような機能をもつといえる。わずか20字程度のなかで、主要なトピックやメッセージといった各々のポイントを明確に伝えなければいけない。このタイトルとサブタイトルだけで、来館者が展示のストーリーやテーマを理解できるように構成することが必要である(図2)。

　「解説文」は、そこで伝えたい主たる内容を簡潔に文章としてまとめたものである。経験則として一般に150〜200字程度の文言で構成すると良い。

　「キャプション」は個々の資料に配置され、そのものがもつ展示資料としての価値を、来館者に伝える役割をもつ。ラベル、ネームといった呼称も用いられているが用途は変わらない(図3)。

1 工夫が施されたタイトルパネル

2 サブタイトルと解説文

3 昆虫とその食樹を示したキャプション

解説文の特性

　展示空間という場は解説パネルや、実物資料、映像装置、模型等といった多種多様なメディアで構成されている。そこで提供される文言は、書籍等と異なり、この場の特殊性に配慮したものでなければならない。

　まず、前提として、展示は立ったまま移動しながら見るものである。ひとつ一つの文言は読み手の興味と関心によって、選択的に読まれていくと考えなければならない。そのため、文字数は、ストレスなく読むことができる長さで提供される必要がある。また、意図した順番で読まれなくとも内容を伝えられるものでなければならない。

　対象層についても重要である。この展示が誰に提供されるものかを十分考慮しなければならない。対象とする年齢層や、知識・理解力によって、解説のレベルや文字数も異なってくる。

いかに興味深い解説文を提供できるか

　多くの現場で聞かれる声として、文言による解説は「読まれない」という意見がある。活字離れという時代の風潮もあいまってか、その傾向はいっそう強くなっている。

　そのため、読んでもらう、伝えるための工夫が試みられている。広告的な手法を用いたコピーや、「マンガ」による解説は、その一例である。富山市科学博物館では、体系的な解説計画に加え、展示のストーリーラインにそって「マンガ解説」を導入し、コーナーごとの基調となる解説をマンガを用いて表現している（図4）。すべてのマンガを読み進めることによって、本展示のテーマとストーリーを理解することができるとともに、展示資料や装置体験への誘導の役割も果たしている。

　解説文は、いかに伝えるか、とともに、いかに読んでもらえるか、という観点から計画されることが重要となってきている。（渡邉創／わたなべ・そう）

4 マンガ解説

図版資料は富山市科学博物館

4-17
サインシステム〜誘導表示・説明表示〜

サイン表示が示す誘導案内

　目的地に向かう時に頼りにするのが、案内や誘導の表示である。家から一歩街に出ると様々な標識が存在している。誘導や案内の標識にしたがって移動し目的地にたどり着くことができる。このような案内や標識をサイン表示といい、総合的にデザインされたものをサイン計画やサインシステムという。

　このサイン計画は博物館においてもほどこされている。館内の展示配置や構成を地図にして、博物館全体の構造が分かるように示された全館案内図や総合案内図、展示の内容やテーマにそって、その展示エリアがどこにあるのかを示したり、展示資料ごと、個々にその名称や解説など、これらは、博物館の展示意図に則り、膨大な展示資料を分かりやすく見ることができるようにデザインされている。

　こうしたサイン表示の機能は、大まかに5つに分類できる。これらは統合して表示されることもある。

1	案内表示	全館案内図や総合案内板、フロア案内など
2	名称表示	エリア名称や個々の展示資料の名称、レストランや売店にトイレなどの室名の表示
3	誘導表示	主に矢印を用いて方向を指示する表示
4	説明表示	資料の説明や解説をした表示
5	規制表示	立入り禁止や禁煙など規制を表示

　こうした機能を持つサイン表示は、総合的な視点から計画設計することが重要である。わかりやすく心地よい環境には適切なサイン表示が必要であり、さらにサイン表示は、博物館の印象をも左右する重要なファクターでもある。

ピクトグラム

　誘導案内のサインは、実際に多くの人が利用している。外国からの訪問者の利用も考えられ、わかりやすい表示が求められる。人形のシルエットを用いたトイレのマークやバスのイラストによるバス乗り場など、ピクトグラムを使用した表示は身近なものである。このピクトグラムは誰でも見てすぐにその意味が理解できることから、案内誘導に広く使われている。

　「絵文字」と訳されるピクトグラムは、オットー・ノイラートが1925年に開発したアイソタ

イプ(国際絵ことば)から発展したグラフィックシンボルで、サイン表示におけるピクトグラムの国際的な普及は1964年の東京オリンピックが契機になったといわれている。

日本では、シンボルの国際統一化のためにアメリカ運輸省が1974年にまとめたAIGAと呼ばれるシンボルサインを広く使用して来た。しかし、2000年に通産省(当時)が取りまとめた「標準案内用図記号125項目」ができ、さらにこの内110項目が2001年にJIS(日本工業規格)となり、現在、広く使われている。

新たなデザイン展開の必要性

より多くの人に優しい表示が求められ、今は点字表記や外国語の併記も行われている。こうした多様化・グローバル化する現代では、従来からの英語に加えて、中国語やハングル語を加えた4カ国語での併記も増えている。一方、表記すべきことが多くなり表示面は煩雑化している。こうした現状からも誘導表示や説明表示において新たなデザイン展開が必要になっている。(木村浩／きむら・ひろし)

誘導表示、ユダヤ博物館(ベルリン)

標準案内用図記号

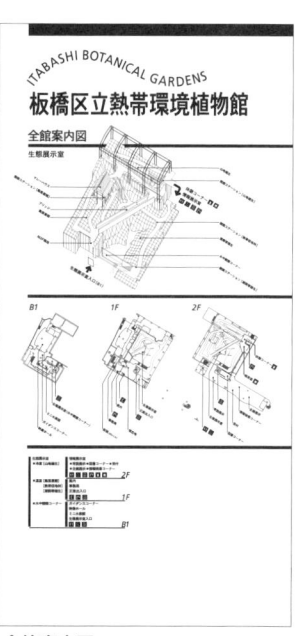

全体案内図

誘導表示、ユトレヒト中央博物館

4-18
ワークシート

ワークシートとは

　ミュージアムでのワークシートとは、その呼びかけや設問で展示資料に利用者をひきつけ、観察の仕方のヒントを与えることなどによって、資料のメッセージが利用者に正確に理解されるように支援することを目的とするものである。一人では見逃してしまったり、理解がおよびにくい資料へのアプローチがワークシートの利用によって可能となる。一人で、または親子やグループで取り組んだり、ワークショップや学校の課外授業の中でもワークシートは活用される。なによりも利用者が資料から気づきや感動、さらに自分なりの意味や価値を能動的に見い出すことを可能にする学習支援ツールである。

　デザイン的にはシート(用紙)に設問などを印刷したものであり、文字や写真、イラストレーション、展示の見取図、館やテーマのキャラクターを配する。折りや抜き加工を組み合わせたり、ブック状に編集したものもある。展示評価の手法で試行と評価を重ね、完成させていくことが望ましい。

多様な利用者への対応にメリット

　ワークシートは展示を変更せずに、年齢別、学習段階別に、内容を編集し計画できる。また、ひとつの展示テーマや資料に出会った時、利用者一人ひとりの興味、そして得意とするエントリーポイントに応じたワークシートがあれば、利用者の自主的選択の幅も広げることができ、展示だけでは実現できなかったきめ細かな利用者対応につながる。ただし、展示や資料の観察に体験の中心をおくために、一回の利用枚数を制限するなどの運用上の工夫も必要となる。これは、一回の利用枚数を超えて複数枚のワークシートが用意されている場合には、リピーター獲得にもつながる。また、ミュージアムでの学びの証として持ち帰ることができるという意義もある。

　設問・回答としては、利用者が指定された資料を発見したり、資料や模型の観察から設問の回答を見つけ、正誤式(○×式)・多肢選択式・穴埋式などで回答を記述する。感想を述べるもの、スケッチするもの、体験が促されるもの、最終的にスタッフに報告するものなどもある。

開かれた質問・閉じた質問

　'開かれた質問'と'閉じた質問'の2種類がある。前者は感想や理由を感じたまま

に書く・描くような、利用者の解釈や感性を尊重する正解のない設問である。一方後者は資料名を答えたり、一応の正解があるものであり、利用者自らが回答欄を見て自己採点ができる。'開かれた質問'では利用者独自の感性からの答え、解釈、発見による自由な回答となる。

　2種類の質問とも、利用者が回答へ至った過程をスタッフは聞き出して、共有し、共感を示しながら、もし誤った解釈があれば再チャレンジへの誘導とアドバイスを与えることが必要である。そのためにも展示資料に精通し、利用者の学びの状況を解釈し、その興味・関心を次のステップへ、探求・創造へと経験をつなげるという、スタッフによる形成的な評価と支援が求められる。当然このような対応のできる人材が、ワークシート利用全般のフォローにあたることが望ましい。

ワークシートの学習効果

　ワークシート利用の学習効果は、資料についての知識を一つ増やすということだけではなく、資料の見方とそのおもしろさを知り、ミュージアムの楽しみ方を知ることにある。フォローの場で実際にその研究者から話が聞けたり研究現場が体験できれば、それらがもっと身近にもなる。ワークシートが利用者同士の対話を促すことはもちろん、ミュージアム・スタッフや研究者との交流を媒介し、ミュージアムにおける共同の学びを促進する。利用者の「ミュージアムでの学びのリテラシー」向上のための学習・訓練ツールであり、そして利用者がミュージアムという社会的な実践共同体の場へ参加するツールともなる。（木下周一／きのした・しゅういち）

ワークシート（表紙と設問例）

チャレンジする児童たち（上）と回答合わせを通しての交流（下）

兵庫県立人と自然の博物館のワークシートと学習風景

展示にチャレンジ 2
ミニ・ミュージアム～愛知大学～

ミニ・ミュージアム

　愛知大学豊橋キャンパスに民具陳列室というミニ・ミュージアムがある。これは、1998年の国際コミュニケーション学部開設と同時にオープンした。展示室91㎡、実習室と収蔵庫あわせて104㎡である。資料は当初皆無だったが、教員から寄贈された世界各地の民族資料をベースに、若干の経常費と学内研究費の中から資料の購入を続け、現在では1500点ほどの資料を収蔵している。これらの資料は国ごとに分類され、個別番号がつけられる。たとえば日本の1番目の資料はJPN-1となる。資料はさらに衣、食、住、生業など10項目の機能に分類される。番号をつけた資料は、収集時のデータとともにコンピューターのデータベースに登録される。

　こうした博物館的な作業は学芸員課程の学生か、同課程を修了した学生によって行われる。陳列室では毎年10名前後の実習生を受け入れ、ほぼ毎週土曜日の午後、2時限の授業を計20回行っている。おもな実習内容は、春が展示製作、模型づくり、焼き物づくり、秋が機織り、美術館ゲームである。

　この実習の中でもっとも時間をかけて行っているのが年1回の展示である（表参照）。小さな展示ではあるが、予算がない分、時間と手間がかかる。

　そのプロセスは、まずどんな展示を企画するか検討する。学生からでてくる案は実現のむずかしいものが多いが、発想の斬新さに目を見張ることもある。テーマが決まると、会場構成を考え、資料との照合を行い、資料配置を検討する。不足なものがあれば量販店などで購入することもある。こうした一連の作業は一般の博物館での展示製作の手順と変わらない。

展示実習の事例から

　2007年度に行った「小さな味方—ラッキーアイテム」展を取り上げてみよう。展示コーナーを5つのサブテーマ、魔よけ、金運、仕事運、健康運、恋愛運に分けた。展示物が少ないため、それぞれのサブテーマにふさわしいものを自宅から持ってくるか買ってくるよう学生に指示した。その結果、合格祈願の菓子、金の貯まる貯金箱、魔よけ人形、お守りなどこれまでとは異質な資料が数多く集まった。学生たちはそれらを自分たちの感覚で分類、レイアウトし、写真パネルやキャプションも製作した。稚拙なところはあったが、若さいっぱいのユニークな展示になった。

　またその前の2006年の展示「想い出のかたち」展のときには、愛知大学の学長、

教員、職員、学生、家族などからさまざまなものを借用した。集めたものには、子どもが描いた絵、父親の水筒、吉永小百合さんの色紙などがあり、それらを個人の想い出の文章とともに展示した。これは、人とモノの結びつきを考えさせる展示となった。

　こうした授業を通して学生は主体的に考え、行動するようになる。陳列室は学生のそうした思考力と行動力を引きだす場になっている。

　陳列室では、大学院や学部の授業を行うことがある。オープンキャンパスのときには高校生と先輩学生の話し合いの場ともなる。研究会で外部から訪れる研究者も少なくない。愛知大学豊橋キャンパスにはこの他、大学記念館、総合郷土研究所展示場、記念会館ギャラリー、民俗資料室など見るべき展示施設が多数ある。（高橋貴／たかはし・たかし）

民具陳列室で開催した展示

回数	開催年	展示名
第1回	1998年	民族資料とはどんなもの？
第2回	1999年	ティーロード文化
第3回	2000年	食の道具
第4回	2002年	アメリカの風物詩
第5回	2003年	遊の世界
第6回	2004年	世界のおもちゃ
第7回	2005年	民族衣装のメタファー
第8回	2006年	想い出のかたち
第9回	2007年	小さな味方―ラッキーアイテム
第10回	2008年	ヨーロッパの扇、日本の扇
第11回	2009年	愛大万博クイズ

民族衣装のメタファー展

民具陳列室

「ヨーロッパの扇、日本の扇」展で展示したフランスの扇

写真:木村

5章 博物館情報・メディア論
～展示と情報・メディア～

　1950年代に出現したコンピュータは、新たな情報メディアとして機能しだしだした。情報の整理と分類とその保存は飛躍的に向上した。そしてインターネットの出現は更なる膨大な情報空間を生むこととなった。デジタルとなった資料は広く共有することが可能となり、人と情報の出会いがこれまでと大きく変わっている。

　これまで知との出会いは、教育と書籍、マスメディアのテレビ・新聞・雑誌にラジオなどからの情報による。また、博物館におもむいて資料を見たりし知識を得てきた。インターネットの情報空間が、そうした知の構造までも大きく変えようとしている。

　現物や記録された書物、写真や動画フィルムにビデオ映像、コンピュータグラフィックスやバーチャルリアリティ、展示を演出する技術、それらは大きく変わってきた。（木村浩）

5-1

博物館における情報・メディアの意義

情報化と展示

　本節では、博物館における展示場面を中心に、コミュニケーションの充実のための情報化やメディア活用の方法・意義について考察する。博物館は、標本や資料などの実物を持ち、展示を通して来館者とコミュニケーションを図り、その興味に応える教育機能と、新たな真実を紡ぎ出す研究機能を併せ持っている。標本や資料を展示するには、あらかじめ適切に分類・整理し、実物が手元に無い場合は、可能な範囲で補完することになる。さらに展示を効果的に行い、来館者の興味・関心やこれまでの経験に合わせた内容にするためには、標本や資料の背景となる情報を多角的に収集・蓄積し、体系化した上で、来館者各々に適した方法で提示することが望まれる。希少な標本や資料の場合、来館者が手に取って詳しく見ることや、標本内部の様子や構造、組成等を調べること、他の館が所有する関連資料等と直接、比較検討することはなかなか困難である。また生物では、その動き等の生態、岩石では、それらが生成された地球内部の状態等を伺い知ることは難しい。そのため、コンピュータ等で扱うことの出来るデジタル・データの形で情報を収集・保存し、加工・活用する機会が増えている。特に近年、通信ネットワークの急速な発達により、館内のみならず、世界中のあらゆる場所や人々がインターネットでつながるようになり、情報化は各々の博物館の情報公開の観点から、また現地の環境を永続的な展示保存の場とするエコミュージアム等における実物と学芸員、参観者を、敷居を下げて結びつける技術手段としても重要な要素となってきた。

メディアの活用

　人間は、外界からの情報を多様な感覚器官を通して獲得している。博物館では、標本や資料といった実物を直接、見たり触れたりする他に、映像や文字、音声などさまざまの媒体・メディアを活用することで、展示の効果を増大させたり、観察・実験やワークショップなどの活動による学芸員とのコミュニケーションの一層の拡大を図っている。生涯学習を提唱したと言われるコメニウスは、17世紀半ばに「世界図絵」と呼ばれる子ども百科事典を著した。これは図版を中心とした教科書で、幅広い学習内容に関する詳細な画像に文字で解説が添えられており、イラスト画を楽しみながら文字を学習することも可能であった。この場合は画像と文字の組み合わせであったが、複数のメディアを重畳して利用することで高い教育効果を得ることが可能となる。例

えば、通常の議論を行う時には言葉がメディアとなるが、情報を記録・伝達し、比較等を行う際には文字が重要な働きを担っている。さらに展示の場においては、図版や写真のみならず、動画やCG(コンピュータグラフィック)などビジュアル系をいかに活用できるかが大切となる。

インターネットの仕組みと歴史

　グラハム・ベル(Alexander Graham Bell)が1876年に発明したとされる電話は、電話局から家庭や職場に電話回線を引くことで普及した。そして電話局内では、希望する相手同士の回線をつなぐ作業が行われていた。この回線交換という接続方法を変えたのがパケット交換(1962～4年、ポール・バランPaul Baranが提案したと言われる)という技術である。パケット交換は、局間を高速デジタル回線で結び、家庭や職場からの音声やデータなどの電気信号をパケットと呼ばれる細切れのデジタル情報のブロックに分割する。そして、このパケットを高速デジタル回線の未使用時間に素早くはめ込んで送り、受け取る側で元の信号に再構成する仕組みで、通信効率を飛躍的に高めることが可能となった。このパケット交換の技術を、家庭や職場まで持込んだのがインターネットで、コンピュータで扱う文字情報のみならず、従来の電話で扱っていた音声からテレビ等で扱っていた映像まで、あらゆる信号をデジタル情報に変換してパケット化し、同じ回線上に時間差で相乗りさせることが出来るようになった。1969年、現在のルータの原型となるIMP(Interface Message Processor)を介して、米国の4機関、カリフォルニア大学ロサンゼルス校、SRI、カリフォルニア大学サンタバーバラ校、ユタ州立大学が相互に接続された時がインターネットの始まりと言われている。現在ではインターネットは、相互接続点IX(Internet eXchange)を頂点に、インターネット・サービス・プロバイダISP(Internet Service Provider)を介して家庭や職場が相互接続されており、無線モバイル端末や衛星インターネットなどを通して、いつでも、また世界中どこからでも利用可能な環境が整ってきた。

WEBの活用

　インターネット上の情報公開手段として広く使われているウェブWEBは1989年、欧州原子核研究機関CERNのバーナーズ・リー(Tim Bernerds-Lee)によって、研究者や関係者間の情報交換を円滑に行う手段として提案された。1993年、イリノイ大学の学生マーク・アンドリーセン(Marc Andreesen)により、画像も表示可能なブラウザMosaicが公開された。この後、ホームページ(Home Page)とも呼ばれるWEBページを提供するインターネット上のサイト数は急速に増加し、高度な情報処理をWEBサー

バ側で行うサイトも多数見られるようになってきた。さらに、携帯情報端末向けのサイトも増えており、全地球測位システムGPS(Global Positioning System)や地図情報システムGIS(Geographic Information System)と連動させることで、地域に点在する実物の場所と情報を関連させて提示することも可能となった。近年、WEBの有効性が広く認知されるようになると共に、サイトの改ざんや、ページ閲覧者のコンピュータに不正プログラムを自動的にダウンロードしてウイルス感染を起こさせるといった悪意ある攻撃が増加しており、セキュリティに対しても日頃から十分の注意が必要となってきた。

ヒューマンインタフェースとユニバーサルデザイン

　年齢、性別、国籍、障害等の有無にかかわらず、あらゆる人が利用可能となるようにデザインすることを、ユニバーサルデザインと呼んでいる。近年、コンピュータや携帯情報端末は優れたヒューマンインタフェースを内蔵し、社会的活動の範囲を拡げる時に無くてはならない道具になっている。そして、博物館において展示解説等を行う時にも、表現の自由度を増すため、コンピュータで情報処理を行う機会が多くなってきた。このような状況の中で、日々進化する情報処理能力をヒューマンインタフェースの向上のために振り向けて、障害を持った人に対しては、その障害を乗り越えて情報が伝わるようなさまざまの工夫が行われてきた。WEBサイトについても、多くの人に情報を伝えることが出来るように、あらかじめ障害等の制約に多面的に応えられるような設計を行うことが重要となっている。

マルチメディアの活用とマルチセンソリー

　映像と音声のように関連する複数の内容を統合して扱うことや、情報収集と情報発信を組み合わせて扱うこと等をマルチメディアと呼ぶことがある。マルチメディアは、人間にとって記憶の定着や、興味・関心の喚起に優れていると言われていることから、教育効果を高めるのに有効と考えられてきた。これを人間への提示方法からみると、例えば複数の感覚器官を同時に刺激するマルチセンソリー(多感覚刺激)といった方法が試みられており、特に最近、その存在が次第に明らかとなってきた読み書き障害者(dyslexia)への効果的な対応策としても検討が進められている。

遠隔講義やソーシャルネットワークへの期待

　従来、学校教育現場と博物館等の生涯学習施設とは、出前講義や施設利用等を通して相互に補完する役割を担ってきたが、インターネット等通信技術の発達により、

遠隔講義等を日常的に行うことが可能となり、さらに連携を深められる状況となった。また近年、学習は学習者を中心としたグループに参加することで進む、といった考え方が一般的となってきたことから、博物館においても、参観者の興味・関心を引き出すと同時に、参観者相互の積極的な参加を促す試みを行うところも増えてきた。この時、従来の「友の会」のような仕組みに加え、情報技術を活用し、参加者を結びつけるソーシャルネットワークシステム(SNS)が重要な役割を果たす可能性を持っている。
（前迫孝憲／まえさこ・たかのり）

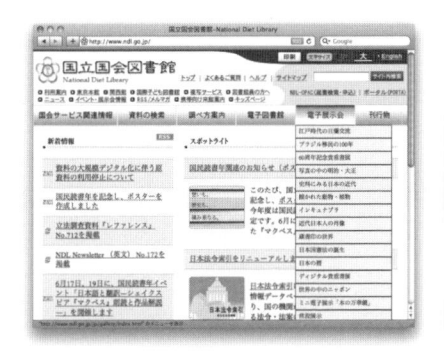

国立国会図書館 電子展示会「描かれた動物・植物 江戸時代の博物誌」より
http://www.ndl.go.jp/nature/index.html

5-2
インターネットと情報メディア

　携帯電話とインターネットが接続され利用されるようになったのは1999年である。その頃でも、インターネット利用がこれほどまでに生活の中に浸透するとは誰も思いも及ばなかった。総務省の発表では、平成20年度の過去1年間にインターネットを利用したことがある人口普及率は75.3％とある。小学生と60歳以上をのぞくとその普及率は90％を越える。10年前の平成10年度のデータでは家庭での人口普及率は11％で、利用の多い20歳台で53.7％。平成15（2004）年度の人口普及率は60.6％であった。こうした普及が拡大する背景に携帯電話での利用もあるが、ブロードバンド・高速回線へのインフラの整備にあった。

　ホームページと呼ばれるWebサイトが誕生したのは1993年、一般に広く知られるようになったのは1996年頃からである。90年代に博物館のWebサイトを自ら運営する施設はごく限られていた。博物館スタッフの地道な活動で公開しているサイトも見受けられたが、博物館がホームページをもち、自ら情報発信を行うということは、スタッフの揃った博物館が行う事業であった。しかし今では、ほとんどの博物館がWebサイトにより情報を発信している。

インターネット、Web2.0

　当初、Webサイトへの案内は、カテゴリー別に分けて分かりやすくWebサイトを紹介するポータルサイトを利用していた。博物館のサイトを集めたポータルサイトもいくつかあり、それらを利用していた。しかし最近は、ダイレクトに検索して利用するようになっている。

　これは、Googleが開発したPageRankにより、検索の精度が上がり有効な情報への検索が容易になったことによる。こうしたインターネットへの開発と、新たなインターネットを利用したサービスが増えた。ホームページもより簡便に情報公開と更新できるブログの普及、動画情報の公開と閲覧が容易にできる動画投稿サイトYouTubeは2005年に誕生している。Amazonや楽天市場などのオンラインショッピングの利用が増えるなど、Webは2005年以降より生活に身近で有効なメディアへと確実に変わっていった。このようなインターネットの新たな状況をWeb2.0と呼んでいる。

情報メディアとしてのインターネット

　Web2.0に突入し、Webサイトを見る時間は増加している。総務省の平成17年版

「情報通信に関する現状報告」(情報通信白書)では、国民1人当たりの平均で、2004年には、1日当たりのインターネットの利用時間は37分にまで増加し、初めて、新聞を読む時間の31分を上回っている。

　これまで情報メディアとしてテレビ、新聞、雑誌、ラジオを4大メディアあるいはマスコミ4媒体と呼んできた。これらのメディアに劣ることもなくインターネットは急速にその存在感を示している。電通がまとめた「2009年日本の広告費」によると、総広告費は2年連続で減少し、媒体別では、インターネット広告費(7069億円)が新聞広告費(6739億円)を上回った。近年の金融危機から全般的に広告費の縮小されたが、唯一インターネットの広告費は伸びている。

　また、博報堂DYメディアパートナーズの「メディア定点調査2009」でもインターネット利用が増加し、新聞を抜いてテレビに続く「第2のメディア」であると調査結果をまとめている。動画投稿サイトなどの普及により「情報を調べる」から「コンテンツを楽しむ」へ新たな利用が生じている。特に20代男性では、テレビ視聴時間を上回るなど、完全にテレビに続く第2のメディアとして定着しつつあるとしている。これらの調査が示しているようにインターネットは新聞、雑誌、ラジオを凌ぐ情報メディアとして存在している。

　こうした状況から新聞・雑誌それぞれ購読者が減っている。馴染みのあった雑誌がなくなるなど雑誌の廃刊も増えている。海外では廃刊する新聞社も現れ、新聞社も大きな転換が迫られている。新聞社の中には既に電子新聞への変換を計画しているところもあり、新聞や雑誌は電子化が進むと考えられる。また、アップル社のiPadで話題になったように、書籍の分野も電子出版が具体化している。音楽ではCDの生産枚数は2000年以降毎年減少し、その一方でネット配信は伸びている。今やインターネットは様々なメディアを大きく変えている。

インターネット時代における博物館

　こうしたインターネットを取り巻く状況をから、情報メディアである博物館も時代の変化から施設の存在意味を検討すべきであろう。Web2.0以降の博物館サイトでは、博物館の開催期間や開館時間や場所や行き方等の利用案内では不十分である。データベースやアーカイブの公開は、もはや特別なことではなく一般的なこととして受け入れられている。博物館で展示する資料は現物であり二次的な利用は難しいが、データベースや調査研究から編集した電子出版などの検討もできる。

　インターネット時代の博物館は、よりコミュニケーションに重きをおいた施設へと変化すると考えられる。どのように展開していくのか楽しみである。(木村浩／きむら・ひろし)

5-3
ICT社会の中の博物館

ICT社会の登場
　博物館へのICT導入の萌芽は一般社会より早く、1990年代始めのメディア展示などへのパソコンの利用だった。同様にインターネットを使った情報発信も1990年代後半にいち早く試みられた。当初こうした技術は、IT(Information Technology)情報技術と呼ばれていたが、2005年頃よりコミュニケーションを重視したICT(Information and Communication Technology)といういい方が一般化してきた。
　個人から企業まで電子メールがコミュニケーションの基本となり、情報発信の大半がインターネット経由となった現在、当初テキストと写真程度だったコンテンツは、ブロードバンド化によって動画やアニメーションなど表現の高度化が進んでいる。急速な社会のICT化の中で博物館の存在意味の再構築が求められている。

博物館の価値の拡大
　多くの博物館がホームページを設け、イベントなどの情報を提供し集客を図っている。一方で、展示できない収蔵品、知的蓄積、研究成果、博物館には膨大な資産があるにも関わらず様々な制約から十分生かすことができていない。博物館は、物のデータベースでありICTとの親和性は高い。データベース化された収蔵品情報の積極的なインターネット発信は、博物館の存在意味・価値を広く知らしめることができる。
　例えば、ICTを使いインターネット上に新館を作れば、そこはスペースの制限がなく、しかも展示品から研究資料まで関連づけて提供できる場になる。写真から映像・文書や音声まで扱えるので表現も多彩だ。無限の可能性を持つ新館は、インターネット上だけでなく博物館内でも有効に活用可能だ。

ICTと知の連携
　ICTの活用で博物館を世界の大学や研究機関や図書館とスムーズに結びつけることが可能だ。こうしたネットワークは、館での研究に役立つのはもちろんだが、来館者の関心の度合いに応じた情報提供にも役立てることができる。全ての情報を1つの施設が提供することは不可能だが、各機関とのネットワークを形成することで、ホームページを入り口に連携した情報へのアクセスが可能となる。ICTは単館では不可能な無限とも言える情報・知識の提供と共有を可能とする。

メディア展示とICT

　コンピュータを使ったメディア展示とICTやインターネットなどの意味を同列視することがある。しかし、両者は深く関係があるが次元が違う。メディア展示は、展示及び展示解説の一形態でしかない。ICTは、情報・知識の共有化により博物館自体のあり方までも影響を与える存在だ。もちろん、メディア展示は、ICTとの融合により博物館を支える強力な道具へと発展していく。既に、この課題を実現した館が生まれている。

博物館のICT化

　多くの場合、学芸員は展示物の専門家であっても、展示の専門家ではなくICTとなるとさらにフィールドが違う。その結果、どうしてもICTの専門家に頼りがちだ。しかし、展示物をどのように管理するか、体験させるか、発信するかは、館の学芸員が最も精通している。ICTの専門家はそうした面では、素人でしかない。従って、構築には目的を明確にした十分な検討が必要である。
1. 何のためにICTを使うのか?
2. 展示物との関連性をどのように取るのか?
3. 発信した情報・知識の共有の方法は?
4. どの程度更新・維持の手間を許容できるか?
5. 構築だけでなく維持・運用のための費用はあるか?

　目的を明確にして構築しないと、使いこなせず宝の持ち腐れとなる。そのため、展示とICTに精通した専門家にコンサルティングを依頼することも有効だ。

マイナス面を減らす

　ICTが開くインターネットの世界は、膨大な知の海であると同時に悪質な情報や落とし穴のある荒ら海でもあり、提供される知識・情報が精査された場ではない。こうした中から、適切な情報を選び出し、また間違った場所に利用者を導かないような配慮が必要である。さらに著作権、肖像権などの保護の知識も身につける必要がある。「発信してしまったものは、取り戻すことができない」この事を常に意識する必要がある。

未来を見据えて

　インターネット上に新館を開くという考え方に発展したとき、国境を越えた知の共有が生まれ、共創から博物館の新しい社会的な価値が生み出される。そのためにICTという強力な道具の十分な使いこなしが求められる。（鎌田裕一郎／かまた・ゆういちろう）

5-4
資料整理とデータベース

データベースとは
　データベースの言葉を国語辞典(新明解国語辞典第4版三省堂)で引いてみると、「〔電子計算機で〕ある特定の領域において、相互に関連のある大量のデータを整理した形で補助記憶装置に蓄積しておき、必要に応じて直ちに取り出せるようにした仕組み」とある。データベースという言葉はコンピュータの性能が向上し、どんどん日常生活に入り込むに従い、一般化してきている。コンピュータの処理速度がどんどん早くなり、データを記憶する補助記憶装置の容量が格段に増える中で、データベースに記憶するだけでなく、それをどう使いやすくするかが大きなテーマとなってきている。

博物館のデータベース
　博物館のデータベースがどのようなものかは、博物館の情報管理がどのように進んできたかの歴史を概観すると分かりやすい。
　博物館が受け入れたものを手続きに従って標本資料とし、台帳に記入するところから始まり、基本の情報を台帳に書き込み、調査研究の過程で明らかになったことを調査カードに記入していく。この作業があくまでも基本であり、コンピュータ上で行われるようになっても、作業過程は変わらないのである。
　1980年代はコレクションドキュメンテーションすなわち標本管理システムが確立された時期であった。そのシステムの内実は一定の書式にそって対象資料の戸籍作りとも言うべき記述を行うエントリードキュメンテーション、続いて収蔵番号を付ける受け入れ作業、目録作りがまず行われ、続いてキーワード抽出からなる索引作業、資料の所在確認を行う移動管理、貸し出しや修理記録を記載するイグジッドドキュメンテーションが進められる。資料自体の受け入れとその後の管理をカード化して行うものであった。このドキュメンテーションを元としてデータベース化が図られたのが1990年代からである。

デジタル時代のデータベース
　現在は単純にその延長上にデータベースがあるのではなく、デジタル化という記録方式の元に様々なメディア資料が0と1で記録され、相互にやりとりされるようになっている。手書きのカードがデジタル化され大量に保管されるようになったのである。
　例えば吹田市にある国立民族学博物館は早くから情報化を進めた。1979年から

大型のIBMのコンピュータを導入し、まずは図書・標本・映像・音響・HRAF（人間関係地域ファイル）の台帳データの蓄積と検索から始まり、並行して資料の画像データの蓄積を行い、続いて音響データの蓄積を行い、これらを一体化したマルチメディアデータベースが構築された。1台目のコンピュータの主記憶装置は1メガバイトであったが、平成3年に4台目のコンピュータが導入されたときには主記憶装置が64メガバイト、磁気記憶装置が45ギガバイトであった。現在ではこのような性能はパーソナルコンピュータのレベルで達成される。コンピュータの性能は格段の進歩を続けており、中央演算型から分散型型のコンピュータネットワークに変わったが、基本のマルチメディアデータベースのシステムは変わっていない。

データベースと情報公開

　2009年時点で国立民族学博物館が公開しているデータベースは16件あり、その中で収蔵資料（図書・資料・画像）に関わるデータベースは14件が閲覧可能で、資料の基本情報を提供してくれる。デジタル化、ネットワーク化の中でコンピュータの性能が向上し、様々なデータベース作りの可能性が膨らんでいるが、一方で検索しやすい名付けをどうするか、すなわち類義語関連語の構築（シソーラス設計）の重要性はデータベース構築の当初から変わらず継続している。このシソーラス構築は特に人文系思考を支援するのに大きく関係する。人文系の思考は質的なものが多く対象とされ、情報検索にはブラウジング機能が適している。検索対象を曖昧な状態に置き、様々な方向の情報を閲覧しながら、少しづつ対象を狭めていくという方法である。そこではシソーラスの設計が不可欠なのである。これに対して自然科学系の思考では最初にはっきりした探す対象を定め、それに向かって検索を進めるハンティング機能が適している。データベース作りの次に、データベースをどう使いやすくするか。すなわち、様々な立場の人の知的問いを満足させるために、いかに検索しやすくするかが大きな課題となるのであり、マンマシンインターフェースの問題としてこれからも続くテーマである。（坪郷英彦／つぼごう・ひでひこ）

人間文化研究機構が公開しているデータベース
http://www.nihu.jp/sougou/kyoyuka/tougou/

5-5
情報公開とデジタルアーカイブ

保存からサービスへ

　博物館における情報公開は、20世紀後半から21世紀初頭にかけて図書館や文書館とともに考え方が大きく変わった分野である。博物館、文書館は保存と利用のバランスを考えることが多かったが、「博物館情報へのアクセス性」(利用の容易さ)が一つの達成目標となって、公開が進むようになってきた。その技術的な裏付けとして、コンピュータ通信をはじめとするデジタル技術の進歩があり、その提供手法としてデジタルアーカイブと言う考え方が注目されている。最近では、このデジタルアーカイブという言葉も変容を受け、厳密な意味でのアーカイブズのデジタル版という意味ではなくなった。

　その背景には、電子技術の発達による「モノ、図書、古文書」の情報内容のデジタル化によって、博物館、図書館、文書館の機能の共通化が認識され、MLA(Museum, Library, Archives)の一体化が目標となっている。とりわけ総合的な機能を持つ博物館は、「現用」「歴史的保存物」にかかわらず活用することが強く求められるようになり、中核的役割が期待されるようになってきた。そのためにも、情報の品質保証と取得(アクセス)の容易さが重要となり、それを支える調査研究に基づく「デジタルアーカイブ」という「サービス」が注目されるようになってきた。「デジタルアーカイブ」とは、Web上のサービス機関や図書館・文書館の情報端末から求める情報が得ることのできる「情報収納庫」としても考えられるが、ここでは博物館の展示のサービス機能として紹介する。

博物館における情報とその公開

　博物館展示論における情報公開とデジタルアーカイブは、博物館全体の機能の中で論じられるべきものである。情報公開については、情報公開一般論としてではなく、博物館特有の情報の収集と提供として、またデジタルアーカイブは情報技術論としてではなく、あくまでも博物館の新しい「時代的使命や機能」として論じられるべきものである。

　21世紀の今日、博物館の展示に関係する情報やそのデジタル化については、その技術的な変化の激しさと対費用効果を見据え、より慎重な対応が現実的であると考えられている。その根拠となっているのは、同様な機能を持つ図書館、文書館との関係から情報公開とデジタル化が考えられるようになってきたからである。イギリスにお

いては、経営効率と共に国民へのサービスの向上という観点から社会教育機関であるMuseum、Library、Archiveの三機関の融合が試みられている。ここではこれらの動向を見据えて、MLAの情報の公開とデジタルアーカイブについて論じよう。

博物館等における情報公開とは、博物館資料に係る情報に関する公開義務でありサービスのことである。現用情報である図書については公開することは当然のことであるが、古文書については、私文書や公文書がありさまざまな規定が各国や都道府県、市町村で行われている。特に行政資料等については、情報公開条例等によって公開等が定められており、30年を経ないと公開できない場合もある。

博物館においては、博物館資料の収集・調査研究の成果として情報公開するものである。しかし今日な意味での「博物館における情報」とは博物館資料に即して生ずるものとして、以下のように多岐にわたると考えられている。

①実物資料(研究資料、収蔵資料、貸借資料、展示資料、他)から直接的に生ずる情報
②実物から生じた間接的(図書、報告書、文献資料、他)な情報
③教育普及資料(教育普及事業のテキスト、コミュニケーションツール情報)
④調査研究に関する情報
⑤博物館経営・管理に関する情報
⑥友の会・ボランティア等の外部連携機関に関する情報

これらの博物館における情報は、博物館設立の趣旨からも「原則すべて公開」すべきであるが、情報公開に伴う「資料の保護・保全」「著作権」「個人情報保護」「情報倫理」等の一般論としてのさまざまな配慮は行うことは当然である。

博物館資料はいかにして情報となり提供できるか

博物館におけるアーカイブズとは単に古文書のことを指すのではなく、写真、図版、報告書、解説文、関連情報等を含む幅広い対象を統一的なメディアで提供できる「一連の情報コンテンツ」と捉えられ、更にその活用を見据えた方法でデジタル化することをいう。

これまで行われてきた博物館におけるデジタル化は、主として博物館内の人々のためのデジタル化=データベースであったが、これからは利用者へのサービスとしてのデジタル化であることから、その多くは「インターネット」での提供を前提とする。展示論としてのアーカイブも、単独のデータベースよりも他とネットワーク的につながった情報提供サービスが主流となる。これまでの経験からも博物館独自のシステムによる情報ネットワークの構築は、単に開発コストが高くなるばかりではなく使いにくいものとなる。

そのために今後ともWebサイトの活用やそれを利用した個々の利用者に対応できるシステムが求められる時代となっている。ネットワーク化されたデジタルアーカイブズは、博物館資産(Assets of the museum)となる。

博物館における情報の創出は「実物資料から生ずる博物館情報」に端的に表れる。ここで資料関連情報に絞り、自然史と産業技術史分野の資料から生ずる情報提供について、国立科学博物館の組織的取り組みを紹介する。

国立科学博物館では、研究部を中心として「地球と生命の歴史、科学技術の歴史の解明を通じた社会的有用性の高い自然史体系・科学技術史体系の構築」、「ナショナルコレクションの体系的構築及び人類共有の財産として将来にわたる継承」事業等を展開している。これらの事業は資料に関する調査・研究の後、資料の登録と一般公開を行うものであり、このプロセスこそが博物館の情報の創出と提供の本質である。

ア．標本資料センター

従来、国立科学博物館のコレクションは各研究部別に収集・保存・管理され、全館的な視野で行われていなかったため、コレクションに関わる活動を全館的な視点から自然史や科学技術史に関する標本資料を収集し、適切に保管し、研究を始めとした様々な活動に活用する「標本資料センター」を2006年7月に設立した。標本資料センターでは以下の目標を掲げて活動を進めている。

①ナショナルコレクション構築の基本方針の策定
②コレクションの収集・保管体制の整備
③コレクションの活用体制の整備
④自然史及び科学技術史に関するコレクション情報の把握及び公開
⑤これらの活動を行うための各研究部、附属自然教育園との総合調整
⑥前述の④に関し、博物館その他これに類する施設に対する助及び協力
⑦標本資料センターが行う事業に関わる調査及び評価並びに広報

その結果、「標本資料情報の発信によるコレクション活用の促進」事業の中で、平成13年度から開始した「バーチャルミュージアム推進事業」として、「絶滅危惧種などの所在情報や研究中のデータ」を除いて976,573件の公開データ(2009年3月31日現在)を提供している。

また、平成18年度にサイエンスミュージアムネット(S-Net)において稼働した「自然史標本情報検索システム」で、学名、分類、採集地、採集日時、所蔵館等の情報提供が可能となり、平成20年度末で35博物館、5大学の参加を得て、140万件のデータが提

供されている。

イ. 産業技術史資料情報センター

　我が国の産業技術の発展を示す貴重な事物の所在を確認し、その保存と活用を図るために「産業技術史資料情報センター」を設置し、関連する工業会・学術団体・行政と連携して、全国に残る産業技術の歴史資料の所在把握、技術発達と社会・文化・経済との相互関係の調査研究などの事業を行い、調査結果は産業技術史資料データベースとして蓄積し、インターネット上で公開している。

①産業技術史資料の所在調査
②産業技術史資料データベース
③重要科学技術史資料の選定と台帳登録

今後の方向性

　今後は、展示資料と個人個人の生きた文脈との継続的な関係性が博物館の重要な役割となり、そのために利用すべきデジタル技術の開発が必要となっている。それは個々の展示物と個人をつなぐ「デジタルアーカイブ」を支える新しいインターネット技術であり、今試みられている「Internet Protocol Version 6 （IPv6)」は、そのことを可能とする。個人と展示物が直接的・継続的につながり、個人と展示の意味の成長を促すものとなるであろう。

　下の写真は展示情報端末でICカードと、それを利用している来館者の様子である。利用者は、ICカードを館内約350か所に設置された「展示情報端末」に接触させ、それぞれの見学履歴を保存する。館内で貸与されるそれぞれのICカードには、IDとパスワードが印字された紙のIDカードが添付されている。利用者は帰宅後IDカードに印字された情報をもとに、自宅・学校からWebにアクセスして、自分が見たものと展示解説を入手することができ、Webの上に、それぞれのパーソナル・ミュージアムを構築することができる。（高安礼士／たかやす・れいじ）

1

2 左がIDカード、右がICカード

5-6
博物館における情報機器の活用

情報機器活用の背景
　博物館の展示では、従来からスライドプロジェクターやビデオ映像などの視聴覚機器が活用されてきたが、コンピュータの普及に伴い、情報機器に置き換わりつつある。情報機器は、1980年代のニューメディア、1990年代のマルチメディア、2000年代のIT（情報技術）、そしてICT（情報通信技術）と呼び名が変わってきたが、その時代における効果的な活用が検討されてきた。情報機器が従来の視聴覚機器と違う点は、アナログからデジタルに代わり、双方向性やインタラクティブな機能が可能になったことである。たとえば、映像の場合、デジタル化された映像がハードディスクに蓄積されていて、来館者が見たい映像を選択すれば瞬時に見ることができる機能（VOD：ビデオ・オン・デマンド）などが可能となった。さらに、1994年ころから急速に普及し始めたインターネットは、博物館における情報機器の用途も大きく変えつつある。「デジタルアーカイブ」や「バーチャルミュージアム」などと呼ばれる博物館外からでも利用できるサービスである。また、デジタル技術が駆使された展示という意味での「デジタルミュージアム」も推進され始めている。これらの用語は明確に定義されていないが、情報機器を活用することによって変わりつつある博物館の機能である。

展示室内の情報機器
情報KIOSK端末
　情報KIOSK端末とは、展示室内に設置されたタッチパネル式の情報端末で、各展示コーナーに配置されていることが多い。展示の検索や詳細情報、映像をVODで視聴することなどができる。多言語対応や解説レベルを選択可能なことも特徴である。

PDA
　PDA（携帯情報端末）は、携帯電話の高機能化によって一般にはあまり使われなくなったが、国立科学博物館、リスーピア、岡山市デジタルミュージアムなど多くの施設で利用されている。音声ガイドの機能に加えて文字情報や画像も提示できることが特徴である。また、展示室内の所定の位置を感知して、その展示コーナーの解説が自動的に提示される場合もある。位置検出には、赤外線やRFIDタグなどが使用されている。

携帯型ゲーム機

　最近では、PDAの代わりに携帯型ゲーム機も用いられている。理由は、あらかじめ通信機能などが備わっていること、PDAより軽量で安価なこと、特に子どもたちが操作に慣れていることなどがあげられる。京都にある小倉百人一首をテーマにした観光施設「時雨殿」や国立民族学博物館の「みんぱく電子ガイド」などの例がある。

携帯型音楽プレイヤー

　携帯型音楽プレイヤーによる音声ガイドも普及しつつある。これまでの音声ガイドとの違いは、来館者が日常生活で使用している個人の音楽プレイヤーに音声ガイドをダウンロードすることもできることである。来館前にWebサイトからダウンロードできるサービスもある。

携帯電話

　多くの携帯電話にはカメラとディスプレイが内蔵され、インターネットへの接続も可能である。つまり、博物館の展示ガイドに必要な機能を既に備えていることになる。そして、今やほとんどの人が携帯しているため、博物館から貸し出す必要はない。またワンセグ(低解像度のデジタル放送)受信機能の付いた携帯電話もある。この利点を活かしてワンセグによる館内でのローカル伝送実験を国立西洋美術館や国立科学博物館が行っている。

無線LAN

　屋外であればカーナビなどで利用されているGPS衛星によって位置を求めることができるが、屋内では衛星の電波が届かない。そのため先述のように赤外線やRFIDタグが用いられている例があるが、複数の無線LANアクセスポイントの電波の強弱による位置測位システムも登場している。

　また、展示に使用されている音声ガイドやPDAの多くは、その端末内にコンテンツが格納されているが、無線LANなどを利用することで、サーバーにコンテンツを格納することができる。この意義は、コース設定やメンテナンスが容易になるだけでなく、来館者の興味等に応じてインタラクティブに情報を提供したり、リピーターへは前回の途中から再開したりすることが可能になることである。

大型映像

　大型映像の中には、コンピューターでリアルタイムに生成されるCG映像もあり、情報機器が活用されている。

ミクストリアリティ技術

　ミクストリアリティ(Mixed Rality:MR：複合現実感)とは、そこに無い物があたかも目の前にあるように見える技術である。そこに無い物とは、3DCGで作られた物であり、リアルタイムに生成される。見学者の頭の位置と傾きを計測しているため、回り込んで見ることも可能である。

　写真はMRによる展示例である。天井から吊されている2体の骨格標本をMRの特殊な双眼鏡で見ると写真右下のように骨格標本に生体復元CGが重畳され、尾ひれの動きが上下(哺乳類)と左右(爬虫類)というように立体視の3Dアニメーションでその泳ぎ方の違いを確認できるものである。

　その他のMRの可能性には以下があげられる。1)PDAや情報KIOSK端末の場合は、見学者は解説画面と標本を交互に見なければならないという問題点があったが、MRでは展示と解説が同一の場所にあるため、見学者の負担を軽減できる。2)MRに提示される3DCGを切り替えることで、個々の見学者の目的等に合わせることも可能になる。

インターネットによる館外向けサービス
デジタルアーカイブ

　デジタルアーカイブについては第5章の5(144ページ)を参照。
　デジタルアーカイブは、高解像度化されることで、情報検索だけでなく、絵画技法などの研究用途にも利用可能になってきている。実際の作品展示ではできない展示手法としても今後の展開の可能性がある。

情報KIOSK端末のコンテンツ公開

　情報KIOSK端末のコンテンツが公開されている事例もある。静岡科学館「る・く・る」や国立科学博物館などである。事前・事後の確認として役立ち、博物館での見学時には資料や標本の見学に集中できるという利点もある。

メタバース内のバーチャルミュージアム

　「メタバース」と呼ばれるオンライン上の3Dバーチャルコミュニティ(Second Life、

meet-me、splumeなど)が、2007年ころからから普及しつつある。メタバース内には、実在する博物館が設置しているバーチャルミュージアムもある。たとえばセカンドライフ(Second Life)内には、サンフランシスコのハンズオン型科学館のエクスプロラトリアム(Exploratorium)やスミソニアン・アメリカ美術館のSmithsonian's Latino Virtual Museumなどがある。博物館の一部の機能をバーチャル空間で擬似的に体験できるだけでなく、ライブの講演などのイベントが開催されたり、参加者どうしでコミュニケーションできることは、これまでには無かった博物館への参加形式である。

情報機器活用の今後

博物館の特徴は、資料や標本などの「モノ」が存在していることである。今後もさまざまな要素技術が展示をより良くするために活用されると考えられるが、博物館の情報機器活用の課題は、モノと人、モノとモノ、モノとバーチャル、モノと「知」などをつなげて循環させることであるといえよう。(近藤智嗣／こんどう・ともつぐ)

ミクストリアリティによる収斂進化の展示

5-7
携帯情報端末による鑑賞支援

音声ガイドやPDAの利点

　展示された物や作品をみて考え、より深く理解するアシスタントの一つとして、音声ガイドやPDA(Personal Digital Assistant)のような携帯情報端末を使用した鑑賞支援があり、これらの端末を利用したアシスタントには、いくつかの利点がある。まず、文字、音声、画像、映像など、多様な媒体による情報伝達が可能である。次に、各人が単独で使用でき、様々な属性をもつ人の多様な目的や時間に対応することが可能である。興味に合わせ、みたい展示物だけを選んで詳しく情報を得ることや、各人のレベルやペースで自由に利用できることは、利用者にとって大きなメリットである。さらに、大量の情報伝達が可能であり、実空間の展示解説や機材を必要最小限に抑えることができる。来館者の視線を展示物に集中させることができると同時に、展示全体のイメージを壊すことなく空間をつくりあげることができ、展示制作側にとっても有利である。また、これらを利用してシステム化することによって、汎用性が高く、一定の質を保ったサポートの提供が可能となる。

音声ガイド・PDAの代表例

　これらのアシスタントは、聴覚情報のみのものと、聴覚情報と視覚情報を合わせたものに大別することができる。
　聴覚のみを使用するアシスタントの代表的なものとして、音声ガイドがあげられる。日本では多くのミュージアムで使用され、海外でも、オーディオガイド(Audio-guide)と呼ばれ、広く普及している(写真1)。展示物の横に掲示してある数字を音声ガイドに入力すると、その音声解説が付属のヘッドフォンやイヤフォンから流れる。音声ガイドの利点は、聴覚情報のみなので、視線を常に展示物に向けられる点にある。現在は、携帯電話をツールとして、2次元コード(2D code)を利用した音声ガイドも試みられている。また、聴覚情報の鑑賞支援は、特性や障がいをもった方たちやハンズオン展示のアシスタントとしても有効である。
　聴覚情報と視覚情報を組み合わせたアシスタントとしては、PDAを使用したガイドが代表的であり、館が独自に製作したオリジナルのPDAと、市販のPDAを利用したものがある。海外のミュージアムでは、マルチメディアガイド(Multimedia Guide)(写真2)と呼ばれている。一般的には、スタイラスペンか、画面を直接触るタッチパネルでの操作(写真3)により、画面に表示される文字や画像、映像などの情報と、専用のヘッド

フォンなどから流れる音声情報を組み合わせ、利用者をサポートする。

　パリのルーブル美術館におけるマルチメディアガイドを紹介する（写真4）。ここでは、まず目的の場所へ来館者を誘導するナビゲーターの役割を担っており、画面上のインタラクティブ・マップの操作により位置を確認させ目的地へ導く。さらに、PDAに表示されるサムネイル写真は、実際の展示物とPDA内の情報を直感的に結び付ける役割を果たしている。これらの機能は展示会場の広さと作品数の多さに対応している。次に、テーマ別やこども用、階段を使用しないコースや手話のコースなど複数のコースを用意し、7カ国の言語でガイドをおこなうことで、多くのスタッフの役割をこのマルチメディアガイドにまとめ、多様な来館者の特性やニーズにも対応している。巨大なミュージアムにおいては、このように視覚情報と聴覚情報を組み合わせたアシスタントが有効である。

これからの携帯情報端末による鑑賞支援

　これらの端末の通信方法は、無線LANや、赤外線を利用した近距離データ通信、機器間の距離が10m以内であれば障害物があっても使用可能とされるブルートゥース（Bluetooth）など、展示会場の環境に合わせてさまざまである。

　音声ガイドやPDAを使用したアシスタントは、すでにミュージアムなどで広く普及している代表的なツールであるが、現在は、携帯電話やスマートフォン、各種ゲーム機やiPod touchなど、各端末の持つ当初の目的から機能を広げ鑑賞支援に利用される多くの試みがおこなわれている。加速度センサーやWi-Fiの普及、さらにGPS（Global Positioning System: 全地球測位システム）や、現実の展示空間から知覚に与えられる情報にバーチャルな情報を重ね合わせるAR（Augmented Reality: 拡張現実）など利用により、インタラクティブで参加性の高い新たな鑑賞支援の可能性が広がっている。（伏見清香／ふしみ・きよか）

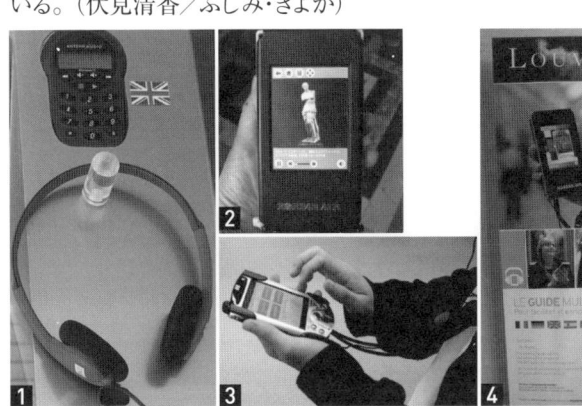

1 オーディオガイド
2 マルチメディアガイド
3 PDAのタッチパネル操作
4 ルーブル美術館

展示にチャレンジ3
体育ギャラリー～筑波大学～

　筑波大学には大学をPRするコミュニケーション施設として筑波大学ギャラリーを設け常設展示を行っている。大学の歴史的資料や朝永振一郎博士、白川英樹博士及び江崎玲於奈博士の本学関係ノーベル賞受賞者記念の展示、オリンピックで活躍した選手をはじめとする体育・スポーツの展示、附属学校の展示、石井昭氏から寄贈された美術品を展示してる。

　今回紹介するのは、筑波大学の体育専門学群（学部相当／以下筑波大体育と表記）が企画・運営する体育ギャラリーの展示についてである。体育専門学群はこれまで体育史料室を設け筑波大学関連の体育・スポーツの資料（史料）を収集保存してきた。その資料の公開と現在の体育専門学群のコミュニケーション施設として2008年にオープンしたギャラリーである。ギャラリースペースは、幅19mで奥行き7.8mの約148m^2、4つのパートに区分できる空間である。

　筑波大学の体育はその前身をたどると1878年創設の体操伝習所に至る。当時の国情に応じ設立された体操伝習所は、体操教材の作成とそれを十分に指導できる指導者の養成を目指した教育機関であった。この130年は、筑波大学のみならず、日本の体育やスポーツの歴史でもある。筑波大学の体育がこれまで収集してきた資料を広く公開し、筑波大学の体育専門学群と日本の体育やスポーツの推移を理解できる施設としている。

特別な演習授業ADP
　体育ギャラリーの展示は体育専門学群から大まかな展示方針を受け、体育と芸術の教員、そして学生が中心となって検討を行い、展示の基本計画をまとめている。実施計画と展示制作は主に学生が行っている。

　体育ギャラリーのオープンは2008年の4月、最初の企画展の計画と制作は2月と3月に行った。年度末であり学生には単位や評価対象とならない時期での制作活動であったが、第2回以降は演習授業として行っている。筑波大学では、大学院も含めた全学すべての学生が受講できる「大学を開くアート・デザインプロデュース（ADP）演習」という特別な演習科目を2005年から開設している。このADP演習はデザインの教員が担当し、教員ごとにいくつかのプロジェクトをたて、それぞれワークショップ形式で行っている。地域再生プロジェクトや病院の環境改善プロジェクトなど12～15のプロジェクトを行っている。体育ギャラリーの展示計画はその中の一つのプロジェクトで

ある。筑波大学には芸術学・美術史および芸術支援など学芸員に関連する専門領域もあるが、今回紹介の体育ギャラリー展示計画プロジェクトは情報デザインとしての取り組みである。

展示計画

全学から学生が受講できる授業ではあるが、やはり芸術の学生が多い。体育ギャラリーのプロジェクトではデザインワークはデザインの学生が担当することになるが、企画や資料整理に展示の設置作業などは受講生が協議し役割分担している。企画のプランニングや役割調整などでのためミーティングを重ね進行していく。

日本の体育・スポーツの130年と向かい合うことから初めて知ることが随分と多い。明治時代に使われていた木製の亜鈴はどのように使っていたのか、文献資料から「亜鈴演習」を再現したビデオ映像、多くの学校に設置されている肋木という体育器具を使った体操の再現ビデオなど興味深い映像展示も行った。

学生による制作のため雑な点もあるが、展示の反響は非常に良い。学生にとって課題とは違った責任感と完成時の達成感は得難い体験になっている。（木村浩／きむら・ひろし）

展示方針の打合せ

常設展示（手前）と第1回企画展示

作業風景

「亜鈴演習」を再現した映像展示

写真：木村

6章 博物館教育論
～展示の活用とその効果～

展示から発せられたメッセージは、来館者にどのように受け止められるのだろうか。また、個人や社会に対してどのような影響を与えるのだろうか。

この章では、博物館の完成後の展示の活用やその効果について、博物館はもちろん、学校や地域の様々な現場で博物館教育に携わる方々にご執筆いただいた。

展示を活用した教育活動、展示の効果と評価、さらには、地域社会との関わりの観点から、博物館展示の教育的意義を探っていきたい。（吉冨友恭）

6-1
博物館における学びの特性

学びの双方向性

「資料は人と出会って初めて展示となる」と言われるように、博物館の展示は人との相互作用によってその機能を発揮する。モノは学芸員と出会うことにより、その学術的意義が付与され資料となり、ストーリーに基づいて配列され展示資料となり、人々に理解してもらいたいメッセージが込められる。展示に込められたメッセージは来館者へ伝えられる。

また展示資料は来館者と出会うことにより、展示の機能が強化される。来館者は展示室の中で自らの体験や思い出等を回想できる展示を探し、その前で記憶を呼び起こし、一緒に来た家族と対話をしたりして、何らかの記憶を持って帰る。来館者が展示を見て反応する何げないしぐさ、質問、要望等を博物館が受け止め、必要に応じて展示内容や解説パネルを改良する。このような展示と来館者との相互作用の過程も展示の活動としてとらえることができる。

博物館は、学校や図書館等の施設にはない展示という教育の手段を持っている。展示は、博物館において教育目的を持って資料を公開する方法として最も効果的な方法の一つであり、館側からのメッセージと来館者から反応等、双方向の教育的機能を持った活動でもある。このような展示を有する博物館において、どのような学びを展開することができるのであろうか。博物館における学びの特性について、博物館から働きかけとしての「教育」と人々の「学び」という両者の視点から考えていこう。

博物館における学びをどうとらえるか

(1)博物館の定義から

1947年に設立された国際的な博物館のネットワークである国際博物館会議(ICOM)では、博物館を次のように定義している。「博物館は社会とその発展に貢献し、人間とその環境に関する有形・無形の遺産を研究、教育、及び楽しみの目的のために、取得、保存、伝達、展示する公開の非営利的常設機関である。」[1] この定義のように博物館は教育を目的とする機関であり、その活動全てが教育的意図を持って展開されていると考えてよい。そこで、博物館における学びを、個別の教育活動に限定することなく、社会を構成する人々と博物館との関係性においてとらえる必要がある。

(2) 社会的要請の観点から

現代の博物館の教育は博物館経営の中核をなし、社会の要請を踏まえた教育の在り方が求められている。

日本博物館協会の報告「『対話と連携』の博物館」では、資料の収集・保管、調査・研究、展示・教育といった基礎的な需要に対し、新しい需要として、収集倫理、デジタル・アーカイブ、学校連携、地域連携、市民参加等をあげている[2]。従来の博物館活動の主体は資料の収集・保管等の内部の活動であるのに対し、新しい需要の多くは教育を中心とした博物館機能の拡大を意味する。博物館は他の博物館、学校、地域等との連携を深め、より教育力のある生涯学習機関としての役割が期待されている。

米国や英国の博物館界の報告書[3]では、現代の博物館は公共サービスの中核に教育機能をおき、社会からの多様な要請に応える学習資源と位置づけられている。特に我が国の博物館界では、新しい需要に対応した博物館のあり方を模索しており、他の教育機関との連携協力によって博物館の持つ潜在能力を引き出し、新たな教育力を持った博物館像を目指している。

(3) 学習理論の観点から

学びをどうとらえるかは、その立場や考え方(学習理論)によって異なる。
例えば、伝統的な教育の考え方は、知識のもととなる体系があり、知識を人々に伝え、その結果、人々は知識を理解し、学ぶことができる、というとらえ方をする。この考え方は、教える者と学習者がいて、教える者が知識のない学習者に効率的に知識を伝えることを重視している。

一方、知識が学習者の心的状況に左右されて構成されるという考え方に基づき、学習者の知識や経験等の文脈を重視した「構成主義」と言われる学習理論がある。この考え方によると、伝えられた新しい知識は、学習者の持つ知識や経験等に照らし合わされて、意味付けされ、理解され、知識が再構成される。この考え方は学習者を能動的な知識の創造者と見なしている。

博物館における学びを考えるに当たっては、博物館からの「教育」と人々の自主的な「学び」という両者の視点が必要である。学芸員の研究成果を学術的な体系に基づいて展示や解説にメッセージとして表現することは、研究の結果得られた知識を人々に伝えることによって自然現象や歴史的な事柄等を理解してもらうことになる。しかし、同じ展示を見学しても、来館者の持つ文脈によって、受け止め方は異なる。博物館側が用意した「答え」とは異なる受け止め方をした来館者は「学んだ」ことになる

のであろうか。伝統的な教育の考え方から判断すれば、理解は不十分であるということになる。一方、構成主義の考え方から判断すれば、来館者が自分にとって何らかの価値や意味を見出すことができれば学びが生じたことになる。

博物館では、展示や教育活動等における博物館側からの教育的メッセージと人々の持つ生活経験・知識等の相互作用等によって、人々が新しい意味や価値を見出していく過程を学びと捉える。それは、個人の内面の変化であり、新たな知的連鎖が形成されたことを意味する。そこでは、博物館から得られる知識のみならず、自分の経験、色のデザインや配置に対する感情、解説者との対話、家族との体験的活動等を統合した全体的な状況が学びに影響を与える。

(4)学校教育との相違から
①実物による学び
　実物には様々な情報が含まれており、人々が実物を観察したり、触れたりすることにより、その情報を体験的に獲得できる。体験的な活動においては、知識を理解するという認知的な側面のみならず、興味・関心を高めるといった情意的な側面が学びに影響を与える可能性がある。一方で、全ての体験的な活動が学びに結びつくとは限らないとの指摘もあり、精神的な活動を伴う必要性が指摘されている。

②自主的な学び
　学校においては学習指導要領に基づく学習活動が展開されており、主として既習の知識・技能を基礎に新たな学習内容を積み上げていく系統的な学習活動が中心になっている。学校においては一つの目標に向かって効率的に学ぶ方法を採用する場合が多いが、博物館では到達すべき目標を一つに限らず、個人が興味・関心に基づいて学習することに重点が置かれている。博物館における教育は個人の好奇心や探究心に基づいた自主的な学びを支援するところに特徴がある。
博物館における学習環境は、学校とは異なり、人々が学習に取り組むかどうか、またどのような学習をするか等を個人の自由意思で選択できることが特徴である

③専門性の高い学び
　学校のような均一集団ではなく、博物館での学習活動のような非均質な集団に対する指導の方法では、高度な内容も扱うことが期待される。
　例えば、アメリカ自然史博物館の継続的な学習活動であるアフター・スクール活動は、高校生が研究者と2年間共同で働き、自分の研究結果を発表するという事業で

ある。この事業では研究者を精神的な支援者(メンター)と位置づけ、高校生は研究者の専門性を徒弟的に学んでいく過程を経験する。このような研究者、研究室、博物館という文脈に依存した学習では、学校のような系統的な学びとは異なり、高度な学習が可能になると考えられる[4]。

④生涯学習としての学び

　博物館は学校教育とは異なり、幅広い年齢層の学びが展開される点が特徴である。訪れる人は様々な年齢であり、また多様な経験を持っている。このような人々の多様性を考慮する必要がある。

　また生涯にわたる長期的なスパンで学びをとらえる必要がある。例えば、過去に見学した科学展示の記憶は、数年経ってから、学校の授業や生活の中でその体験を思い出させ、生き生きとしたイメージでその科学的な原理の理解を促すことがある。博物館の体験は人生の中で一瞬ではあるが、その後のより深い理解のための基礎を提供できる。

今後の博物館における教育の在り方

　博物館は、社会教育によって生涯学習を推進しており、生涯学習社会の実現のために、個人の自主的・自立的な学びを保証する、意図的な教育活動を計画することが重要である。意図する教育的役割を効果的に遂行するために、博物館は明確な教育方針を共有する必要がある。博物館の展示、教育活動、解説者、これらを統合した全体的な雰囲気は人々に対し教育的メッセージを伝える。一貫した教育方針が全館に行きわたり、意図的にそれが実行される必要がある。

　博物館の教育において重要なことは、「知識のある博物館が知識のない人々に伝える」というモデルからの脱却である。現代の博物館には社会からの多様な要請を受けながら成長していく姿が望まれており、博物館が社会に根ざし、社会の貢献するために、人々の知や経験を統合し、新たな知をともに創造し、共有していく活動が求められている。(小川義和/おがわ・よしかず)

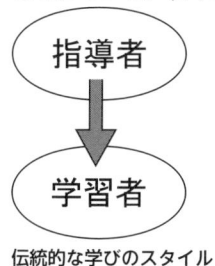

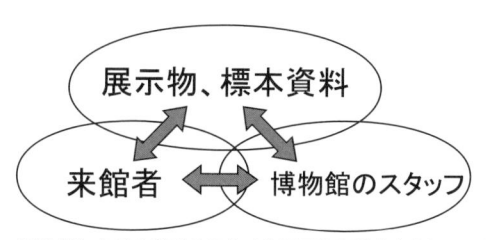

伝統的な学びのスタイル

博物館における学びのスタイル展示物や標本を介しての対話

博物館と学校教育

変革する教育制度と博学連携

　博物館などの社会教育機関が、学校教育と連携協働して進める教育活動に、博学連携や学社融合という言葉が充てられている。これは、学習の場や活動などに両者の要素を重ね合わせ、一体となって子どもたちの教育に取り組む考え方で、特に近年、これらが国の教育施策に盛り込まれるようになった。

　例えば、1997年に改訂した文部省(当時)の教育改革プログラムに「学校外の社会との積極的な連携」が謳われ、翌年に発表された具体的なプログラムの中も、博物館が関与できる事例が多数示された。さらにそれらの実践を促すために1998年の「親しむ博物館作り事業」を皮切りに、博物館の様々な機能の向上や教育活動を支援する委嘱、委託事業が毎年公募されている。

　引き続き文部科学省は、2002年度から学校教育に「総合的な学習の時間」を正式に導入し、その中で地域の知財である博物館の活用を推奨している。また同年からスタートした学校完全週五日制でも、子どもたちが週末を博物館ですごすための支援も行っている。加えて、2006年度の教育基本法改正では、社会教育法の一部に、「博物館が行う事業として、社会教育における学習の機会を利用して行った、学習の成果を活用して行う教育活動等の機会を提供・推奨する事項を加えること」と明記した。あわせて、小中学校の新学習指導要領の社会科や理科における指導計画の作成において「博物館や科学学習センターなどと連携、協力を図りながら、積極的に活用するよう配慮すること」と示し、積極的な学習利用を促している。このように、今ほど、博物館の教育機能の向上や学校教育との連携に多くの追い風が吹いている時代はない。

　一方、その相手となる学校の教育現場では、情報化も急ピッチに進んでいる。2002年3月には全国の学校にインターネットが整備され、2005年度までに各教室に2台のコンピュータと高速回線の整備を目標にするなど、IT環境の充実は目を見張るものがある。また2004年4月からスタートした新教育課程の中でも、情報教育を大きな教育目標として位置付け、子どもたちの情報活用能力の向上を図るための教材や教育プログラムの開発が進んでいる。さらに文部科学省では、2005年以降も「POST2005」として、IT戦略の基本的な考え方(新戦略)において、①学校教育の情報化の一層の推進。②人と人の交流を通じた生涯学習の増進に向けた基盤の形成。③ITの活用による「社会教育施設」の活性化。④高度情報社会に向けた最先

端の「知」の探求と大学づくり。⑤心身ともに豊かな活力のある社会の実現に向けた文化芸術の創造と発信・交流やスポーツの振興。⑥情報化の影の部分への対応。などを挙げ、一層の情報化を推進している。それに対して博物館では、2006年の博物館法改正の中で、博物館資料は実物(モノ)だけでなく「電磁的記録(電子的方式、磁気的方式その他人の知覚によっては認識することができない方法で作られた記録)も含む」ことが記された。これは、学校教育と博物館教育が、お互いの情報化によりネットワークできることを意味している。このネットワークにより、教員と博物館職員といった人の交流だけでなく、情報環境の整備とモノとして昇華した情報資料を充実させることで、博物館が提供する教材が一層に学校教育に寄与できるチャンスが増大すると考えられる。

学校教育と博物館教育の違い

　学校教育は、学習指導要領や指導案、評価など、一定の制度の中で実施されることから「フォーマル・エデュケーション」と呼ばれている。一方、博物館などが行う教育活動は、それらの制度に縛られない自由度の高い学習として「インフォーマル・エデュケーション」と言われ区別されてきた。また、学校の博物館利用の内容や指導は、主に学校側に委ねられてきた。これは、学校に博物館の情報が少ない(伝わっていない)こと、活用方法が判らないこと、専門性が高すぎて教科ごとの指導案に合致しにくいなどが原因と考えられた。

　一方、博物館でも、プログラムや教材を用意しながら、それぞれの教科や単元において、授業実践のどの部分で、いつ、どう使われるかなど、学校側の活用方法が十分に調査されていないため、授業に使い難い教材になっているのが現状であった。

　しかし近年、両者において協働学習への需要が高まり、連携学習を行う機会が多くなると、博物館が提供するプログラムや教材、人材が、学校教育の仕組みや制度と無関係であることは出来なくなったと言える。しかしながら、両者の間には、相互理解の欠如、経験や人手の不足などの妨げも少なからず存在している。そこで、筆者の所属する海の中道海洋生態科学館では、学びのプロである教員と、専門的な知識や経験のある館員が、それぞれの得意分野や能力を活かした、教育プログラムと教材の開発、授業実践に取り組んできた。

実物教育と情報教育

　学校と博物館の連携プログラムは、教材の形態や特徴、実施場所などから、実物教育と情報教育の2つに分けることができる。実物教育とは、実物資料や実物標本、

フィールドを使って、資料に触れたり体験する学習である。一方、情報教育は、子どもたちが、IT機器や環境、デジタル教材などを活用し、博物館資料の収集、職員との交流、学習成果のまとめや発信を行い、それらを通して、教科学習の意欲や理解を向上させ、博物館の専門性や役割などに興味関心を深める学習である。

　これまで、博物館が行う教育活動は、学校教育と同様に、実物教育に重点が置かれ、実物の活用こそが学びの主流と考えられてきた。確かに実物の魅力は大きく、得られる感動は実物に勝るものはないように見える。また、子どもたちも、本物に出会うことに喜びを感じている。しかし実物教育も万全ではない。例えば、資料の破損や消耗、衰弱や死亡といった問題もある。加えて、大人数である学習対象者の一人一人へ、同じ量と質の資料や体験を与えることは困難など、平等性でも課題が多いと言える。このように、実物教育には、質や量に限界があり、実物教育が最善の学習方法とは言い難い。

　そこで、この問題を補完するのが情報教育だろう。情報教育には、いつでも、どこでも、繰り返し何度でも、大人数が参加できる利点がある。また情報活用によって、モノの外観を見るだけでは判らない、内的特徴や能力を判りやすく効率的に入手することも可能になる。情報社会に、いつでもどこでも簡単に参画できる"ユビキタス"と呼ばれる時代の到来で、人々には、日常的に情報活用ができる環境が整備されつつある。情報教育では、そんな近未来の学習を提供することが可能だろう。

学校教育連携の4つの提言
①指導計画や評価計画をつくり長期学習
　博物館が学校の学習に長期的に何度も関われるように、館員と教員が協働し学習のステップごとにねらいや評価の視点を定めた指導案を作成する。またそれにあわせて、館から教材や人材、学習機会などを提供する。
②実物教育と情報教育の融合
　実物教育には教材や学習の質と量に限界があるため、その補完に情報教育の手法が有効である。また博物館における情報教育では、その館の専門性の理解促進を第一の学習目標とするが、子どもたちの情報活用能力を育むという、情報教育本来の目的の達成にも配慮すべきだろう。博物館が提供するプログラムには、実物教育と情報教育の両者の利点を具備することを目指したい。
③博物館と学校が平等の関係
　学習指導計画や評価計画の作成には、教員の経験や知識、及び、両者が交流できる場所や機会づくりが必要である。両者の利点や課題を知ることで、お互いが支

えあう信頼関係が構築される。学校が主、博物館が従の関係ではなく、両者が平等の立場であることが重要である。
④館のすべてを教材化
　博物館が提供できる教材は、専門的な学術資料だけでなく、人、機能・役割、建物など、館のすべて、存在そのものが教材であるという意識をもち、あらゆる学びのシーン(学校種、学年、教科、単元)で博物館の活用を想定することが重要である。

学校と博物館の連携に必要なもの
上記の4つの提言を満たすために、両者は次のような体制や意識を持ちたい。
①職員の体制
　学芸員は自分の研究分野の情報は提供できるが、それを学校教材にできるノウハウは不十分だ。このため、教員や指導主事の資格をもった職員を教育担当に配置する館もあるが、館の運営や学術資料に精通していない場合もある。また我が国の学芸員は、研究者としての意識が高い一方で、教育者としての認識が低い。加えて、教育に専念できる時間や体制がないのも実情である。これを改善するためには、教育専任の学芸員の配置が必要と考える。
②マーケティングするという意識
　学校と博物館の関係を改善し、学校側の意図する教育目的をより効果的に達成するためには、活動計画の作成から実施段階における具体的な指導にいたるまで、学校と博物館双方の関係者の密接な連携・協力関係が必要となってくる。このため、博物館で開発する教材や学習プログラムは、いつ、誰が、どのように使うか、という、検証(マーケティング)を常に行い、学校(顧客)を満足させる、教材(商品)を開発するという意識や発想を持ち、博物館を「教育産業」として位置付ける意識改革が求められよう。
③情報と人のネットワーク
　博物館の情報化により、展示や解説が充実するだけでなく、これらを教材化することで学校教育や生涯教育にも貢献できる。また、蓄積されている資料を共有することにより、博物館相互が研究資料として有効活用できるメリットも大きい。情報のネットワークは博物館や教育に大きな変革をもたらすが、その実現には人のネットワークや組織作りも欠かせない。人のネットワークとは、博物館だけでなく学校や一般市民とのネットワークである。情報と人のネットワークの両輪がうまく運営されてこそ真のネットワーク構築と言えよう。(高田浩二／たかだ・こうじ)

6-3
博物館と生涯学習

社会への窓口となる展示

　博物館は「ひと(観覧者)」「もの(資料)」「ば(建物)」からなり、相互に有機的に結びついている社会教育施設である。博物館は、学校教育中心の教育体系の一つとして位置づけられていた。1984(昭和59)年から1987年にかけて、臨時教育審議会による審議が行われ、博物館のあり方にかかわる変革が図られた。豊かな児童生徒の人間形成には、縦割りの教育、教科に偏した個別化教育を改め、学校教育と社会教育との融合による学問体系が必要であるとする考えに基づくものである。これを背景にして、博物館は総合的な学力、多面的な能力を養う施設の一つになった。つまり、一般利用者の知識の吸収、思考力、創造性、表現力などを高める生涯学習の場としての社会的な使命も担うことになったのである。

　展示は博物館の主要部分を構成し、社会への窓口となっている。博物館を紹介するパンフレットやホームページは、展示室を中心に編集発信されている。多くの人に平等に見てもらうことができ、また利用者の反応も直接見て取れるものが展示である。また博物館の設置目的や活動を利用者に提示する一番大切な表現方法である。構築されている展示物が、いかに利用者の立場に立って活用され、利用者を誘引し、博物館の使命が達成されているという視点は、社会的な評価に繋がる。そのため展示の方法についても、資料を単に並べて陳列するレベルから展示物の背後にある情報をわかりやすく伝える方向に移りかわっている。

　博物館には人文系、自然系も含んだ総合博物館や、特定分野を範囲として活動する専門博物館があり、展示の内容も様々である。それぞれの博物館では、利用者にとって親しみやすく、魅力的で、解説も幅広い階層で理解されることを前提に生涯学習への取り組みを行っている。少子化、高齢化、情報化、国際化などの急激な社会変化への取り組みも求められている。社会構造の変化や市民の要望を生かすため、展示の部分改装、臨時展示、アウトリーチ活動など、展示を補填、補強する方法があり、活動により博物館としての存在価値を強めている。

　園児から大人まで幅広い年齢層からなる個人ないし団体にかかわらず入館者の利用目的は、自分の学習、学校の学習、趣味としてなど多様である。小中学生、高校・大学生など学習カリキュラムに基づく学校教育と関連した利用のあり方も当然考慮され、十分な対応が求められる。

　博物館展示の中心は、常設展示室にある。常設展示室には、専門家(研究用)と児

童・生徒（教育用）など利用者の目的で展示室を分けた二元的配置（棚橋，1950）や二重展示（新井，1958）を試みた展示室もある。現在では、複数の利用目的に対応した展示内容で構成される。年間を通して見ることができる常設展示室は、見せる側の意図で順路が設定されている場合もあるが、大方の博物館では利用側のプログラムに沿った導線選択ができるようになっている。大半の人たちは常設展示が目的であるため、その目的がより達成され、満足が得られるような展示の工夫が最優先される。

　常設展示の補足的な役割も果たすものに特別なテーマで、短期的に、最新の情報や研究成果に基づいた特別展示・企画展示がある。常設展示が開館から長い期間展示改装が進まない現状では特別展示などの短期の展示は、利用者の来館へのモチベーションを高めることになる。

　博物館の目的により、常設展示室の形態、展示内容、展示方法は、単独の資料から複数の資料、映像や模型を加えた展示等様々であり、生涯学習時代に対応する構成になっている。従来の資料中心の展示では、量の多いことに重点が置かれていたが、現在は、見せる側と見る側の立場に立って、いかに見せるか、いかに学んでもらうか、量より質が重要となっている。単独の資料でも、設置場所、設置方法、照明、キャプション、グラフィック、写真、拡大鏡などが組み合わさり、いっそう資料を見やすく、さらに、より豊富な情報が引き出されるような展示学的な配慮がされた展示となっている。

　複数の資料の見せ方としては、一次資料と一次資料（モノ）を相互に関連させながら比較できるようにした構造展示（佐々木・梅棹、1980）、一次資料（モノ）と写真、映像などの二次資料を組み合わせる展示、さらに一次資料と映像、情景模型を組み合わせた三連展示（青木、2000）などの手法がある。三連展示は、実物大の模型を含め一つの場面を再現する展示方法であるタブロー（Tableaux）（写真1）に類似したものである。展示が同じコーナーで完結するのではなく、展示室内あるいは別の展示

1 タブロー型の「デルメトロドロンの世界」　　**2** オープン型のジオラマ展示「石炭紀の世界」

室とも相互に関連付けられた展示が「複合交差型展示」(松岡, 2008)である。この展示は、利用者が来館するたびに、深い知識レベルへと誘い、新しい発見を可能にするという「見せる側」の意図があり、リピータ増を期待するものである。

　利用者の前面が模型、背景が絵画の3次元の展示技法であるジオラマ(diorama)は、一方側からの視点で製作されているが、部分パノラマ展示は多方面からの見ることが可能となっている。楽しみながら容易に理解できるジオラマは、多量の情報量を伝達できるために、さらに複数の展示技法を結合させ展示室全体がジオラマとなっているオープン型のもの(写真2)まである。

　専門博物館では、利用目的や利用対象者を絞り込むことができるが、対象者が幅広い博物館では、子供から大人まで理解できる展示も課題の一つである。子供用と大人用の解説ゾーンを分けた「二段展示」への試みもある。例えば、子供用のゾーンには、4コマ漫画を使ったコーナー解説、ハンズオン、触れる標本、背景画などが子供目線で配置されている(写真3)。さらに子供目線の展示は、子供ばかりではなく、障がい者へも配慮したものとなっている。4コマ漫画は、利用者へコーナー内容を簡潔に表示したものである。大人用展示には、文字の解説パネル、資料、レプリカ、映像(ビデオ・コンピュータ)が並んでいる。ハンズ・オンを含め触れる展示の設置や音声ガイド・映像資料などの視聴覚機器も組み合わさっている。こうした「二段展示」は、見せる側の主旨が利用者の理解を広げるものであり、展示のユニバーサルデザイン化である。

　高齢者社会に突入している現在、多くの高齢者が意欲的に生涯学習に取り組んでいる。加齢による老化、また障害は年齢の差別がなく起こる。そのため、高齢者や障害者にも配慮する展示も必要とされる。展示室内では、バリアーフリー、ユニバーサルデザインを取り入れた展示物の車椅子からの見え方、使い方の検証などが不可欠である。

　展示の補助解説に、ボランティアによる口頭解説やリサーチテーブルでの対面型の解説、レシーバー式・ポータブル式などの音声ガイド、補助教材や資料を使いながらの展示物を補う解説が用意されていることも多い。アメリカ・テキサス州のヒューストン自然科学博物館には、ボランティアなどの解説者が使う教材を利用者の目に触れないように常設展示室の中に、保管場所をもうけている。豊橋市自然史博物館にも類似した保管場所(写真4)を製作し、コーナー解説を補足する「もの」や解説資料を収納し、必要に応じて利用されている。

展示から広がる活動

　博物館活動には、展示に密接に関連した館外での教育プログラムや、館内の展示見学以外の活動として、利用者が自発的に興味・関心を持ち、背後にあるものについての理解を助長するために、常設展示室の展示解説やバックヤードの展示解説、ギャラリートークの開催などがある。また、図録、解説書、資料集、ガイドブック、ワークシートなどの博物館展示に関する出版物が随時発行されている。青少年、成人、高齢者などの発達段階に応じた企画、基礎・専門的な内容の講座・教室などのプログラムも用意されている。館外活動としては野外での観察会、採集会があり、アウトリーチ活動としては学校への標本の貸し出しや講師を派遣する出前授業がある。これらは、博物館の展示見学や資料の利用の促進に繋がるものである。

　博物館は地域の文化と自然の保護、資料の蓄積・保存を担っており、文化・科学分野を管轄する社会教育施設としての地位を確立している。博物館が設置されている地域のボランティア活動や総合的な学習・体験学習などの学校教育との連携も図りながら、生涯学習の拠点として重要な役割を果たすのが地域に開かれた博物館である。更に、地域に支えられた活動、寄贈を含めた資料の集積が進むことにより展示物の改善、展示物の更新、展示室の改装などが、博物館事業の新たな展開への礎となる。（松岡敬二／まつおか・けいじ）

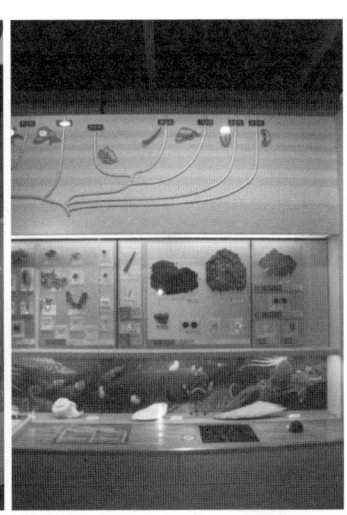

3「ジュラ紀の植物」コーナーの二段展示

4 複数の展示手法を使った「軟体動物のコーナー」下位部分が資料収納用引出

写真は全て豊橋市自然史博物館

6-4
展示とユニバーサルデザイン

博物館とユニバーサルデザイン

　博物館があらゆる人に開かれたものであるべきなのは言うまでもない。その「あらゆる人に開かれる」ことを考えるための理論の一つとして、ユニバーサルデザインがある。博物館展示にユニバーサルデザインを取り入れる、即ちユニバーサル化を目指して活動する博物館を「ユニバーサル・ミュージアム」と言うことがあるが、それは、このユニバーサルデザインの理論に基づく。

　博物館の展示にユニバーサルデザインを取り入れるに当たってまず考えるべきは、今なお視覚にうったえることに重点を置いている博物館展示に、視覚以外のさまざまな感覚(または知覚)を活用することである。ハンズオン展示とか、五感にうったえる展示という言い方がなされることがあるように、「みる」(見る・観るetc.)だけでなく、「触る」、「体験する」といった方法が応用されることによって、ユニバーサル化は進む。そもそも人間の感覚は以下の通り8種12分類され、さまざまな感覚にうったえる方法が考えられる。

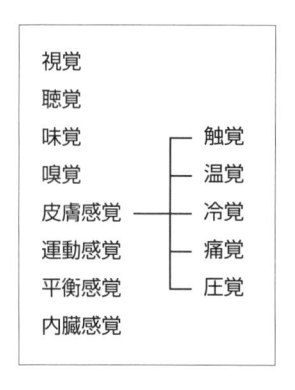

```
視覚
聴覚
味覚        ─ 触覚
嗅覚        ─ 温覚
皮膚感覚 ─┤ 冷覚
運動感覚    ─ 痛覚
平衡感覚    ─ 圧覚
内臓感覚
```

　以上のうち、視覚以外の感覚にどううったえるかを考えてみると、例えば触覚にうったえる展示とは「触察展示」と呼称される展示法であり、これは「資料にさわるべからず」という考え方を脱し、「さわれる展示」として、現在ではその事例も急速に増えつつある。剥製はもちろん、生きた動物にさわることのできる動物園、また、タッチプールなどの命名のもと、生きた水生動物にさわる事例や、土器・民具などに実際さわることができる展示がある。

　もちろん資料の保存という、相反する面への考慮が必要であり、触察展示はその

視点を見逃すことなくなされるべきものである。博物館の展示では、さわれるモノを望む声は多いのだが、すべての資料をさわれるようにすることなど不可能であるのは言うまでもない。そのために複製・模造に代表される二次資料を活用することによって、ユニバーサル化の可能性は広がる。また、熱帯の暑さや極地の寒さなど、温覚・冷覚で得られる情報をその感覚にうったえる情報として用意するほか、平衡感覚を応用したバーチャル・リアリティと呼ばれる設備も、視覚では獲得しづらい情報を提供する手段として考慮されるべきものであり、そのような各種の手段を講じることがユニバーサル化された展示の一つとして認められることになる。

様々なユニバーサルデザインの視点
①視線と展示の高さ

　視線を考えて展示物の高さを決定することも重要な視点であり、まず車いすの視線を考慮することが上げられる。車いす使用時の到達範囲は、図1に示されるとおり、成人男性で視線高度は119cmとされる。では、ユニバーサルデザインの視点で考え、子どもの場合で確かめるとどうか。小学4年生の平均身長が男子で133.6cm、女子で133.5cmであり(平成17年度文部科学省・学校保健統計調査より)、視線高度の平均が120cm前後と考えると、車いすの視線に近くなる。さらに低学年も考慮すると、110cmという高度が一つの指針になると思われ、さらに覗きケースのような見下ろすことを念頭においた展示の場合、80cm以下に資料が置かれることが望ましいと言うことができる。もちろん、すべて同様に低くする必要があるのではなく、みせるべきターゲットによっても変わるだろうし、下から見上げることでその資料の意義が見出せることのあるもの(例えば仏像など)の場合は、それにふさわしい高度があるはずだから、

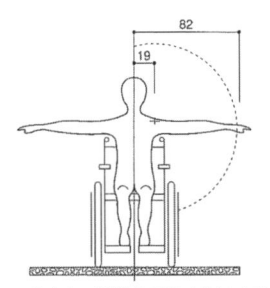

[1] 車いす使用者は肩を支点とした動きになり、手の届く範囲が狭く、成人男子の場合では63cm程度である。
[2] すわった状態にあるため、目の高さは成人男子の場合では床から119cm程度である。

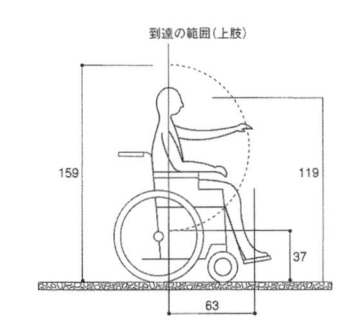

1 車いすの到達範囲 『都市公園におけるゆったりトイレの指針』1996、大蔵省印刷局発行より

資料の性格に合わせて決定されるべきである。ユニバーサルは、使い易さだけを求めるのでなく、資料の持つ意味をどう伝えるかが伴われなければならない。

そのほかにも手話通訳の導入やスロープの設置による段差の解消など、バリアフリーの観点を導入することで、ユニバーサルデザインは進展する。

②色覚

色覚に関するユニバーサル化、即ちカラーユニバーサルデザインは、意外と忘れられがちな視点であるから要注意である。

これまで所謂色盲と言われる色覚特性のある人にも様々なタイプがあるが、赤感受性の視物質の遺伝子に変異を生じた「第1色盲」と緑感受性の視物質の遺伝子に変異を生じた「第2色盲」が大半を占める。青感受性の視物質の遺伝子に変異を生じた「第3色盲」や全色盲も存在するといい、これらを全て把握し、ユニバーサル化することはなかなか困難であるが、最低限赤と緑の使用法に注意し（隣り合っての使用を避けるなど）、さらに色だけではなく表現する形や明度差にも注意することで、カラーユニバーサルデザインが達成される可能性は高い。強調する意味で使用されることの多い「赤」は、実はカラーユニバーサルデザインの意味からは強調の意味を持たないのである。また、資料分類をすべて色で表現しようとすると、色覚バリアを伴ってしまうことがあるが、色だけでなく形を変えることによって解消し得ることが図2によって理解される。修正前（左）は3種類の色の●に白抜き文字で示すが、これでは赤（上）とグレー（下）の区別が色覚特性の人には困難であった。しかし、修正後（右）のごとく変更すると、色の判別にはやや難があっても形や白抜き文字、墨文字などの応用で、判別困難は避けられるのである。

③外国語対応

外国語対応もユニバーサル化には欠かせない視点である。国際社会に向けて博物館が情報発信するには、多言語対応が望ましいのは言うまでもない。もちろん、あらゆる言語に対応することは困難であることから、対応言語はどうしても限定されてしまう。パネルの解説等の文字情報や、音声ガイドの音声情報など、それぞれで対応できる言語がその博物館が設立された環境によって採用されるべきである。

④高齢者

高齢者にとっての博物館展示の活用法として、近年回想法という観点が加わっている。当該活動においては北名古屋市歴史民俗資料館がつとに有名であり、昭和

の各種資料が「なつかしさの力」として高齢者の想い出を引き出し、認知症予防になるほか、認知症高齢者が生き生きした姿を取り戻すことがある。そういった高齢者のための憩いの場としての活用も、今後のユニバーサルデザインの一つの形として認められることになるであろう。

バリアフリーとユニバーサルデザイン

　さて、そもそもユニバーサルデザインというのは、いわゆる「障がい」のある人（ハンディキャップのある人、または「障がい者」など）のさまざまな保障のために当初生み出されたバリアフリーの理論を進展させた考え方と捉えられがちである。段差があるのでスロープを作るのがバリアフリー、最初から段差はもちろんスロープもないフラットな状態を作るのがユニバーサルデザインである。そう言うと、いかにもユニバーサルデザインが優れているように思われるかもしれない。しかし、バリアフリーを積み重ねることによってユニバーサルデザインに近づくのであり、完璧なユニバーサルデザインはあり得ないということも念頭に置かなければならない。車いすの視線を考慮して低い位置に展示資料を置く必要を前述したが、その場合所謂健常者でも特に背の高い観覧者にとっては低く屈まなければならず、腰痛を発生させる原因になると言われかねないものである。したがって、車いす使用者にとってのバリアフリーが、一方でバリアになることもあり、完全なユニバーサルデザインというのは実はあり得ないことになる。

　つまりユニバーサルデザインというのは、達成されるべき、または達成されなければならないものではなく、「あらゆる人に開かれる」という、目指すべき到達点のために極めて有効と考えて応用すべき理論なのである。（山本哲也／やまもと・てつや）

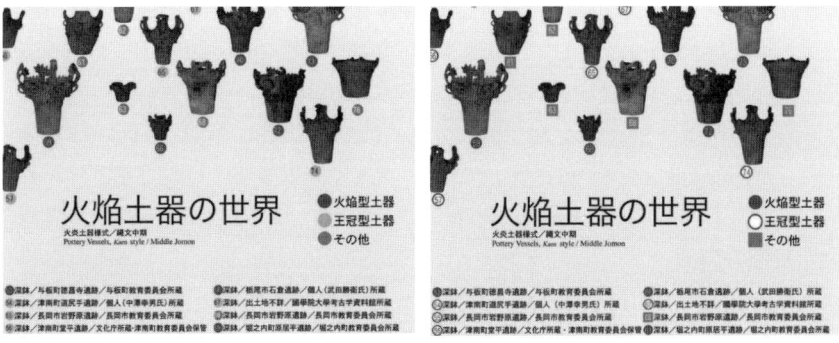

2 カラーユニバーサルデザイン—分類を色と形で判別させる　（左）修正前（右）修正後
新潟県立歴史博物館の事例

6-5
展示評価

博物館における展示評価

　欧米では1960年代から評価(evaluation)の考え方や方法、実践事例が報告されているが、日本では比較的新しい分野である。日本でも博物館の教育的役割が注目される中、多くの現場で展示評価に対する関心が高まり、2000年以降、評価に関するワークショップやシンポジウムが開催され欧米の手法や事例が紹介されているが、展示評価の実践事例はまだ少ない。

　展示評価とは、展示から発せられたメッセージを来館者がどのように受け止めているのか、展示体験によって何を得ているのか、"展示の効果"を問うことである。さらにいえば、展示は博物館を担うものであり、展示評価はその効果を測るだけでなく、博物館の機能そのものをも確認する手段でもある。

　展示の制作や運営に携わる側は、自身の経験から感覚的に展示の状況を判断していることが多く、実際に展示が上手く機能していないことに気づきにくい。展示評価では利用者の反応を調査し、その結果から展示の質の向上に資する情報を抽出する。こうした客観的な視点で展示を見直すことで、利用者の博物館体験をより良いものにすることを目的とする。

展示評価を行う前に

　展示評価を行うにあたって大事なことは、その博物館が展示を通じて何を伝えたいのかを明確にしておくこと、つまり、明快な文章で表現しておくことである。それは、利用者の学習面だけでなく、行動面や情緒面についてでも良い。この作業はどのような評価方法を用いる場合にも肝要であり、曖昧になっていると評価も、その評価の元となる調査すら実施できない。欧米では、展示の目標(goal)とねらい(objective)、そして、利用者に持ち帰ってもらいたいメッセージ(take-home message)を明確にしておくことが重要とされる。展示評価では、文章化したこれらの目標やねらい、メッセージが、達成度を測る目盛となる。

展示評価の類型

　展示評価は完成した展示についてだけではなく、展示開発の初期段階から実施することができる。展示評価は展示開発のプロセスに沿って整理されており、その種類は大きく5つに分けられている。企画段階に利用者の一般的理解や問題意識を

確認する「事前評価(front-end evaluation)」、展示の制作途中に試作品等を用いてどこを直せば良いかを調べる「形成的評価(formative evaluation)」、そして、完成後に現場での展示の効果を確認する「総括的評価(summative evaluation)」、専門家による指摘を受ける「批評的評価(critical appraisal)」、修正を目的とした「修正的評価(remedial evaluation)」である。

展示評価の観点

展示評価の観点としては、特に個々の展示についての評価を実施する際に有効なものとして、Borunが提唱する下記の「5つの力」がある。

1) 惹きつける力(attracting power)…誰が来るか
2) 保持する力(holding power)…どの位の時間とどまるか
3) 手順の力(procedural power)…それが使えるか
4) 教育的な力(instructional power)…何を学ぶか
5) 感情の力(affective power)…それを気に入るか

これらの観点は、主に形成的評価において用いられるが、展示が制作途中であるか否かに関わらず、完成した後にも適用することができる。

来館者は展示からどんなメッセージを受け取るのか?

調査の方法

　展示評価を実施するための具体的な方法には「観察法」「面接法」「質問紙法」があげられる。

　「観察法」は、利用者の観覧動線、滞留時間、展示の使い方、発話、同行者との関わり方等を観察して調査する方法である。この方法では、利用者の自然な状況下での観覧行動を捉えることができるが、実際に行ってみると利用者の行動は複雑であり、複数の項目を把握することが難しい場合も多い。事前に展示が設置されている環境や利用者の状況を確認し、調査をする側の体制を整えて準備にあたる必要があるだろう。具体的な方法としては、事前に観察したいまたは起こりそうな行動につ

展示評価の様子（国立科学博物館・新館「身近な科学」フロア）
1 観察法の例：展示の配置図、ストップウォッチを持って利用者の行動を観察
2 面接法の例：話しやすい雰囲気づくりが大切。展示設置場所から離れて行う場合は、展示の写真を用意しておくと良い
3 観察法の例：改善案を導入した展示の利用状況を観察。行動に変化が生じるか？
4 面接法の例：改善案を導入した展示を利用した後、感じたことを聞き取る。改善案導入前と比較して効果を検証

いての項目を作り、その行動が生起した頻度等を記録する行動目録法、利用中の行動の全てを時間的な流れに沿って記述する行動描写法がある。また、あらかじめ設定した評定尺度によって観察すべき行動を確認する評定尺度法も用いられる。

「面接法」は、展示の利用者と対面して話しをしながら調査する方法で、利用者の生の声により実感したことを聞き出すことができ、内面の変化をより深く捉えることができる利点がある。展示に対する率直な思いを吸い上げるためには、話しやすい雰囲気づくりが求められる。複数の利用者を集めてディスカッションの場を設けることも有効だろう。したがって、この調査には利用者の積極的な協力が不可欠となる。

「質問紙法」は、あらかじめ紙面に用意した質問項目に回答してもらう方法で、短時間に多くのデータを取ることができるため、利用者の変化を幅広くとらえることができる利点がある。留意点としては、知りたい情報が得られるよう仮説を立てて設問を用意しておくことがあげられる。

まずは簡単な調査から

ここで紹介した展示評価の種類や方法は、調査の視点や進め方を考える上で参考になるものであるが、これらだけで展示のすべてが測れるわけではない。展示評価の観点や方法は画一的なものではなく、展示の置かれた環境の条件、対象者の属性、何を評価するのか等によって異なってくる。また、利用直後だけでなく、長い時間が経過した後に調査を行うことも、利用者のその後の日常体験の中での展示体験の影響を探る上で重要となる。展示評価では、まず何のために実施するのか目的を明確にすること、そして、対象とする展示や展示が利用される現場の状況に相応しい実施方法を設定することが重要である。

展示評価を実施することは、展示と利用者との関係を考えるだけでなく、博物館と利用者との関係を見つめ直す良いきっかけにもなる。来館者とのコミュニケーションや展示の可能性を見出すための第一歩として、無理なく実施できる簡単な調査から始めてみよう。(吉冨友恭／よしとみ・ともやす)

6-6
展示の政治性と社会性

社会的・政治的意味を問いかける博物館

　ポーランド国立・在オシフィエンチム・アウシュヴィッツ−ビルケナウ博物館。ポーランドの古都クラクフに近い小都市・オシフィエンチムにある世界最大級の「野外博物館」である。博物館学の世界では、博物館の一つとして紹介されることは少ない。しかしここは、目を背けたくなるようなホロコーストの歴史、「負の歴史」を直視することの社会的・政治的意味を見学者一人一人に問い、考えてもらう場所として世界の人々から認識され、人類共有の価値を持つと考えられている歴史の現場であり、博物館の一つなのである。

　1940年にポーランド人政治犯を収容するために設置されたアウシュヴィッツ収容所、1941年にアウシュヴィッツ第2収容所として建設命令が出されたビルケナウ収容所は、ナチスドイツによりにより多数設置された強制収容所の一つで、占領下のポーランド国内にいくつか存在した「絶滅収容所」、つまり特定の人々に対する計画的かつ効率的な労働力搾取と完全抹殺とを唯一の目的とする施設でもあった。アウシュヴィッツ・ビルケナウという呼称はドイツ語によるもので、ポーランド語ではオシフィエンチム・ブジェジンカ収容所と呼ばれる。

　絶滅収容所は、家族や親族ごとまとめて抹殺するため計画的に利用された殺人工場ともいうべき施設で、ここに強制連行され、到着後すぐにガス室で殺害され、残虐な生体実験や苛烈な強制労働で虐殺されたユダヤ人、シンティ・ロマ、ポーランド人、ソ連兵捕虜などは、わかっているだけでも100万人をはるかに超える。老人・女性・子供・乳幼児・障害者など、可能な限り、余すところなく殺害した。この博物館はナチスドイツが犯した人類史上稀にみる類例の無い戦争犯罪・ホロコーストの痕跡、歴史の現場、そして犠牲者に対する追悼空間、「墓石のない墓地」でもあるのだ。

　その現場が、第2次世界大戦後に解放されたポーランドにより保存され、1947年から国立博物館として整備・公開されている。膨大な数の市民が、残虐に殺戮されたその現場を保存し、公開するという行為。おそらくは、許し難い歴史の現場を消し去りたい、思い出したくないという苦悩や衝動もあったはずだ。しかし解放後、経済的にも疲弊しきっていたポーランド政府が取ったのは、あえて暴力の痕跡を歴史の証拠として残し、後世にその史実を継承し、史実の意味を考え、暴力の再発を防ぐために、その場所を国立博物館として公開するという政治選択であった。

そのままの形で見学者に公開

　アウシュヴィッツ−ビルケナウ博物館で、強制収容所の歴史に関する展示が本格的に始まったのは1955年である。当時使用されていたものを修復しながら保存し、できるだけそのままの形で見学者に公開するという展示に対する一貫した基本理念は21世紀に入った今も変わることはない。

　第1収容所であったアウシュヴィッツ、第2収容所であったビルケナウには、収容棟や囚人ブロック・監視塔・高圧電流が流されていた鉄条網を張ったフェンスなどが残され、修復を加えながらそのままの形で展示されている。アウシュヴィッツには第一クレマトリウム（殺戮のためのガス室と死体焼却炉）が残され、ビルケナウには、証拠隠滅のためにナチが破壊したままの姿のクレマトリアムが「遺跡」として保存・展示されている。ただし例外もある。ナチSS隊員が数千人の囚人たち、とくにポーランド人を銃殺した現場であるアウシュヴィッツの第10ブロックと第11ブロックの間にある「死の壁」、囚人たちの点呼場にある絞首刑台など、博物館が「絶滅収容所」の歴史的証拠として特に重要だと判断したものについては、元あった場所に復元されているものもある。

　その他にも、写真などで一度は見たことがあるだろう「暴力の場所」が、この博物館のいたる所にある。アウシュヴィッツの象徴的遺物である「ARBEIT MACHT FREI（働けば自由になる）」と書かれた門、1944年に完成し、映画「シンドラーのリスト」（スティーブン・スピルバーグ監督）でも実際の撮影に使われたビルケナウ収容所の「死の門」、同収容所に連行されてきた人たちを乗せてきた貨車、到着した貨車から降ろされ、その場で生死を選別された降車場（ランペ）、虐殺された死者の灰や骨を砕いて捨てた池の跡、収容棟である木造のバラックなど、映画に登場し、歴史教科書や歴史書にも登場する「死の臭い」立ち込める「暴力の場所」が次つぎと現れる。

　ガス室送りを免れた囚人を収容した各ブロックは、展示室や公文書館などとして利用されている。そこには、アウシュヴィッツ絶滅収容所の史実を物語る公文書などのアーカイブ、写真、犠牲者たちのポートレートとともに解放後に発見されたさまざまな証拠資料−例えば犠牲者から刈り取られた毛髪の山、その毛髪で作られた製品、抹殺用に使用された毒ガス「チクロンＢ」の山、連行された人々から略奪した大量のカバン・靴の山、収容所で囚人たちが使った食器の山など−それらが短くまとめられたキャプション説明で淡々と展示されている。

展示が語りかけるもの

　アウシュヴィッツからビルケナウを一日かけて歩く。十数キロの距離になる「展示導線」に沿って展示されている歴史の証人が、非体験者である私たちに語りかけるもの。

179

それは「歴史を伝える」という使命、「歴史を直視せよ」という、静かではあるが強靭なメッセージである。文字による説明は思った以上に少ない。必要最低限と思われる展示キャプションが用意されているのみである。歴史の現実を、文字や映像を超える現物の力で感じさせ、考えさせる博物館展示になっている。そこで、何があったのかを想像することはできる。しかし、それだけでアウシュヴィッツの歴史全てを表象することはできない。事実、アウシュヴィッツについては、展示や映像、証言、資料などで歴史を表象することの限界性についても激しい議論が交わされている。

　アウシュヴィッツの名を一度も聞いたことがないという日本人はあまりいない。しかし、そこがポーランド国立博物館として機能していることはあまり知られていない。この博物館では、「遺跡」「遺物」の展示活動のほか、公文書機能、図書館機能なども備えている。さまざまな方法で、さまざまな年齢層に対して行われる教育活動・ガイドツアー、研究書から普及書・ガイドブックに至るさまざまな出版活動も展開されている。そして、それらを支えるハイレベルな研究機構、博物館にとって重要な機能である収蔵資料の科学的保存・修復部門も設置されている。それらの活動、特に展示説明板の設置や資料の保存などについては、ポーランドだけではなく、加害国であるドイツをはじめEU各国の財政援助でも賄われている。そこには、ホロコーストの記憶をEUで共有しよう、それを伝達していこうという政治判断がある。ものを保存する、展示するという行為は政治・社会とは切り離れない。さまざまな政治的・社会的表現の一形態とも言いうるのだ。

　ドイツでは、1980年代半ばにアウシュヴィッツの史実と解釈、表象をめぐる「歴史家論争」と呼ばれる議論が巻き起こった。論争の焦点は、ユダヤ人に対する組織的・計画的な大虐殺が歴史上の他の大虐殺と同列に論じられるのかという点にあった。他国の事例と比較可能であるとすれば、それは歴史の中で繰り返される事件の一つになってしまい、ナチスドイツの犯罪の矮小化や相殺化につながるとして激しい議論が交わされた。

　ナチスドイツの犯罪をどう想起するのか？1985年5月8日、旧西ドイツ連邦議会で行われた敗戦40周年を記念するヴァイツゼッカー大統領の演説は、論争が開始される、まさにその時に行われた。後に「荒れ野の40年」と呼ばれる歴史的演説で大統領は次のように述べている。「歴史の中で戦いと暴力とにまき込まれるという罪－これと無縁だった国が、ほとんどないことは事実であります。しかしながら、ユダヤ人を人種としてことごとく抹殺する、というのは歴史に前例を見ません。(中略)問題は過去を克服することではありません。さようなことができるわけはありません。後になって過去を変えたり、起こらなかったことにするわけにはまいりません。しかし過去に目を閉

ざす者は結局のところ現在にも盲目となります。非人間的な行為を心に刻もうとしない者は、またそうした危険に陥りやすいのです。」

このように、ヴァイツゼッカー大統領は、ドイツの罪責を相対化しユダヤ人抹殺の「一回性」を否定しようとする動向を批判した上で、「歴史を直視」することの意味を述べている。アウシュヴィッツ−ビルケナウ博物館の展示理念に通ずる極めて重要なメッセージだ。「市民社会」とはまた別に、私たちの社会には「世間」が存在する。「歴史家論争」や、ホロコーストは捏造である、ガス室など無かった等の歴史修正主義的な動き、歴史を歪曲し、捏造するような動きは、むしろ社会の中の「世間」的な感覚から沸き起こる場合も多い。それを煽るようなメディアや学界の動きなどもある。博物館の展示がそのような動きに影響を受けてしまう場合も見受けられる。自分とは関係のない世界の出来事として歴史を捉えてしまう限り、同じことが繰り返される危険はなくならない。ホロコーストのような「負の歴史」に関する博物館展示は、そのことに対する抑止力となりうる。その意味でも、博物館展示は政治性・社会性とは切り離せない。

同博物館に所属する唯一の日本人公認ガイド・中谷剛さんによれば、博物館の見学者は、ポーランドが政治体制の転換を迎えた1980年代末を境に増え続けているという。しかし年間100万人をはるかに超える世界各国からの入館者の中で、現在、日本人見学者数は年間4000人余りと多くはない。ここ数年、日本からの見学者が減り続けている一方で、隣国・韓国からは日本の5倍ほどの見学者が来るという。「歴史戦争」とも言われる状況にある東アジアでは、「負の歴史」を博物館展示を通してどのように共有しようとするのか。アウシュヴィッツ−ビルケナウ博物館の展示は、私たちにとって決して他人事ではないのである。（君塚仁彦／きみづか・よしひこ）

アウシュヴィッツ−ビルケナウ博物館野外展示（ビルケナウ収容所「死の門」、2009年8月筆者撮影）

6-7
展示と地域再生

展示とまち育て

　本項目は、通常の博物館展示論の枠を外れているといえるかもしれない。しかしながら、それが今後、いかに博物館展示にとって重要なことになっていくことかを、ここでは簡単に示しておきたい。そもそも、博物館展示の原則は「博物館内部」にどどまることが原則であろう。これまでも、巡回展示などのアウトリーチ手法などが存在したが、あくまでも博物館に来させるためのものであった。しかし、これからの博物館は内向きだけでなく、外向きの展示も考える必要がある。

　博物館の使命が変化していく中で、施設をつくる時代はとうに終焉を迎え、近年特に期待されている機能が「まち育てにおける博物館の役割」である。単なる地域情報の提供にとどまらず、「博物館は地域課題解決のためにどのように貢献できるのか」が真剣に問われ始めている。これまでは特に地域連携など意識せずに生きてこられたかも知れないが、地域連携なくして今後施設存続は難しい。それが、2008年に改訂された博物館法の中に「連携」と「評価」という言葉が加えられた大きな証とも考えられる。以下には、事例を示しながら、博物館が展示という手法を使って、どのように地域再生の一端を担えるのかを考えてみたい。

　今日では、「まちかど博物館」といえば、大抵理解されるようになったが、観光政策や産業政策等で、それこそ日本中のまちが「小さな博物館運動」を展開するようになった。関東では東京都墨田区の「小さな博物館」、関西では大阪市平野区の「町ぐるみ博物館」等が全国でも著名な例として知られているが、町の中に小展示場をたくさん設けたり、地域の史跡やみどころを繋げていく手法である。大資本を投入できるような時代でもないため、身の丈レベルの地域再生を促すには、まず地域にある固有資源を再評価し、それらを展示的効果で輝かせたり、互いに関係付けたりすることによって、総合的に再生を目指していくやり方である。登録あるいは相当博物館が中核的な役割をもっている例は少ないが、本来、博物館がこうした活動のセンター的機能を担うことが望ましい。山口県萩市では、2004年にリニューアルされた萩博物館が、地域に点在する様々な歴史遺産等をネットワークさせるコアとしての機能をもつ施設として整備され、「萩まちじゅう博物館構想」に基づき、NPO萩まちじゅう博物館という非営利組織と協働しながら町全体を一つの展示として展開している。

伊丹市「鳴く虫と郷町」を例に

　これらは、主に常設的な構造をもつまちの展示といえるが、次には仮設的なまちの展示を紹介したい。非常に特異な事例かも知れないが、兵庫県伊丹市では、毎年9月に「鳴く虫と郷町」というイベントが催される。市内の郷町と呼ばれる旧市街地の商店街界隈に、鈴虫など秋の鳴く虫が数千匹展示される。伊丹郷町館という施設がコアとなるが、市内の図書館、科学館、美術館、博物館、ホールなど、分野や組織を超えたゆるやかな連携をとり、鳴く虫に合わせた歴史的な展示、生態的な展示、文学的な展示、工芸的な展示、各種コンサート、ライトアップ、その他関連事業などが行われ、まち全体が虫に染まる。虫の手配は伊丹市昆虫館が担い、全体的なコーディネート等は伊丹市文化振興財団が担当している。昆虫館は郷町から離れてはいるが、活動の場を市街地に求められると同時に、まちとしても地域資源の多角的な活用が可能となる。

　これらの例に限らず、まち中でお雛祭りを実施する活動が増えているように、節句やイベントを地域に行う際に、博物館がその展示的役割を担うことが求められてころう。また、その際、専門家だけが展示を行うのではなく、まちの人たちとともに計画し、実行していくことが大切であり、全体をコーディネートする力が重要な能力となる。調整は大変となるが、無理なく行うことで、そこに「交流」が生まれ、「発見」と「創造」の連鎖へとつながり、地域に活力が芽生え始める。また、多くの事業体が連携して行うことで、面的な広がりと、相乗的な広報効果なども得られるのである。（木下達文／京都橘大学）

センター施設となる「伊丹郷町館」界隈

まちのいたる所に吊される虫籠

6-8
展示と回想法

　回想法とは、昔懐かしい生活用具を用いてかつて自分が体験したことに思いを巡らし、語り合うことで様々な効果を生む精神療法である。1963年アメリカの精神科医R.バトラーが、それまで否定的にとらえられがちであった高齢者の回想に、積極的な意味があると提唱したことに始まる。近年、日本でも認知症高齢者を対象として老人施設や病院などで行われるようになり、現在では介護予防の観点から、多くの場面で活用されている。回想法の第一人者である野村豊子によると、
- ●生の限りを目前にして、その人生を統合させていくことを促す
- ●過去を生かしながら今の状況に向かう勇気を育む　●死への不安を和らげる
- ●自尊感情を高める　●対人関係の進展を促す　●世代交流を促す
- ●社会的習慣や社会的技術を取り戻し、新しい役割を担う

等の効果があるという。
　博物館における回想法の取り組みの先駆けには、2002年に師勝町(現・愛知県北名古屋市)の歴史民俗資料館と福祉系施設である回想法センターの協働による回想法(思い出ふれあい)事業がある。小学校の教室を模した回想法センターでの「回想法スクール」では各回に個別のテーマが設けられ、そのテーマに合った材料・道具、映像などが用意されている(表)。また、昭和時代の日常生活用具の収集・保存・展示に力を入れている歴史民族資料館ならではの地域資料、同時代資料や、昭和の街並みを再現した展示室も活用されることがあり、思い出が次々とあふれ出るという(写真1)。また、高齢者施設やデイサービスでも資料館を活用してもらおうと「お出かけ回想法」という取り組みも始めている(写真2)。
　2004～2006年に筆者が参加した高齢者げんきプロジェクト(江戸東京博物館、東京都老人総合研究所(現・東京都健康長寿医療センター)、㈱文化総合研究所、㈱トータルメディア開発研究所の共同研究事業)では、博物館の中に平屋の一軒家を建て、昭和29年の町場の暮らしを再現し、来館者の反応調査と介護予防プログラムの開発を行った(写真3)。茶箪笥、裁縫道具、黒電話、柱時計、氷冷蔵庫、盥と洗濯板等々の多様な生活用具を自然な形で配し、季節のしつらえや、歳時期に合わせた模様替えも行った。交流員としてスタッフが常駐し、特に回想を促すものは何であるか、その回想にはどのような内容、どのような意味があるかを探った。
　展示室に入ると、まず下見板張りの一軒家(縁側のある風景)で懐かしさが喚起され、展示物によって個別の記憶が蘇り、思い出を語り出す、という予想通りのプロセス

に加えて、その語りを通じてさまざまな感情・意志へと発展していくことが、この調査からわかった。

　戦時中の苦労を話しながら、親への感謝の気持ちや頑張っていた自分を再確認する年配者、今では使われないパン焼き鍋を手に不思議そうに見ている修学旅行生を相手に使い方や当時の思い出を話し出す70代の男性、茶の間の衣桁の思い出話から利用価値を再認識してまた使おうかしらと友人同士で話す年配女性、孫の前で剣玉の技を得意げに披露する祖父…。同行者やたまたま居合わせた年少者に対して、伝えたい・伝えなければという思い、そこで生まれた交流の嬉しさ・誇らしさ、これからの生活への示唆などは、回想法の効果として挙げた事項に通じる。

　回想法とは、厳密にいうとその方法論を学んだ専門職によって行われるものである。しかし、懐かしい展示環境や展示資料、そして語る相手があれば、回想法的な活動が自然とわき起こり、「療法」までの効果はないとしても、同種の効用があることがわかった。「懐かしい！あの頃こんなことがあって…」と展示室の中で高齢者が話し出す姿は、歴史系博物館ではもちろん、自然科学系博物館や各種専門博物館でも時折見られる光景である。これまで認識されていなかった新しい博物館展示の意義が回想法によって、明らかにされたといえる。（細田由夏／ほそだ・ゆか）

表. 回想法スクールの各回テーマと内容

区分	テーマ	内容
第1回	自己紹介・会の名前を決めましょう	自己紹介・ふるさとの話会の名前を決める
第2回	遊びの思い出	お手玉・めんこなどの話
第3回	小学校の思い出	教育勅語・やんちゃな頃の話
第4回	おやつの思い出	もののない頃のおやつの話
第5回	お手伝いの思い出	子守・縄ないなどの話
第6回	皆さんでテーマを決めましょう	行商の話・友達の思い出 他
第7回	皆さんでテーマを決めましょう	子育て・魚取り・養蚕の思い出他
第8回	スクールを振り返って	思い出アルバム作り

1 回想法スクールの様子 　　**2** 高齢者施設の訪問 　　**3** 自由に出入りできる一軒家を再現した「体験コーナー」

6-9
展示と知的財産

知的財産権とは

　展示を行う際、知的財産権に関わる内容に留意する必要がある。「知的財産権」とは、「知的所有権」ともいい、有体物に対して個別に認められる財産権とは異なり、無形のもの、特に思索による成果・業績を認め、その表現や技術などの功績と権益を第三者による勝手な模倣や不当な改編などから守り、保証するために与えられる財産権のことである。具体的には、特許権や実用新案権、意匠権、著作権、育成者権などの創作意欲の促進を目的とした「知的創造物についての権利」と、商標権や商号などの使用者の信用維持を目的とした「営業標識についての権利」に大別される。「知的財産基本法(平成14年法律第122号)」では、「発明、考案、植物の新品種、意匠、著作物その他の人間の創造的活動により生み出されるもの(発見又は解明がされた自然の法則又は現象であって、産業上の利用可能性があるものを含む。)、商標、商号その他事業活動に用いられる商品又は役務を表示するもの及び営業秘密その他の事業活動に有用な技術上又は営業上の情報をいう。」(第2条)と定義されている。

　近年、我が国では「知的財産立国」の実現を目指し、政府レベルで様々な施策が進められている。従来、展示関係者や博物館関係者の間では、こうした問題に対する認識が希薄であったように思われるが、最近著作権をはじめ知的財産権にからむトラブルは増加しており、国際化の進展に伴い展示物が海外から招来することが日常的なものとなりつつある中、不用意に権利侵害を犯して問題とならないよう、これらに関する最低限の法的知識を身につけておくべきであろう。以下、その主要なものについて概説する。

著作権

　著作権法(昭和45年法律第48号)上、思想又は感情を創作的に表現したものであって、文芸、学術、美術又は音楽の範囲に属するものを「著作物」といい、著作物を創作する者を「著作者」という(第2条)。著作物は、作品、論文、脚本、楽譜など文字や記号で書かれたもの、美術工芸品、建築物、映画、写真、録音録画など記録性のあるものはもとより、音楽の演奏や演劇の上演、講演、対談なども対象となり、紙やテープ、DVDやCD、キャンバスなどの物理的媒体に固定されている必要はない。我が国の著作権法では、著作権は著作物が創作された時点から発生し、著作者の生存期間及び死後50年までを保護期間の原則とする。無名または周知ではない変名の著作物

及び団体名義の著作物の著作権は公表後50年まで保護され、映画の著作物の著作権は公表後70年まで保護される。

　財産権としての著作権は、譲渡することが可能であり、以下のような支分権（無断で○○されない権利）ごとに譲渡することも可能と理解されている。したがって、創作を行った者と現時点の著作権者とは一致しないこともあるし、支分権ごとに権利者が異なることもありうる。なお、所有権の取得によって、著作権に係る諸権利まで取得できるわけではない。このことは美術の著作物についての判例「顔真卿自書建中告身帖事件」で明らかになっている。また、美術の著作物についての原作品の所有者による著作物の展示や展示に伴う小冊子への著作物の掲載には著作権の効力が及ばない。所有権者による当該行為にまで著作権の効力が及ぶものとすると、美術品の所有権を得た者の利益が著しく損なわれるため、著作権と所有権の調整を図ったものである。なお、展示構成は、一般にはまだ著作物と認められていない。

複製権	著作物を複製する権利
上演権及び演奏権	著作物を公に上演したり演奏したりする権利
上映権	著作物を公に上映する権利
公衆送信権等	著作物を公衆送信したり、自動公衆送信の場合は送信可能化したりする権利または、公衆送信されるその著作物を受信装置を用いて公に伝達する権利
口述権	言語の著作物を公に口述する権利
展示権	美術の著作物や未発行の写真の著作物を原作品により公に展示する権利
頒布権	映画の著作物をその複製によって頒布する権利
譲渡権	著作物を原作品か複製物の譲渡により、公衆に伝達する権利（ただし、映画の著作物は除く）
貸与権	著作物をその複製物の貸与により公衆に提供する権利
翻訳翻案権	著作物を翻訳し、編曲し、若しくは変形し、又は脚色し、映画化し、その他翻案する権利
二次的著作物利用権	無断で二次的著作物を利用されない権利

　展示に際しては、「著作者人格権」にも留意しなければならない。著作者人格権とは、著作者がその著作物に対して有する人格的利益の保護を目的とする権利の総称である。著作物には、著作者の思想や感情が色濃く反映されているため、第三者による著作物の利用態様によっては著作者の人格的利益を侵害するおそれがある。そこで、著作者に対し、著作者の人格的利益を侵害する態様による著作物の利用を禁止する権利を認めている。著作権法では以下の3つの権利を規定している。

・公表権　　著作物を公表するかしないか、公表するとすればどのように公表するか

・氏名表示権　著作物に氏名を表示するかしないか、表示する場合に本名を表示するかペンネームを表示するかを決めることができる権利。
・同一性保持権　著作物の改変、変更、切除などを認めない権利。

特許権

　自然の法則を応用して新たな技術的な創造を成し、産業的な利用価値があるもののうち特に高度なものを「特許」、やや軽微なものを「実用新案」という。特許権、実用新案権、意匠権、商標権を総称して「産業財産権（工業所有権）」といい、これらの各権利を取得するためには、特許庁へ申請（出願）し、審査を経てその独創性が認められれば、登録され権利を取得できる。特許権の保護対象は発明そのもので、特許法（昭和34年法律第121号）では、「発明」とは、自然法則を利用した技術的思想の創作のうち高度のものをいう」（第2条）と定義されている。特許発明として登録されるためには、以下の要件を満たすことが必要である。（公序良俗に反する発明等は特許を受けることができない。）
　・特許法上の発明であること
　・産業上利用可能性があること
　・新規性を有すること
　・進歩性を有すること
　・先願に係る発明と同一でないこと

　特許権は、特許発明を独占排他的に実施できる権利である。すなわち、自らの発明の実施を独占でき、許諾等をしていない第三者の実施を排除できる。そのため、このような第三者の実施に対しては、その特許の侵害行為を中止させる権利（差止請求権）及びそのような侵害行為により発生した損害の賠償を求める権利（損害賠償請求権）を行使することができる。

　特許権の保護期間は、原則として出願日から20年だが、薬事審査等により、特許発明を実施できる期間が短縮された場合は、最大5年を限度として存続期間が延長されることがある。なお、特許出願は手続きが煩雑なため、申請は弁理士に代行依頼することが多い。

実用新案権

　実用新案権とは、物品の形状、構造、組み合わせに係る考案を独占排他的に実施する権利であり、「考案」は、実用新案法（昭和34年法律第123号）で「自然法則を利

用した技術的思想の創作」(第2条)と定義されている。特許法の「発明」の定義との相違点は「高度」という文言がない点にあり、産業政策上、実用新案法は、特許法を補完し、小発明を積極的に保護奨励するという趣旨から設けられていると解釈され、製造方法やプログラムなどを対象としている特許とは異なる。保護期間は登録から10年で、更新できる。なお、実用新案は早期権利化の観点から、形式的な審査のみを行う無審査主義を採用している。

意匠権

　意匠権とは、独創性が高く、かつ美的にも優れたもので、考案者が第三者による模倣的行為を排除したいと考える図案(デザイン)について、独占排他的に実施する権利であり、意匠法(昭和34年法律第125号)では、「物品の形状、模様若しくは色彩又はこれらの結合であつて、視覚を通じて美感を起こさせるものをいう」(第2条)と定義されている。保護期間は登録から20年で、更新できる。保護対象は、電化製品や自動車等量産が可能な工業製品に関するデザインで、歴史的建造物や彫刻などの美術デザインは、著作権法で保護される。展示全体について意匠権の設定はできないが、例えば展示台、ロゴタイプ等個々のものに対して審査の請求を行うことはできる。

商標権

　商品やサービスに対する商標(マーク)について、独占排他的に実施する権利であり、商標法(昭和34年法律第127号)では、「文字、図形、記号若しくは立体的形状若しくはこれらの結合又はこれらと色彩との結合」(第2条)と定義されている。保護期間は登録から10年で、更新できる。登録された商標を「登録商標」という。特許法、実用新案法及び意匠法が権利の保護と創作の促進を図り産業の発達に寄与することを法の目的としているのに対し、商標法は「業務上の信用の維持を図り、もつて産業の発達に寄与し、あわせて需要者の利益を保護する」(第1条)ことを法の目的としている点で大きく異なる。(栗原祐司／くりはら・ゆうじ)

知的財産権

知的創造物についての権利
- 特許権(特許法)
- 実用新案権(実用新案法)
- 意匠権(意匠法)
- 著作権(著作権法)
- 回線配置利用権(半導体集積回路の回路配置に関する法律)
- 育成者権(種苗法)
- 営業機密(不正競争防止法)

営業標識についての権利
- 商標権(商標法)
- 商号(会社法、商法)
- 商品表示、商品形態(不正競争防止法)

展示にチャレンジ4
村の名人を展示する〜東京学芸大学〜

村の魅力の発掘と展示企画、評価を組み込んだ展示制作

　東京学芸大学大学院環境教育コースの授業、環境教育方法論で行われた巡回展示ユニット「こすげ名人に迫る!−その技と暮らし−」の立案と制作の概要について紹介する。山梨県北都留郡小菅村の施設に設置するための展示の企画案の作成と提案（半年間）、その提案を受け継いで行われた具体的な展示制作（半年間）の事例である。

実習の流れ
❶展示の企画
　最初、履修者は小菅村の魅力をどのように展示に取り上げるべきかに悩んだが、現地調査がきっかけとなってテーマが決定。展示制作の専門家の助言を受けながら、名人の技と暮らしに焦点をあてた展示を提案するに至った。展示計画に求められる視点や留意点についての学習、小菅村の魅力発掘のための調査、テーマの検討、展示プランナーやデザイナーからの助言を受けるためのプレゼンテーションを行った。

❷展示の制作
　「自然と自然に生きる人の関わりを感じてもらうこと（小菅名人から技を習得、伝統智の継承の第一歩）」を展示のテーマとして、多くの人の評価を受けながら、グラフィック・デザイン専攻の学生の協力により、展示のイメージを具体的な形にまで発展させた。小菅村での魚の養殖名人、魚の塩焼き名人、魚捕り名人へのインタビュー、名人紹介の視点の整理と文章化、図版等の選定、デザインの検討、試作パネルを用いた展示の評価と改善が主な活動であった。

実習の成果
　完成した展示は、小菅村の名人の技、視点、愛用品等に焦点を当て、それらを名人の言葉や写真、実物の一部を使って、わかりやすく表現されている。展示ユニットは、軽量かつ丈夫なダンボールを素材としたパネルを基本とし、それらを組み合わせて一人の名人の展示が構成され、様々な空間に合わせてパターンを変えて設置できる新しいプロダクトとなった。

展示制作のプロセスを授業の中で展開していったことで、履修者は展示の提案、情報収集のための取材、デザインの検討等の一連の作業を経験し、人を惹きつけてわかりやすく伝えることの難しさを実感した。また、効果的な展示を制作する上での調査や評価・検証の大切さを知ることもできた。アイデアを生み出すプロセス、そして、それを形にするプロセスに時間をかけ、その成果を最終的に現地に還元できたことは、履修者にとって有意義な体験となった。

　この実習は、東京学芸大学で2005年度より3年半実施された文部科学省現代的教育ニーズ取り組み支援プログラム「持続可能な社会づくりのための環境学習活動〜多摩川バイオリージョンにおけるエコミュージアムの展開〜」の一環として行われたものである。（吉冨友恭／よしとみ・ともやす）

❶展示の企画（展示の提案と発表）

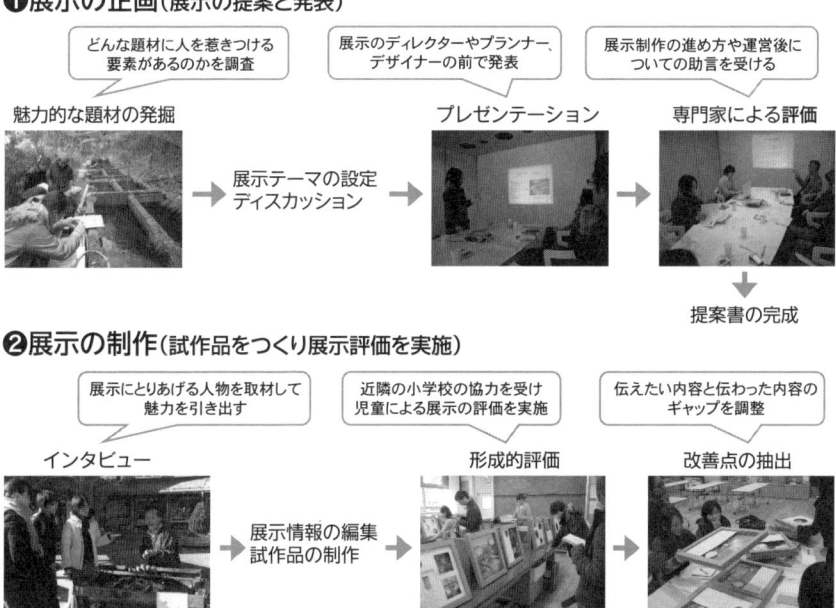

- どんな題材に人を惹きつける要素があるのかを調査 → 魅力的な題材の発掘
- 展示テーマの設定／ディスカッション
- 展示のディレクターやプランナー、デザイナーの前で発表 → プレゼンテーション
- 展示制作の進め方や運営後についての助言を受ける → 専門家による評価
- 提案書の完成

❷展示の制作（試作品をつくり展示評価を実施）

- 展示にとりあげる人物を取材して魅力を引き出す → インタビュー
- 展示情報の編集／試作品の制作
- 近隣の小学校の協力を受け児童による展示の評価を実施 → 形成的評価
- 伝えたい内容と伝わった内容のギャップを調整 → 改善点の抽出
- 展示の完成

完成した展示（成果物）

写真：木村

7章
展示の現場から

　わが国には博物館と名のつく施設だけでなく、他にも多くの展示の現場がある。

　また、そこで展開されている展示も多彩であり、その視点や形態も多岐にわたる。

　この章では、実際に現場で展示の制作や運営に携わる人々の声に耳を傾けながら、展示の現状や意義について再考してみたい。(吉冨友恭)

7-1
エコミュージアム

エコミュージアムの定義

　エコミュージアムは、「環境と人間との関わりを探る博物館」として、1971年ICOM(国際博物館会議)の大会で公表された地域博物館である。日本では、1974年に鶴田総一郎氏が「環境博物館、生態学博物館」と紹介、1987年には新井重三(日本エコミュージアム研究会初代会長)氏により「生活・環境博物館」と意訳され普及していった。

　エコミュージアム誕生の背景には、1960〜70年代のフランスにおける地方文化の再確認、及び中央集権の分散化がある。地方文化の研究対象として伝統建築を保存する活動が展開され、当時ICOM理事であったJ.H.リヴェール氏がパリ大学の博物館技術学講座における民家の保存実習を、ウェッサン島の「技術と伝統の家」、マルケーズの「ランド地方の野外博物館」ではじめている。また、リヴェール氏は野外博物館創設の試みを地方自然公園の開設に導入し、一か所に博物館を建設するのではなく、地域に分布した現地保存型のエコミュージアムを誕生させた。都会の人々が地方の自然や文化にふれる場であるとともに、住民が主体的に運営に携わる雇用創出の場でもあった。

　エコミュージアム(Ecomuseum)の言葉は、エコロジーとミュージアム造語で、エコロジーはエコノミー(Economy：経済学)と同様に、ギリシャ語のオイコス(Oikos：家、家族、家庭、生活の場)が語源である。このように生活の記憶をもつ器としての「家」の保存だけでなく、人間とその環境との関係性について探究し展示していくことを意味している。

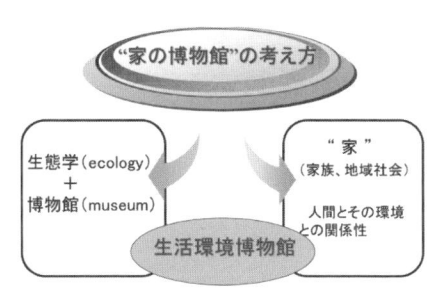

　エコミュージアムの理念は、「ある一定の地域の人々が、自らの地域社会を探究し、未来を創造していくための総合的な博物館」そして、人々の生活と、その自然、文化及び社会環境の発達過程を史的に探究し、その遺産を現地において保存、育成、展示することを通して、当該地域社会の発展に寄与することを目的とする博物館である。その構造は「時間と空間の博物館」という概念が示しており、地域の

"家の博物館"の考え方

生態学(ecology) + 博物館(museum)

"家"(家族、地域社会)
人間とその環境との関係性

生活環境博物館

時間を展示するコア施設と空間に展示されているサテライトで構成される。

各地に広がるエコミュージアム

　北欧ではスカンセン野外博物館をはじめ、古くから自らが居住する地域の文化を保存し展示・公開していく野外博物館活動が実践されてきた。ノルウェーのトウテン・エコミュージアムは1923年に野外博物館として開設、1984年のエコミュージアムセミナーをきっかけにエコミュージアムを使用するようになった。それまでの農村文化に加えて地域の先住民族の文化や産業遺産の保存・活用なども対象となり、地域を学ぶための分野が拡大された。ドキュメンテーションセンターは地域の記憶、遺産や資源を記録して、それを住民が活用するためのコア施設である。サテライトには農家の野外博物館や牛乳工場を保存した産業文化センター、地域歴史理解センター、ギャラリー、学校博物館等がある。理念は、「未来のために記憶の収集と建物の保護をしていくこと、エコミュージアムは市民と町の文化保護組織間のネットワーク組織である」としている。

　フランスのブレス・ブルギニョン・エコミュージアムは地域に共通する粘土質の土壌に着目して、予備調査を経て1984年に第1期サテライトが開設、翌年、コア施設としてピエール・ド・ブレス城に常設展示室が開設された。粘土質から育まれた小麦やワイン、森と木、レンガ工場など、地域の代表的な産業や昔からの生活を象徴するテーマを持った小さな博物館がサテライトである。例えば、農業博物館における馬の展示では、生物学的視点からの馬の紹介、農耕馬としての馬、競馬での馬、食料としての馬を取り上げて展示している。森と木の博物館では旧小学校を活用して、植物としての樹木、鳥や小動物にとっての樹木、木材としての利用、木工技術の発達、地域の森林環境等を展示している。

　エコミュージアムの展示は統合博物館としての観点から、地域の人々が自らの暮らす環境を見直していくことが活動のはじまりであり、重要なキーワードである「記憶の収集、記憶を前へ」という言葉が示すように、地域という空間のなかで、時代の変遷と人々の暮らし、自然環境との関わりを探求し、地域の姿を示している。

　日本の事例としては、山形県「朝日町エコミュージアム」での生涯学習のまちづくりや徳島県「あさんライブミュージアム」の吉野川下流域における広域青空博物館事業、兵庫県豊岡市「コウノトリ翔る地域まるごと博物館」ではコウノトリの野生復帰をシンボルにした活動などが推進されている。

（大山由美子／おおやま・ゆみこ）

7-2
野外博物館

野外博物館とは

　野外博物館(open-air museum)とは文字どおり野外に展示物のある博物館のことで、民家園、町並み保存地区、エコミュージアム(エコミュゼー)、歴史公園、考古学遺跡、産業遺産、動物園、植物園など多様な施設が含まれる。これらは、現地にあるものをそのまま保存する現地保存型と他地域から収集して復元する収集展示型とに分けることができる。ここでは伝統的建築物を収集展示した野外博物館を中心に述べることにする。

　世界で初めて野外博物館がつくられたのは北欧である。北欧では19世紀後半に工業化が進み、伝統的な建物がつぎつぎと消えていった。こうした状況を危惧したA・ハセーリウスは、スウェーデン各地の伝統的建築物と生活用具を調査収集し、それらを保存する目的で1891年にスカンセンをオープンさせた。家屋内は生活の様子がわかるように復元展示され、民族衣装を着たスタッフが展示の説明をする。広い園内にはパン焼き、ガラス工芸などの実演販売のほか、動物園や水族館も併設され、家族で楽しめる施設となっている。

　その後、野外博物館はヨーロッパ、さらにはアメリカやアジアへと広まっていった(表参照)。そのときのモデルとなったのがスカンセンである。そのためとくにヨーロッパの野外博物館にはいくつかの共通する特徴が見られる。

表　おもな野外博物館

野外博物館	設立年	国名・地域名	おもな特徴
スカンセン	1891年	スウェーデン	世界初の野外博物館。140万人入園。160棟
フリーランド・ムセー	1901年	デンマーク	建物は地域別に配置。景観が美しい
ウィリアムズバーグ	1925年	アメリカ合衆国	独立戦争の拠点となった町全体の保存
ウェールズ民俗博物館	1948年	イギリス	国の補助金で運営。入園無料。40棟
日本民家集落博物館	1956年	大阪府豊中市	日本初の野外博物館。11棟を展示
オーストリア野外博物館	1962年	オーストリア	チロル地方の美しい家など国内の建物80棟
日本民家園	1967年	神奈川県川崎市	東日本の家屋23棟。ボランティアが活躍
タマン・ミニ・インドネシア	1975年	インドネシア	全国27州の家。「多様性の中の統一」を体現
韓国民俗村	1975年	韓国	古民家は少ないが建物は250棟。催し多い
野外民族博物館リトルワールド	1983年	愛知県犬山市	世界の家屋33棟を忠実に復元。催し多い
中華民族園	1994年	中国	漢族と少数民族40の家屋を展示。観光化

ヨーロッパの野外博物館

　共通する特徴の第1は消えゆく伝統的建築物の復元調査と移築保存である。保存が野外博物館の重要な目的であり、建物は文化遺産として厳重に管理される。第2は国が運営に関わる点である。国立博物館となっているか、国からの出資金(スカンセンの場合は約3分の1)で施設を運営する。したがって利益追求を主たる目的とはしないし、入園無料のところもある。第3は人びととの関わりである。ガイド、イベント、建物の維持管理、寄付などへの市民参加が進んでいる。第4は生きた博物館(living museum)との考え方。豊かな自然環境の中で、人びとは伝統文化を体験し楽しむことができる。第5は文化遺産である建物内外に人工物を置かないこと。名板、人工照明、音声案内などはほとんど見かけない。

日本の野外博物館

　日本の公立野外博物館もスカンセンを見習い、貴重な建物を収集保存してきた。その役割は大きいが、いくつかの点で違いも見られる。組織運営が行政中心になされる点である。館長など執行部が行政出身者で構成されることが多い。また、これに関連し市民参加が不十分なことがあげられる。広大な敷地と多様な文化財の維持・管理・活用には市民の参加とサポートが欠かせない。開かれた施設に向けて改善の余地は多い。

　最後に野外博物館を見るときの留意点をあげる。建物の様子をじっくり見ること。現場のスタッフと話をすること。ガイドブックやホームページを読むこと。そうすれば野外博物館を10倍楽しむことができる。(高橋貴／たかはし・たかし)

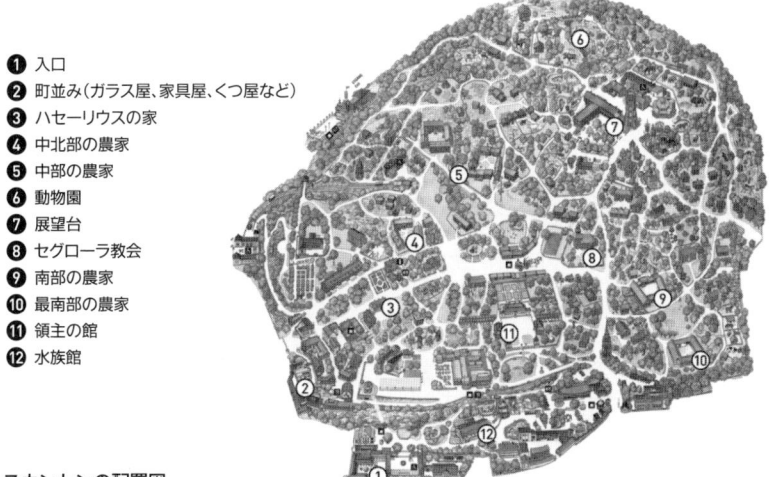

❶ 入口
❷ 町並み(ガラス屋、家具屋、くつ屋など)
❸ ハセーリウスの家
❹ 中北部の農家
❺ 中部の農家
❻ 動物園
❼ 展望台
❽ セグローラ教会
❾ 南部の農家
❿ 最南部の農家
⓫ 領主の館
⓬ 水族館

スカンセンの配置図

7-3
動物園

近代動物園の成立

　動物を展示する動物園は、見世物と博物学、あるいは娯楽と学術の双方の好奇心に働きかけるものとして発達してきた。欧州では中世から近世にかけて、王侯の城郭や地方領主らの庭園に動物展示施設が設けられたが、近代動物学の誕生を経て、博物館としての施設が設けられるようになる。1827年には科学の場としてのzoological gardenとしてロンドン動物園(London Zoo)が開設され、公開性や動物学との関わりから博物館としての近代動物園のモデルとなる。

　わが国では、すでに化政期に動物園に類する施設として、大坂の孔雀茶屋や江戸の花鳥茶屋などの民営の園地がみられたが、欧米の博覧会への参加を通じて動植物園が紹介され、福沢諭吉が「西洋事情」においてzoological gardenの訳語として動物園という言葉を用いた。明治になり国内の博覧会の開催を契機として、博物館としての近代動物園をめざす動物園が開設されるようになる。わが国の動物園は、その後、娯楽施設との強い関係の中で博物館としての動物園をめざすことになる。

動物園の展示

　動物園の展示には、テーマとなる園全体の配列と個別の展示がある。動物園全体の配列は、その展開にそって系統分類学的、動物地理学的、生息地別の各配列として進展してきた。こうした園全体の配列のもとに、動物を囲い展示する個別の展示がある。そこでは、動物を囲う障壁によって展示の質が左右される。鉄柵や檻では、動物は至近距離でその形態や特徴が眺められるが、動物が見えにくいために、堀やガラス、あるいは強度のある細いワイアメッシュ等が用いられるようになる。見えやすさは動物の本来の姿を見せることにつながり、野生の生息地に近い環境で動物の生活を展示しようとする動きがあらわれる。

　動物の生息環境の要素の再現を図り、その環境の下で本来の行動や習性を発揮させて生活を展示する展示方法を生態的展示とよぶ。1907年にドイツのハンブルグに開設されたハーゲンベックのパノラマ展示から、わが国でも設けられたアシカ池や通り抜け鳥類舎等も広義にはこの概念に含まれる。

生息環境展示の展開

　アメリカでは1980年代頃から、動物の生息地での生活を展示する、体系的な生態的展示である生息環境展示が展開される。生息環境展示は、それまでの展示にみられた観客と展示の隔絶感をとりのぞき、動物の生息環境との一体感をかもしだす景観を造りだしたものであり、そのための空間構成の方法やその背景となる概念が構築された、高度な手法を用いた生態的展示である。

　わが国では、天王寺動物園「アジアの熱帯林」「サバンナ」、よこはま動物園ズーラシア「チンパンジーの森」等に生息環境展示の事例がみられる。また、旭山動物園では行動展示が注目を集めている。これは、人工的な構築物を積極的に用いて動物の行動をひきだし、動物の生活を展示するもので、行動に特化した生態的展示と位置づけることも可能である。野生動物の生息環境やそこでの生活を展示の対象とするため、展示の方法には広がりと独創性が期待される。

（若生謙二／わこう・けんじ）

アジアの熱帯林（天王寺動物園）

サバンナ（天王寺動物園）

チンパンジーの森（旭山動物園）

チンパンジーの森（よこはま動物園ズーラシア）

7-4
水族館

「展示」と「飼育」の両面性

　水族とは水の中の動物という意味であり、水族館では魚類だけでなく、哺乳類、鳥類、両生爬虫類、無脊椎動物、また海藻や水辺の植物等、多様な生物が展示され、水族「館」は屋内の展示が中心である。

　水族館では展示物が「生きている」。成長し、繁殖し、病気になることもあれば死ぬこともある生物を、できる限り健康な状態で飼育し続け、同時に展示し続けなければならない。水族館の展示においては、生物にとってよりよい状態を追求する「飼育」と、来館者にとってよりよい状態を追求する「展示」とのバランスを取ることが重要となる。生物が生き生きとしていなければ展示効果はあがらないし、飼育に成功していてもちゃんと展示できていなければ意味がない。常に「飼育」と「展示」の両面に配慮した生物の管理体制が求められる。

　また水族館の生物は、寿命が1年程度と短い生物も多く、日常的に死んでいくため、展示を維持するには常に生物を補充する必要があり、生物の繁殖も一つの目標となる。しかし、海水魚や無脊椎動物等の多くは繁殖技術が確立されておらず、野生環境からの採集によって補われている。展示生物をできるだけ繁殖により供給し、生態系保全にも配慮する努力が必要である。

水槽と展示の工夫

　水族館の展示の基本単位は水槽であり、展示生物の種類や数、また展示の目的に応じて、水槽やその飼育環境が設定される。生物がその生息環境の中にいる様子を表現する「生態展示」や、生物本来の自然な行動を引き出そうとする「行動展示」といった考え方で展示が設計されることも多い。生物をより自然に近い状態で見せることで、伝えたいメッセージを感動を伴って伝えられるため、複数の種類を一つの水槽で展示することが多いが、その場合の飼育管理はさらに複雑になる。

　展示水槽の大きさは水量1リットル以下から数万トンまで様々であるが、ガラスの代わりにアクリル樹脂が使えるようになり水槽の大型化、多様化が進んだ。大型水槽は大型魚や回遊魚の展示や海の中の雰囲気の醸成には適しているが、生物の細部を観察するのには不向きなため、1つの大型水槽を様々な視点、角度から観察できるように工夫されていることが多い。

　展示水槽の形態は、壁面に埋め込まれた水槽を順番に見てまわる「汽車窓式」を

基本に、回遊魚等に適したドーナツ型水槽、来館者が水に囲まれた感覚になるトンネル型水槽、水面を目線の高さまで下げ、水中生物と同時に水辺の陸上生物を展示するテラリウム水槽、魚類や無脊椎動物に手で触れるタッチングプール、海生哺乳類のショープール等、水族館ならではの様々なタイプの水槽が組み合わされている。

　水族館では基本的な動線が決まっており、ストーリーに沿って順に生物を展示していくというスタイルが多い。生物の分類群、生息地域、生息環境等といったテーマをもとに水槽を配列し、生物学的理解を促したり、海中の旅を演出したりするように水族館全体が構成される。例えば海遊館(大阪府)は、太平洋を取り巻く各地域を再現した14の水槽をまわりながら、陸上から海中、海底へと進んでいくという構成である。また、常設水槽のほかに企画展用の展示設備を持ち、偶然に入手した珍しい生物の展示や季節の話題作りとして数ヵ月間程度の企画展を開催することも多い。

生物ならではの展示とその解説

　展示だけでは伝わらない事柄を伝えるために、水槽の脇に設置された「魚名板」と呼ばれる解説パネルやモニターを使った映像、模型や標本等が従来から利用されているが、最近では人が解説すること(インタープリテーション)によって展示を補う方法が重視されている。生物が特に活発に行動する給餌時の解説や、ダイバーが水中ビデオカメラを持ち、ライブ映像をモニターで見せながら水中マイクで行う解説、またバックヤードの見学ツアー等、来館者の興味を引く効果的なプログラムが工夫されている(写真)。また、イルカショーは多くの水族館において最大の呼び物だが、見世物的要素が強く、動物への負担の大きいショーには批判の声もある。しかし、身体能力の高さや体の各部をじっくり観察させることを目的とした展示解説の一種であり、ストーリーや展開の工夫により教育的プログラムにもなりうる。

　最近では、アクアマリンふくしま(福島県)の「蛇の目ビーチ」等、生物とのふれあいを目的にした施設が増えている。ふれあい体験を活用することで教育的効果も大きくなるが、生物の負担もかなり大きいものであり、水族館が直面している重要な課題のひとつである。

　水族館の展示生物は、海から借りている生物の代表者たちであり、普段は意識されない彼らの地球上での存在を来館者に認識してもらい、保護や本来の生息地の環境保全に目をむけさせることが、水族館の使命である。(田中広樹／たなか・ひろき)

大水槽での解説プログラム

7-5
植物園

日本の植物園の特徴と共通課題

　植物園とは生きた植物を生きた標本として集めて栽培し保存するほか、植物分類はもちろん育種・園芸・造園など多方面の調査・研究を行う学術的研究施設でもある。同時に、植物を展示・公開することで啓発・普及を図る教育の場で、その活動を通して人間生活に貢献をすることを目的としている。

　各園の特徴は設営目的で違う。社団法人日本植物園協会では、植物学の研究と教育が目的の①大学附属園、一般市民を対象に概ね社会教育とリクレーションが目的の②国・公立園、③私立園、薬学研究が目的の④薬草園の4部門に分けられている。

　共通課題として、近年重要視されているのは、地球規模における環境の激変や破壊により野生植物が絶滅の危機に瀕していることで、「ふるさとの植物を守ろう」をテーマに、各園で保全活動が展開されている。

植物園の展示の特徴

　ところで、植物園の展示現場を考えた場合、標本である植物が屋外の管理に適していれば、展示場所は薬草園や樹木園、花壇のような屋外のコーナーとなる。生態系や適した栽培環境を考え、さらに観賞価値を高める工夫を凝らして植栽され、植物に関しての情報が記載された説明板が設置される。標本である植物が、健全に生育するような環境と管理技術が必須である。

　また、屋内施設である温室は、日本の気候とは違う海外から導入された植物や、環境調節が必要な植物を栽培するために光、温度、湿度などの調整が可能な施設で、展示温室と展示する植物を栽培する養生温室の両方が必要である。植物園の場合、貴重な植物を収集しても、栽培できる技術がなければ生きた植物を継続して展示公開することは出来ない。

　一方、展示物は生きた植物だけとは限らない。植物をテーマにした絵画や写真、草木染織などの工芸品と、多岐にわたる。作品は陳列すればよいだけではなく、その背景にある植物と人との関わりや、歴史などにもおよぶ場合もあり、細やかな解説が必要である。

　このように植物園の場合は、植物展示を企画する学芸員的研究者と、生きた標本である植物を栽培管理する技術者の両面を兼ね備えた人材が必要になる。

展示研修のための入園者へのサービス

　入園者から展示に求められるのは、植物の新しい情報と魅力的な展示だが、保存している植物で毎年違った魅力を演出する展示を行うのは予算的にも、人材的にも困難である。そこで園独自の企画のほか、外部団体の協力を得た展示会を企画し、展示施設の積極的な活用を行うことが多い。たとえば「ふるさとの植物を守ろう」をテーマに、水戸にも自生していたが絶滅が危惧される野生ラン「サギソウ」をとりあげ地元団体とタイアップし、開花する8月に自生地では観賞会の開催を、当園では展示会を行って、野生植物の保護を幅広くアピールしている。

　また、水戸徳川家第14代当主が栽培していたランを継続して栽培しているが、開花する2月には水戸の偕楽園とあわせて観賞できる企画にし、地元施設とタイアップし観光的にも利用価値を高める工夫を行っている。

　最後に、植物園の課題についてふれたい。指定管理者制度の導入など運営面での大きな問題はあるものの、公開園の場合は植物園に1人でも多くの方が訪れてくれることが共通の永遠の課題である。誘客のための情報発信として、開花や展示会情報など旬な情報を発信するため印刷物の配布はもとより、マスコミを通した最新情報の発信、そして各園のホームページから植物園の今を知らせ、どんな植物を保存し活用しているかを利用者にわかりやすくアピールする魅力的なホームページ作りと更新が重要である。

　入園した方には、園内の植物だけではなく、展示物の解説板にもQRコードを設け、たとえ現在花が咲いていなくても携帯サイトで開花の画像が見られたり、植物の利用などより詳しい情報が入手できるような、展示と連動した情報サービスの確立が望まれる。（西川綾子／にしかわ・あやこ）

1 水戸徳川家の蘭の展示会場
2 水戸徳川家の蘭
3 初夏の園内
4 夏のサギソウ展

7-6
美術館

美術館の展示
　美術館は、美の世界への案内者であり、美術作品の鑑賞支援を主な役割とする。美術館学芸員の役割は、美術館を訪れる人が、美術の過去、現在を理解し、美術の素晴らしさを味わうことができるよう工夫することにある。展示は、このような鑑賞支援実現のために重要な手段となる。また、美術館は、作家の新作発表の場となることもあり、制作支援の機能も持つ。

常設展示
　美術館の展示は、常設展示(収蔵作品の紹介)と企画展示(展覧会)に分かれる。常設展示は、複雑な美術の歴史を分類整理する美術史学の研究成果を踏まえ、収蔵作品を年代順あるいは分野別に系統的に展示することが基本である。来館者は、そうした体系的展示の鑑賞や、ギャラリー・トークなど教育普及プログラムへの参加によって、美術作品個々の価値を学ぶとともに美術史全体の変化進展を知り、美術の過去、現在を理解する。
　また、保存上の理由や美術史の見直し、あるいは展示の新鮮さの回復のために、展示作品を入れ替える。さらに、企画展示のように期間を定めた収蔵品展形式(展覧会)とし、明確なテーマを設けて展示するなどの工夫もされている。例えば世田谷美術館では、平成21年度第1期収蔵品展〈人々のものがたり〉を開催し、2009年7月から9月まで「利根山光人とマヤ・アステカの拓本」という展示を行った。こうした試みは、美術館の課題である常設展示の活性化にもつながる。

企画展示
　企画展示(展覧会)は、美術創造の現場となることがある。現代美術では、絵画が額縁を抜け出たり、彫刻が台座を離れたり、作品そのものが現実世界へと進出し、積極的に鑑賞者に話しかけるようになっている。彫刻が天井から吊り下げられ、壁やガラス窓に直接絵が描かれ空間で来場者はまるで演劇空間の中に入ったかのような体験をする。このように展示室の空間全体に及ぶ制作過程自体を作品とするのがインスタレーション・アート(仮設展示)と呼ばれる一期一会の芸術であり、1980年代から盛んになってきた。ここでは展示空間全体が一つの作品である。学芸員は作家と協力してその制作過程に参加し、創造の苦労と喜びを分かち合う。

1987年、東京都美術館は、アメリカ現代美術の作家ジョナサン・ボロフスキーの展覧会を開催した。彼は、平面、立体、映像など多種多様な作品を制作し、それを美術館の内外に展示する。米ソの軍拡競争を暗示するピンポン台(作品)で入場者が遊ぶ。屋上には黒いカラス数羽(プラスチック製の作品)が並ぶ(図1)。その中の一羽が不意に飛び立つ。本物の上野のカラスがそこに混じって止まっていたのだ。人間の自由と不自由を問いかけるボロフスキーのインスタレーションは、『オズの魔法使い』の物語のような巨大な一冊の絵本である。

　現代英国の彫刻家アンソニー・カロの展覧会(1995年、東京都現代美術館。会場構成：安藤忠雄)は、彫刻家と建築家が、お互いのエネルギーをぶつけあい、造形の格闘技ともいうべき緊張感に満ちた彫刻展であった。あくまでもカロの彫刻が主役なのだが、通常の彫刻展とは異なり、安藤忠雄の会場構成(展示デザイン)が加わることによって展示空間全体が、一つの作品となった。床や壁に対して斜めに立つ仮設壁、館の内と外を石庭のようにつなぐ砕石の流れなどが安藤忠雄の会場構成である(図2)。砕石の広がりは、不安定な形の彫刻を視覚的に床に固定させ、石庭のような静けさを生み出す。

　「湖上の美術館展」(2006年、主催：筑波大学芸術地域貢献推進事業室、会場：つくば市中央公園水上レストハウス)は、ギャラリーの内と外、作品と展示環境の交錯(借景)を意識した展示であり、芸術と自然とを組み合わせて一つの風景とした展覧会である(図3)。

　現代の展示学は、博物館学を基に舞台デザイン、建築デザイン、環境デザイン、情報デザインなどの領域と協力しながら冒険と進化を続け、来館者を美の世界に案内する芸術支援を追求している。(斉藤泰嘉／さいとう・やすよし)

1 ジョナサン・ボロフスキー《カラス》1987年
2 アンソニー・カロ《ナイト・ムーヴメンツ》1987 - 90年(会場構成：安藤忠雄)
3 上野弘道《現代ひと事情－幸福について考える－》1993年(右)、靉嘔《125　GRADATION RAINBOW》1985年(左)

展示の現場から

205

7-7
企業ミュージアム
花王ミュージアム

ターゲット（ステークホルダー意識）
　企業ミュージアムには、公共ミュージアムとは微妙に異なる視点からのターゲット設定が必要である。第一に企業ミュージアムを訪れる来観者は、概ね"消費者"でもある。つまり、程度の差こそあれ、企業ミュージアムと来観者は展示された製品を介して直接・間接的に結ばれている。第二に企業ミュージアムを訪れる来観者は、かなりの割合で"社員"であり"取引先"でもある。つまり、来観者自身がミュージアムの示す現在・過去・未来の当事者として直接・間接的にミュージアムのストーリーに参加している。要するに、企業ミュージアムにおいて来観者は、"ステークホルダー"（利害関係者）でもあるのだ。したがって企業ミュージアムには、こうしたステークホルダーのまなざしを受け止められるだけの度量や公明正大さ、説明責任を果たすこと等が求められる。

ストラクチャー（内と外の視点）
　上述のターゲット意識は、展示のアウトプット、すなわち解説の語り口や資料の選択などに直接的な影響を与える一方で、展示のストラクチャー（構造）にも大きく影響する。企業ミュージアムは、本来"企業の歴史"をつまびらかに公開するのみでも成立するが、それだけでは一方的かつ内的な独白にすぎないともいえる。ステークホルダーをターゲットとするならば、そこには"外からの視点"、すなわちその企業活動をとりまく社会背景・生活文化から企業の歴史をひもとく視点が必要となる。なぜなら、往年のヒット商品や思い出深いCMは、来観者各人の歴史の一部でもあり、当時の世相や社会背景とともに記憶されているからである。外からの視点によってはじめて企業活動は、社会の一部として、来館者各人の個人史のパースペクティブで眺めることができるのである。

花王ミュージアムの目的とターゲット
　花王ミュージアムは、前身の"花王「清潔と生活」の小博物館"を発展的に再構築し、花王のコーポレートコミュニケーション拠点とすべく、2007年1月にリニューアル開館した。設立にあたり掲げた目的は以下の3つである。
①"清浄文化"の伝統・歴史をまとめ、公開する。
②花王グループ社員の求心力センターとする。
③花王の"いま"の姿を的確に伝えるコミュニケーションセンターの役割も果たす。

①は、前述の"内と外の視点"から企業活動を示した好例といえる。花王ミュージアムは、創業以来の花王の歴史（製品史・企業史）をたどるとともに、はるか古代へさかのぼり、それぞれの時代における人びとの暮らしや営みを、入浴、洗濯、掃除、化粧などの清浄文化の面から紹介する、企業史+文化史ミュージアムという性格をもつ。花王の歴史と清浄文化の歴史、クロスオーバーする2つのテーマをともにたずねる展示構成は、企業とそれをとりまく社会との関係を鮮やかに浮かび上がらせている。

　②は、花王ミュージアムが"社員"にとっての共通認識醸成の場にもなっているということを示している。花王は創業から120年を経て、多角的な事業分野と5000名を超える従業員数を有する巨大企業となった。企業規模が拡大するにつれ、これまでは自明としてきた企業理念や行動原則を明文化・可視化する必要性が増してきた。花王ミュージアムは、歴史や理念の可視化装置として、その一翼を担っているのである。

　③は、企業ミュージアムにおける"現在"の重要性を示している。一般的に公共のミュージアムにおいて"現在"を展示することは稀である。それは主に現在が"評価の定まらない"時代であることに起因している。一方で企業ミュージアムは"現在"こそが物語の主戦場ということができる。勿論、展示資料（＝新発売の製品）の評価は定まっていない。ものによってはすぐに展示をとりやめる場合もあるだろう。そのことも踏まえてミュージアムで展示することは、それが製品PRにつながるという実利的側面ばかりではない。製品に対する企業としての責任も併せて展示されるのだ、という覚悟がその根底にはある。

　総じて、CSR(Corporate Social Responsibility)すなわち、企業の社会的責任を問われる現在の企業にとって企業ミュージアムは、単に歴史の記憶装置としてだけではなく、"いま"につながる企業活動の公的な可視化の場として、あるいは一方的な利潤追求やPR活動の枠を超えた、持続可能な社会の一員であることの表明の場として、その重要性を増しつつある。（安藤淳一／あんどう・じゅんいち）

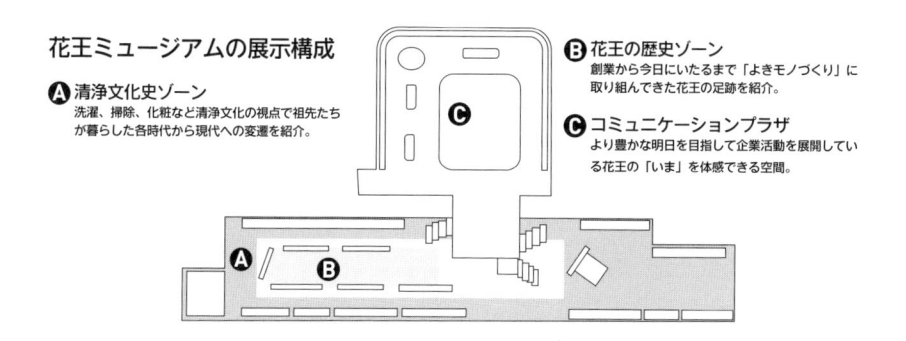

花王ミュージアムの展示構成

Ⓐ 清浄文化史ゾーン
洗濯、掃除、化粧など清浄文化の視点で祖先たちが暮らした各時代から現代への変遷を紹介。

Ⓑ 花王の歴史ゾーン
創業から今日にいたるまで「よきモノづくり」に取り組んできた花王の足跡を紹介。

Ⓒ コミュニケーションプラザ
より豊かな明日を目指して企業活動を展開している花王の「いま」を体感できる空間。

207

研究機関のミュージアム

実験施設の展示

　研究機関は、研究の内容や成果を社会に対してわかりやすく説明する必要がある。そのため、多くの人々を対象に情報を秩序立てて伝達する手段として、展示学的手法を用いた取り組みが重要視されている。

　河川をはじめとする自然環境の研究分野は、生態学や土木工学等にまたがる学際領域であり、現在、その理論や方法の体系化が進められている。こうした研究成果の、科学的な視点や教育的な配慮を含めた情報発信手法の検討が課題となっている。本文では、自然環境の調査・研究機関が専門的な情報を伝えるために実施しているフィールドを活用した展示事例を紹介する。

　独立行政法人土木研究所自然共生研究センター(以下センター)は、河川や湖沼などの自然環境の保全・復元の方法について調査している研究機関である。ここには蛇行部やワンド、氾濫原など、実際の自然環境、スケールに近い人工河川(以下実験河川)があり、河川が有する様々な現象や、そこに生息する多様な生物を間近に観察することができる。さらに、この実験河川では水の流量をコントロールでき、洪水など河川の現象を人為的におこすこともできる。こうした実験河川をフィールドミュージアム、河川環境の情報発信の場と捉え、ガイドツアーや環境教育を実施している。

捉えにくい河川の仕組みを解説

　自然環境の仕組みや現象を正しく理解するには、実際の自然をフィールドで直接観察することが基本となる。しかし、河川では通常の観察では捉えにくい現象が数多く存在するため、河川の特性に即した展示学的な手法が必要となってくる。そこで、実験河川沿いにハンズオン・パネルを設置し、これまでに明らかになった研究成果を分かりやすく提供している(図1)。さらに、捉えにくい河川の現象を理解する方法として、映像を活用したフィールドの観察手法の検討を行なっている。映像は、通常の観察では見ることのできない現象を利用者のタイミングに合わせて再生したり、水面下の様子や小さな生き物の生息状況を分かりやすく見せることができる。

　この様な背景を受け、センターではフィールド観察と映像を複合的に活用する「実験河川ガイドウォーク」の実践が行なわれている。これは、河川において捉えにくい現象を映像にして携帯端末に取り込み、フィールドを観察しながら携帯端末の映像を合わせる見ることで、フィールド観察の理解向上を目指した試みである。見学者は実験

河川でフィールド観察を行ないながら、陸上から見えにくい水面下の様子や生物の生息状況、タイミングを合わせないと見ることができない洪水時の様子を映像で補完することが可能であり、河川への興味や理解をより深めることができる。

　携帯端末を利用した映像の視聴には、ビデオの再生が可能な携帯音楽プレイヤーに映像を取り込む方法や、携帯電話からWeb上にある映像を読み込む方法等がある。センターでは映像を取り込んだiPod(Apple社)を見学者に貸し出したり、Podcastで映像を配信して個人が所有するiPodに映像を取り込んでもらいフィールドで活用している(図2、5)。また、カメラ付き携帯電話でフィールドに設置したQRコードを読み取り、映像を視聴する試みも実施している(図3、4)。

　フィールドで映像を視聴することの留意点として、ハード面では携帯端末の操作性やフィールドにおけるモニタの視認性があげられる。また、携帯電話の場合、機種によってWebへの接続時間が異なることもあげられる。一方、ソフト面では、屋外で映像を視聴することから、映像の再生時間に制限が伴うこと、モニタが小さいため文字サイズの大きさを十分に検討する等の必要がある。（真田誠至／さなだ・せいじ）

1 実験河川沿いに設置されたハンズオン・パネル
2 5 フィールドでの携帯端末の活用
3 4 川の石などに付けられたQRコード

大学博物館
東京大学総合研究博物館

大学博物館の機能

　大学博物館とは大学が設置している博物館をいう。一言で「大学博物館」とくくられるものの、館種や扱われる資料やテーマは様々である。1995年に文部省の学術審議会によりまとめられた『ユニバーシティ・ミュージアムの設置について』の中間報告によると、その定義は「大学において収集・生成された有形の学術標本を整理し、保存し、公開・展示し、その情報を提供するとともに、これらの学術標本を対象に組織的に独自の研究・教育を行い、学術研究と高等教育に資することを目的とした施設である。加えて、『社会に開かれた大学』の窓口として展示や講演会等を通じ、人々の多様な学習ニーズにこたえることができる施設でもある」とされている。さらに、「単なる学術標本保存施設又は収集した学術標本の展示を主たる目的とする施設ではなく、下記の機能を持つ必要がある」とある。その機能とは「収集・整理・保存」「情報提供」「公開・展示」「研究」「教育」である。一般の博物館にも共通するこれら機能だが、両者間の相違点としては、大学という学術研究機関が設置する施設であることから、学術や研究に比重が置かれていることが挙げられる。また、人的資源の点でも、一般の博物館は外部の人材の活用に限界があるのに対し、大学博物館は大学内の研究者を大きな人的資源として有するため、博物館に所属する教員の枠を超え学内外の連携が行いやすい。さらには、新たな学術領域の創出や展示、教育普及における研究活動などを実験的に行い、博物館のあらたな資源開発の可能性をひきだすことなども挙げられる。

東京大学総合研究博物館

　東京大学総合研究博物館は、1996年に誕生した国内初の教育研究型の大学博物館である。東京大学内には600万点超の各種学術標本が蓄積され、うち博物館に収蔵される学術標本は400万点に達する。これら「学術標本」を機軸に、高度でオリジナリティに富む博物館活動を推進することを目標に、博物館活動の裾野の拡大と先駆性を追及している。館内には各専門分野の研究者である教員が研究活動を推進し、その研究成果を展示という形態によって社会に公開すると共に学内外の教育に供することに軸足をおいている。当館の展示は「実験展示」と称し、表現方法、デザインなどについてもその効果検証を研究活動の一環として推進している。一方で次世代型博物館等を体現化し、その方向性を模索する実践的な「ミュージアム研究」も併

せて展開している。以下、これら2つの柱となる実験研究を事例を交えて概説する。

1. 実験展示─学術とデザインのコラボレーション

当館では、専門分野の研究者と展示デザインを専門とする教員が協働し、館内での展示活動を推進している。特別展示『アフリカの骨、縄文の骨─遥かラミダスを望む』では、440万年前の人類祖先・ラミダスを中心に、エチオピアと米国、日本の研究者の共同研究の成果の展示とデータベース化を終えた当館所蔵の縄文時代古人骨コレクションを合わせて「人類学の研究そのもの」と「絶えず動き、進化する研究現場」を展示表現した。このように、先進的な展示デザイン技術を駆使し、最先端の学術研究成果などを一般の人々にも理解可能なかたちに「翻訳」してみせる新しい展示手法の実践的研究などを試行している(写真1)。

2. ミュージアム研究─次世代型博物館の企画構想と実践的研究の遂行

ミュージアム事業の更なる活性化、その存在意義や価値の向上を目指し、オリジナルな視点による展示の実践研究も推進されている。2007年から始まった「モバイルミュージアム」は、資料を施設の中に設えて来館者を待つのではなく、それらを外に持ち出し、携帯電話のように場所を移動させ様々なところでミュージアム活動を展開し、その場をミュージアムに変えるという、逆転の発想により生み出された実験的プロジェクトである。第一号は、東京の中心にあるオフィスビルの一階ロビーに東京大学の学術標本を解説と共に設置するかたちで実現した(写真2)。

大学博物館は設置する大学の教育理念や研究対象により、扱われる分野や資料、そして活動も多様性に富む。しかし、学術研究機関の施設であることから、これらは総じて実験・研究型の施設と捉えることができる。そのなかで行われる展示活動は、更なる進化を目指す研究や実験の効果も期待できることから、今後の我が国の博物館事業の進化、発展に貢献できる可能性を秘めていると考える。(洪恒夫／こう・つねお)

1「アフリカの骨、縄文の骨」展示風景

2「モバイルミュージアム」赤坂インターシティロビーにおける展示風景

引用文献・参考文献一覧

1章の4	小池新二『凡美計画』アトリエ社、1943
	山名文夫「展示技術の基本的考慮」『博物館研究』第17巻第3号、1944
	Bayer, Herbert "aspect of design of exhibitions and museums", 1961,（Cohen, Authur A. "herbert bayer: The Complete Work" MIT Press、所収、1984
1章の6	吉田憲司『文化の発見―驚異の部屋からヴァーチャル・ミュージアムまで』岩波書店、1999
1章の7	梅棹忠夫『メディアとしての博物館』平凡社、1987
2章の6	高橋和子・杉光一成「博物館におけるコンテンツライセンスマネジメントの研究-主に知的財産権の活用しにくい領域について-」『展示学』vol.47、pp.48-53、日本展示学会、2009
	http://www.city.otaru.hokkaido.jp/kensetu/matidukuri/kifujkourei/kifu_jisseki.htm
4章の3	水ノ江和同・渡辺珠美『展示効果と安全性　博物館における考古資料の展示について』九州国立博物館、紀要「東風西声」第2号、2006
4章の5	パナソニック電工株式会社（旧 松下電工株式会社）社内資料
4章の10	1) 加藤有次『博物館学概論』雄山閣、p163
	2) 青木豊著『博物館映像展示論』雄山閣、p47
4章の14	T.コールトン著 染川香澄他/芦谷美奈子他訳『ハンズ・オンとこれからの博物館 インタラクティブ系博物館・科学館に学ぶ理念と経営』東海大学出版会、2000
	Kマックリーン著 井島真知/芦谷美奈子訳『博物館をみせる 人々のための展示プランニング』玉川大学出版部、2003
	Mary Maher "Capturing the Vision", Assosiation of Children's Museums, 2001
	"The Case for Children's Museums", Assosiation of Children's Museums, 2005
4章の15	青木豊『博物館展示の研究』雄山閣、2003
	木下周一『ミュージアムの学びをデザインする』ぎょうせい、2009
4章の18	木下周一『ミュージアムの学びをデザインする』ぎょうせい、2009
展示にチャレンジ2	愛知大学民具陳列室『民具陳列室ニュース』1号～7号、2002～2009
5章の1	前迫孝憲『放送大学大学院教材：情報教育論』『12情報技術の進展』』放送大学、2002
5章の5	岩上二郎『公文書館への道』共同編集室、1988
	英国Museums、Libraries and Archives Council：http://www.mla.gov.uk/
	大堀哲他『博物館教程』東京堂出版、1997
	亀井修他『博物館経営・情報論』(財)放送大学振興会、2008
	高安礼士・松本英寿「米国・英国におけるアーカイブスの現状」電気学会電気技術史研究会資料、HEE-97-13、1997
	「独立行政法人国立科学博物館年報－平成20年度事業報告－」2009
6章の1	1) ICOM: Article 3 Definition of Terms, http://icom.museum/statutes.html, 2010/01/06
	2) 日本博物館協会：対話と連携の博物館-理解への対話・行動への連携-【市民とともに創る新時代博物館】、2000
	3) American Association of Museums:Excellence and Equity-Education and Public Dimension of Museums, 1991及び Anderson,D.：A Common Wealth、Department of National Heritage, 1997
	4) 小川義和「学校と科学系博物館をつなぐ学習活動の現状と課題」『科学教育研究,27(1)』, pp.

24-32、2003

6章の3	青木豊『展示の分類と形態』p 31-73
	加藤有次・鷹野光行・西源二郎・山田英徳・米田耕司編『博物館展示法』雄山閣、2000
	新井重三「博物館資料の展示法とその形態について」『博物館研究31(10)』p1-5、1958
	松岡敬二 展示改装に導入した「複合交差型展示」.『日本展示学会誌(46)』、32-33、2008
	佐々木朝登・梅棹忠夫『展示のドラマトウルギー』p43-60
	梅棹忠夫編『博物館の世界』中公新書、1980
	棚橋源太郎『博物館学綱要』理想社、1950
6章の4	廣瀬浩二郎編『だれもが楽しめるユニバーサル・ミュージアム～"つくる"と"ひらく"の現場から～』、読書工房、2007
	日本博物館協会編『誰にもやさしい博物館づくり事業　バリアフリーのために』日本博物館協会、2005～2007
6章の5	Borun. M. and Korn R. (1999) Introduction to Museum Evaluation. American Association of Museums.
	井島真知(2000)博物館の評価環境を考える―展示開発と展示評価―. 文環研レポート. Vol. 14.
	琵琶湖博物館・琵琶湖博物館ネットワーク協議会(布谷知夫、芦谷美奈子)(2000)ワークショップ&シンポジウム博物館を評価する視点. 琵琶湖博物館研究調査報告. 滋賀県立琵琶湖博物館.Vol. 17
6章の6	"AUSCHWITH-BIRKENAU THE PAST AND THE PRESENT", Auschwith-Birkenau State Museum, 2009
	Kazimierz Smolen『国立オシフィエンチム博物館、アウシュヴィッツ・ビルケナウ案内書(日本語版)』同博物館、2009
	リヒャルト・フォン・ヴァイツゼッカー『新版　荒れ野の40年　ヴァイツゼッカー大統領ドイツ終戦40周年記念演説』岩波ブックレットNo767、2009
	中谷剛『アウシュヴィッツ博物館案内』凱風社、2005
	ヴォルフガング・ベンツ『ホロコーストを学びたい人のために』柏書房、2004
	ピエール・ヴァダル＝ナケ『記憶の暗殺者たち』人文書院、1995
	鵜飼哲・高橋哲哉『「ショアー」の衝撃』未来社、1995
	ソール・フリードランダー『アウシュヴィッツと表象の限界』未来社、1994
6章の7	千地万造・木下達文『ひろがる日本のミュージアム –みんなで育て楽しむ文化の時代-』晃洋書房、2007
6章の8	野村豊子『回想法とライフレビュー』中央法規出版株式会社、1998
7章の1	『LA MUSEOLOGIE』l'Asscociasion des amis de Georges Henri Rivière.Dunod, 1989
	『ECOMUSEUM』(株)丹青研究所、1993
	『エコミュージアム研究No.11』日本エコミュージアム研究会、2006
7章の2	杉本尚次『世界の野外博物館』学芸出版社、2000
7章の3	若生謙二「動物観をつくる動物園」ヒトと動物の関係学第1巻、岩波書店、2009
7章の9	西野嘉章『大学博物館―理念と実践と将来と』(財)東京大学出版会、1996
	伊能秀明監修、日外アソシエーツ編集『大学博物館辞典―市民に開かれた知とアートのミュージアム―』紀伊国屋書店、2007
	東京大学総合研究博物館、http://www.um.u-tokyo.ac.jp/index.html、参照2009-09-20

索引

A-Z

AR（Augmented Reality）	153
CSR（Corporate Social Responsibility）	207
Google	138
ICOM	12, 158, 194
ICT	140, 148
ICカード	147
IT	140
JICA	108
KIOSK端末	148, 150
KJ法	31
LED	91, 97
Mixed Rality	150
NPV=Net Presenr Value	43
open-air museum	196
PDA（携帯情報端末）	148
PL法	50
Q&Aの方式	123
S-Net	140
Second Life	150
V&A	76
VOD（ビデオ・オン・デマンド）	148
Web2.0	138
zoological garden	198

あ

アーカイブズ	144
アーツ・アンド・クラフツ展	76
アート・デザインプロデュース演習	154
アイソタイプ	126
愛知大学	130
アウシュヴィッツ	180
アウシュヴィッツ ビルケナウ博物館	178, 181
アウトリーチ活動	26, 166, 169
アクアマリンふくしま	201
朝日町エコミュージアム	195
旭山動物園	199
アシスタント	152
足を運ぶ	82
圧迫感	89
アミューズメント性	101
アメリカ自然史博物館	100, 160
ありのままに伝える	92
安全性	26, 48, 60, 89, 100
案内と誘導	126

い

生きた博物館	197
生きた標本	202
イグジッドドキュメンテーション	142
維持管理	41
意匠権	187
委託製作	33
伊丹市	183
伊丹市昆虫館	183
一次映像資料	110
一般市民	37
いのちのたび博物館	56
意味の起源	16
色温度	94
インスタレーション	204
インターフェイス	112
インタープリテーション	201
インタラクティブ	25
インフォーマル・エデュケーション	163

う

ヴィクトリア&アルバート美術館	76
ウォークスルータイプ	100
ウォールケース	93
ウォルムのミュージアム	22
ウチモノ	30
海の中道海洋生態科学館	163
梅棹忠夫	24
運営	27
運営者	36

え

エアータイトボックス	87
エアタイトケース	91
映像アーカイブ	113
エクスプロラトリアム	113, 151
エコミュージアム	134, 190, 194, 196
江戸東京博物館	62, 107
江戸東京学	63
エル・リシツキー	17
遠隔講義	136
演示具	88
演出照明	90
演出のスコア	107
演出評価数	94
エンバイラマ館	57

お

大型プリンター	154
オーディオガイド	152
岡山市デジタルミュージアム	148
屋外展示	32, 62
音情報	98, 99
音声ガイド	152

か

海外研修生	108
外国語対応	172
介護予防	184
解説系グラフィック	122
解説システム	11
解説文	36, 124, 145
階層化	123
回想法	101, 172, 184
開展	16
外部評価	44
開列	16
花王ミュージアム	206
科学桂冠展示室	75
科学現象体験装置	112
学芸員	32
学芸員課程	130
学習型展示	33
学習支援ツール	128
学習資源	159
学習理論	159
学術研究	50, 210
学術標本	210
拡張現実	153
がすてなーに　ガスの科学館	27
語り	184
花鳥茶屋	198
学校教育	158, 162, 164, 166, 169
学校連携	158
カラーユニバーサルデザイン	172
環境教育	190, 208
観察法	177
感情・意志	185
鑑賞型展示	33
鑑賞支援	152, 153, 204
間接的な情報	145
観覧動線	65
管理技術	202

き

危機管理マニュアル	41
企業活動	206
企業の歴史	206
企業ミュージアム	206
企業理念	207
汽車窓式	200
北九州市立自然史・歴史博物館	56
北名古屋市歴史民俗資料館	172
寄付金	71
基本計画	32
基本構想	32, 39, 63
基本設計	32, 39
気密性能	91
キャッチコピー	124
キャプション	46, 124, 167, 180
ギャラリートーク	53, 116, 159, 168
教育的機能	12
驚異の部屋	22
驚愕と感動	112
教材化	165
行政評価制度	44
共同企画展	76

共同の学び	129
協働	182
興味を引く	119
協力者	37
記録手段	109

く

孔雀茶屋	198
釧路市こども遊学館	68
口コミ	53
倉敷科学センター	118
暮らしを再現	184
グラフィック	122
グラフィックシンボル	127
車いす	170
グレア	94

け

景観模型	108
形成的評価	176
芸術支援	204
携帯型音楽プレイヤー	149
携帯型ゲーム機	149
携帯情報端末	148
携帯端末	208
携帯電話	149
減価償却	43
研究成果	30
現在価値(NPV=Net Presenr Value)	43
原寸で復元	66
原寸復元	65
現代商業美術全集	19
建築	38, 58
現地保存	194, 196

こ

コア施設	195
小池新二	18
公開承認施設	49
交渉	76
行動展示	199, 200
行動に特化した生態的展示	199
行動力	130

コウノトリ翔る地域まるごと博物館	195
国際博物館会議	12, 14
国立科学博物館	23, 100, 117, 147, 149
国立民族学博物館	9, 20, 142
小菅村	190
コストプッシュ要因	42
言葉の起源	16
コミュニケーション	13
コメニウス	134
固有資源	182
娯楽施設	198
娯楽と学術	198
コラボレーション企画	52
コレクション	8, 158
コンペ	68

さ

サイエンスミュージアムネット（S-Net)	140
再現ビデオ	155
採算性	44, 76
栽培管理	202
サイン計画	60, 126
サインシステム	126
サテライト	195
サブタイトル	124
さわれる展示	170
産業技術史資料情報センター	147

し

シアヌーク・イオン博物館	45
飼育管理	201
ジオラマ	59
紫外線	94, 95
視覚しょうがい者	98
視覚情報	153, 153
仕方のヒント	128
色覚	172
色盲	172
資金環境	43
時雨殿	149
指向性	98
自主的	159
自然環境	208

216

自然環境との関わり	195
視線高度	171
自然史標本情報検索システム	146
事前評価	175
シソーラス設計	143
実験装置	112
実験展示	210
実施設計	32, 34, 69
実習	190
実物	84, 159
実物教育	163, 164
実物資料	145
質問紙法	177
実用新案権	186
指定管理者	20
指定管理者制度	27, 43, 203
児童館	72
指導計画	162, 164
市民活動	74
市民参加	27, 69, 158
市民ステージ	70
社会教育機関	145, 162, 166, 169
社会貢献	79
社会性	178
社会への窓口	166
弱者対策設備	41
集客	118
収集展示	196
修正的評価	176
収蔵資料	30
修復	43, 179
巡回展示ユニット	190
生涯学習	11, 134, 136, 159, 161, 162, 166, 167
生涯学習社会	11
生涯教育	165, 195
情景再構成	104
常設展示	204
肖像権	141
照度均斉度	95
照度の差	91
消費者	206
商標権	187
情報KIOSK端末	148, 150
情報教育	162, 163, 164
情報公開	144
情報端末	136, 144, 147, 148, 152
情報通信に関する現状報告	139
情報と伝え方	122
情報と人のネットワーク	165
情報の伝達	109
情報発信	202
情報メディア	31, 138
照明環境	95
ショーウインドウ	20
ショールーム	20
触察展示	170
植物園	202
市立小樽文学館	45
資料実測	88
資料の保存	40
資料へのアプローチ	128
人口普及率	138
人体模型	101
信憑性	139
新聞社	76

す

推奨照度	94
水族館	200
スカンセン	195, 196, 197
ステークホルダーマネジメント	43
ストーリーライン	125
スミソニアン・アメリカ美術館	151
スミソニアン博物館	56
図面化	36

せ

税金の使い方	73
製作実習	108
製作施工	34
政治性	178
生息環境展示	199
生態的展示	199
生態展示	200
西洋事情	23, 198
生理的音場	98

世界図絵	134
セカンドライフ	150
赤外線	94
設置者	36
絶滅の危機	202
選択聴取	98
専門性	159

そ

総括的評価	176
総合演出	104
総合博物館	14, 56
相互作用	158
双方向型展示	10
双方向性	24, 118, 120, 148, 158
ソーシャルネットワーク(SNS)	137
ゾーニング	33, 38
そのままの形	178
損壊原因	40
損傷係数	95

た

体育ギャラリー	154
体育史料室	154
大英博物館	22, 210
大学博物館	210
体感性	113
体験	26
体験型博物館	68
耐震補強	39
台東区下町風俗資料館	106
対話型の展示	118
台湾国立科学工藝博物館	74
煙草税則類纂	16
多様化	11
多様性	59, 161, 211
単位認定	154
探索活動	120

ち

地域貢献	47
地域再生	182
地域資源	182
地域社会	194
地域性	71
地域博物館	53
知的財産権	186
知的連鎖	160
知の創造	159
聴覚情報	99, 152
著作権	44, 141, 145, 186
陳列	16, 18
陳列型展示	8

つ

筑波大学	154

て

ディスカバリーポケット	117
ディスプレイ(Display)	20
デイビッド=マレー	16
データベース	142
適度な大きさ	88
テグス	89
デジタル	25
デジタル・データ	134
デジタルアーカイブ	144, 148
デジタル化	25, 145
デジタルミュージアム	148
手で扱える展示	121
展観	16
点検	40
展示意図	88
展示映像	25, 110
展示会	20
展示会社	32, 36
展示解説	116, 141, 136, 141, 147, 152, 169, 201
展示構成概念図	74
展示環境	184
展示空間	82
展示ケース	90
展示効果	87, 88, 200
展示実習	130
展示室	26
展示シナリオ	93
展示資料	84

展示情報端末	147
展示ストーリー	24, 26, 33, 34, 36
展示設計	38
展示デザイン	20, 33, 82, 205, 211
展示動線	26
展示の企画	31, 32, 36, 46, 53, 190
展示の修理	121
展示のメッセージ	9, 121
展示評価	128, 190, 174
点字表記	127
展示プランナー	82, 190
展示方法	167
展示メッセージ	110
展示与件	82
展示理念	181
伝統的建築物／建造物	196
天王寺動物園	199
展覧会デザイン	17
展列	16

と

東京オリンピック	127
東京学芸大学	190
東京大学総合研究博物館	210
東京都美術館	205
導線	33, 40, 117, 167, 179
動線計画	38
動態展示	117
動物愛護管理法	51
透明感	89
登録博物館	15
ドーナツ型水槽	201
特殊建築物	47
独創性	189, 199, 200
特別法	46
閉じた質問	128
特許権	186
土木研究所自然共生研究センター	208
豊橋市自然史博物館	169
ドラマを体験	106
取扱性	93
鳥の目	101

な

内製化	44
ナショナルコレクション	146

に

二次映像	111
二段展示	168
日本科学未来館	26
日本ディスプレイデザイン協会（DDA）	20
日本展示学会	19
日本の広告費	139
日本博物館協会	12
ニューヨークの自然史博物館	100
認知症予防	172

の

ノーベル賞100年展	74
のぞき箱	100

は

「場」という制約	82
バーチャルミュージアム	140, 146, 148, 151
バーチャル・リアリティ	25
バーナーズ・リー	135
ハーバート・バイヤー	17
博学連携	162
博物学	7, 12, 22, 198
博物館学芸員	9
博物館機能	12, 158
博物館教育	163
博物館資産	146
博物館実習	46
博物館相当施設	15, 49
博物館の使命	94, 166, 182
博物館の望ましい姿	13
博物館法	15, 47, 49, 163, 182
博物館類似施設	15
ハコ	39
ハコモノ	30
場の特殊性	125
パノラマ	19, 101
パノラマ展示	168, 198
場面構成型展示	9

219

バリアフリー	11, 27, 39, 42, 48, 173
万国博覧会	16, 23, 107
ハンス・スローン	22
ハンズオン	42, 120, 151, 170, 208
ハンディキャップのある人	172
ハンティング機能	143
ビオトープ	59
ピクトグラム	126

ひ

非言語情報	116
必然性	118
ビデオ・オン・デマンド(VOD)	148
人々の暮らし	92, 195
人とモノ	83, 131
人びとの関わり	197
批評的評価	176
ヒューマンインタフェース	136
評価計画	164
標準案内用図記号	127
費用変数	43
標本管理システム	142
標本資料	40
開かれた質問	129
開かれた博物館	24, 169
広島県立歴史博物館	106

ふ

ファンド	42
フィールド観察	208
フーコー	22
フォーマット	123
フォーマル・エデュケーション	163
深川江戸資料館	104
福井市自然史博物館	52
福井市立郷土歴史博物館	52
福井大学	52
複合現実感	150
複合交差型展示	167
福沢諭吉	198
物理的な音場	98
船の科学館羊蹄丸	106
負の歴史	178

ブラウジング機能	143
プラスチネーション	87
フランス王立植物園附属博物資料館	22
ブランディング戦略	44
ブランドイメージ	42
プランナー	32, 36
フルコストリカバリー	43
ふるさと納税	45
ブレス・ブルギニョン・エコミュージアム	195
プロポーザル	58
雰囲気を創出	99
文化財保護法	49
文化保護	195
分光分布	95
分類・体系化	12
分類学	12

へ

平面複製(複写)	87
ベース照明	90

ほ

防災	41
放射照度	96
放送局	76
法令	46
法令の体系	46
ホーチミン市歴史博物館	45
補助解説	168
保全活動	202
保存	40, 178
保存管理	40
ボランティア	10, 45, 117, 145, 168

ま

マーケティング	20, 42, 76, 78, 165
マイタウン東京構想	62
マスコミ4媒体	139
まちかど博物館	182
まちづくり	45, 195
学びの双方向性	158
学びの特性	158
マルチセンソリー	136

マルチメディアデータベース	142
マンガ解説	125
マンチェスター科学産業博物館	117

み

ミクストリアリティ(Mixed Rality)	25, 102, 150
三国荘	77
見世物	23, 198, 201
水戸市植物公園	202
ミニ・ミュージアム	130
ミュージアムコンプレックス	56
民芸運動	77

む

無線LAN	149

め

メセナ	42
メタバース	150
メディアアート	25
メディア活用	134
メディア定点調査	139
メディア特性	106
メディアとしての博物館	24
面接法	177

も

モール	57
模刻	87
モチベーション	167
モバイルミュージアム	210
慕邇矣禀報	16
モンタギュー・ハウス	23

や

野外博物館	63, 178, 196
山名文夫	17

ゆ

有害ガス	93
誘導サイン	61
ユニーク	14, 52, 113, 130
ユニバーサル・ミュージアム	170
ユニバーサル化	170
ユニバーサルデザイン	42, 60, 112, 136, 168, 170

よ

要求性能	42
ヨーク鉄道博物館	120
横浜市福祉の都市環境づくり推進指針	171
よこはま動物園	199

ら

来館者動線	111
ライフサイクル	42
ライフサイクルマネジメント	43
ラテルナマジカ	107

り

リスト化	82
リースピア	148
領域に踏み込む	83
利用の容易さ	144
リンネ	22
レイジング	42

れ

歴史遺産	14, 181, 182
歴史の現場	178
歴史博物館	62
列肆	16
列展	16
レプリカ	84

ろ

露出展示	90
ロンドン動物園(London Zoo)	198
ロンドン万国博覧会	23
ワークシート	128

執筆者

執筆者名(ふりがな)、①展示に関わる専門、②主な所属(執筆時)、③主に関わった博物館等、④キーワード(3つ)、⑤その他、⑥執筆項目

有田寛之(ありた・ひろゆき)、①エデュケーター、②独立行政法人国立科学博物館、④博物館教育、科学リテラシー、博物館情報論、⑤法政大学・東京家政学院大学非常勤講師、⑥4-12

安斎聡子(あんざい・あきこ)、①博物館展示・運営プランナー、②丹青社、③鹿児島県奄美パークJICA地球ひろば、壱岐市立一支国博物館他、④展示企画、博物館運営、国際理解教育、⑥2-3

安藤淳一(あんどう・じゅんいち)、①博物館展示プロデューサー、②トータルメディア開発研究所、③アンパンマンミュージアム、花王ミュージアム、早稲田大学大隈記念室、燕市産業史料館新館他、④展示企画、企業博物館、子どもミュージアム、⑥7-7

安藤敏博(あんどう・としひろ)、①展示ディレクター、②トータルメディア開発研究所、③わらべ館、インスタントラーメン発明記念館、国立民族学博物館、司馬遼太郎記念館、大阪歴史博物館他、④コミュニケーションデザイン、⑥4-15

稲垣博(いながき・ひろし)、②首都大学東京、③ショールーム、PR施設、博覧会、ミュージアムなどの情報系の空間デザイン、④スペースデザイン・ディスプレイデザイン、⑥4-1

宇野文男(うの・ふみお)、①博物館学、②福井大学教育地域科学部、③国立民族学博物館、御食国若狭おばま食文化館、福井県立歴史博物館他、④博物館学、展示、資料管理、⑥2-5、チャレンジ1

大山由美子(おおやま・ゆみこ)、①博物館調査研究・企画コンサル、②丹青研究所、③あさんライブミュージアム・コウノトリ翔る地域まるごと博物館他、④エコミュージアム、展示企画、⑤武蔵野美術大学非常勤講、⑥7-1

小川義和(おがわ・よしかず)、①学習企画調整課、②国立科学博物館、③アメリカ自然史博物館他、④博物館教育、科学教育、科学コミュニケーション、⑤東京大学非常勤講師、日本学術会議小委員会委員、⑥6-1

鎌田裕一郎(かまた・ゆういちろう)、①プロデューサー、②サイバーネットワーク、③国立広島原爆死没者追悼平和祈念館、静岡科学館、福井県立恐竜博物館他、④展示企画、地球環境、コミュニケーション、⑥5-3

川合剛(かわい・たけし)、①学芸員、②名古屋市博物館、③名古屋市博物館特別展「東海の縄文時代」、同企画展「おもしろ考古学史」、同収蔵品展「愛知の縄文遺跡」、名古屋市見晴台考古資料館特別展「土偶の祈り」など、④先史考古学、⑥1-4

河石勇(かわいし・いさむ)、①プロデューサー、②トータルメディア開発研究所、③仙台市天文台PFI、故宮博物院―凸版印刷共同・文化遺産デジタル化応用研究所、日本郵船歴史博物館他、④展示企画、メディア、コラボレーション、⑥4-10

木下達文(きのした・たつふみ)、②京都橘大学、③平城遷都1300年祭、山科魅力発見プロジェクト、アートはみんなのもの、かしわざきキッズミュージアム、④文化政策、ミュージアムマネジメント、空間メディア、⑥6-7

木下周一(きのした・しゅういち)、①グラフィックデザイナー、②コミュニケーションデザイン、③埼玉県環境科学国際センター、

北九州市文学館、国立ハンセン病資料館、④博物館教育ツール、サインデザイン、博物館広報、⑥4-18

君塚仁彦(きみづか・よしひこ)、②東京学芸大学、③東京都豊島区立郷土資料館、東京都北区飛鳥山博物館他、④戦争記録と記憶、展示表象と記憶の継承、歴史教育、⑥6-6

木村浩(きむら・ひろし)、①サインデザイン、②筑波大学大学院人間総合科学研究科、③伊丹市昆虫館、板橋区立熱帯環境植物園、伊豆洋らんパーク、④情報デザイン、Webデザイン、インフォメーショングラフィックス、⑤日本展示学会理事、⑥4-17、5-2、チャレンジ3

草刈清人(くさかり・きよと)、①展示プランナー、②丹青社、横浜人形の家、牧野記念庭園③北九州市自然史歴史博物館、国立科学博物館他、④展示企画、自然史博物館、環境教育、⑤首都大東京・筑波大学大学院・他非常勤講師、日本展示学会副会長、全日本博物館学会委員、⑥2-1

草刈大介(くさかり・だいすけ)、①美術展プロデュース(企画・運営・管理)、②朝日新聞社・文化事業部、③東京国立博物館、東京都美術館、板橋区立美術館、松屋銀座、④西洋美術、デザイン、絵本、⑥3-5

栗原祐司(くりはら・ゆうじ)、①博物館行政、②文化庁文化財部美術学芸課、③文部科学省情報ひろば、④博物館政策、ミュージアム・フリーク、ミュージアム・リテラシー、⑤國學院大學大学院非常勤講師、⑥2-7、6-9

洪恒夫(こう・つねお)、①展示デザイナー、②丹青社、東京大学総合研究博物館、③スキップ映像ミュージアム、戸隠地質化石博物館、東京大学総合研究博物館、④展示企画・デザイン、博物館研究、⑥7-9

近藤智嗣(こんどう・ともつぐ)、②放送大学、④展示技術、ミクストリアリティ、教育工学、⑤総合研究大学院大学、法政大学兼任講師、⑥5-6

齊藤恵理(さいとう・えり)①展示プランナー、②乃村工藝社、③釧路市こども遊学館、国立科学博物館他、旭川市博物館、④展示企画、市民参画、科学展示、チルドレンズミュージアム、⑤日本ミュージアム・マネージメント学会、⑥3-3

斎藤克己(さいとう・かつみ)、①展示デザイナー、②丹青社、③国学院大学伝統文化リサーチセンター、市川市東山魁夷記念館、国立科学博物館、④展示企画・設計、展示デザイン、⑥4-4

斉藤泰嘉(さいとう・やすよし)、②筑波大学大学院人間総合科学研究科、③北海道立近代美術館、東京都美術館、東京都現代美術館アンソニー・カロ展(自主企画展)、④展示企画、現代美術館、芸術支援、⑥7-6

佐藤公信(さとう・きみのぶ)、②千葉大学工学研究科、③音情報提示の現状とその評価、チルドレンズ・ミュージアムの利用者評価に関する研究、展示に関わる基礎研究、④音環境、空間演出、デザイン手法、⑥4-6

真田誠至(さなだ・せいじ)、②(独)土木研究所、③自然共生研究センター(研究施設の屋外展示)、川と海を旅する魚たち(巡回企画展)、④河川環境，環境教育、⑥7-8

高田浩二(たかだ・こうじ)、①館長・展示部長、②海の中道海洋生態科学館、③大分マリーンパレス、④博物館教育、博物館連携、情報教育、視聴覚教育メディア論、⑤福岡教育大学・九州産業大学非常勤教授、国立民族学博物館客員教授、⑥6-2

高橋貴(たかはし・たかし)、②愛知大学国際コミュニケーション学部、③野外民族博物館リトルワールド、地球市民かながわプラザ、岐阜県世界民俗文化センター、豊田市ふるさと歴史館(構想中)、④文化人類学、民族芸術、博物館学、⑤日本展示学会会長、⑥チャレンジ2、7-2

高橋信裕(たかはし・のぶひろ)①ミュージアムプランナー、②文化環境研究所、③高知市横山隆一記念まんが館、龍馬の生まれたまち記念館、花巻市博物館、④展

示学、ミュージアムマネジメント、地域おこし、⑤慶応大学・常磐大学大学院非常勤講師、日本展示学会理事、⑥1-5

高橋久弥(たかはし・ひさや)①展示デザイナー、②丹青社、③産業技術記念館テクノランド改装、仙台市博物館改装、④コミュニケーションスペースデザイン、⑤千葉大学工学部・拓殖大学工学部非常勤講師、⑥2-4

高橋裕(たかはし・ひろし)、①展示プロデューサー、②トータルメディア開発研究所、③国立民族学博物館、新潟県立自然科学館、国立歴史民俗博物館、江戸東京博物館、印刷博物館、④文化、環境、展示、⑤大阪芸術大学非常勤講師、日本展示学会前副会長、⑥3-2

高安礼士(たかやす・れいじ)、②千葉県立現代産業科学館準備室・学芸課、③県総合教育センター、(財)科学博物館後援会、④ミュージアム・マネージメント、科学教育、カリキュラム、⑤これからの博物館の在り方に関する検討協力者会議委員、⑥5-5

建石治弘(たていし・はるひろ)、①展示プランナー、②丹青社、③日本科学未来館、愛・地球博・グローバルハウス、東京ガス・がすてなーに、④展示企画、科学技術、埋蔵文化財、⑤法政大学非常勤講師、⑥1-7

田中広樹(たなか・ひろき)、①学芸員、②大阪ウォーターフロント開発、③大阪・海遊館、④環境教育、インタープリテーション、ワークショップ、⑥7-4

坪郷英彦(つぼごう・ひでひこ)、①学芸員資格関連授業、②山口大学、③萩博物館、埼玉県皆野町農山村具展示館、東京家政学院大学生活文化博物館、④物質文化論、民具、博物館概論、⑥5-4

土井啓郁(どい・ひろふみ)、①展示デザイナー、②丹青社、③北九州市立自然史・歴史博物館いのちのたび博物館、産業技術記念館テクノランド、いわき市石炭・化石館、原子力科学館(東海村)、岐阜市歴史博物館、④展示企画、展示設計、⑤日本ディスプレイデザイン協会会員、⑥3-1

徳澤啓一(とくさわ・けいいち)、②岡山理科大学、③新宿歴史博物館、学内実習展示施設(仮称／平成22年度開設準備)、④西南中国・東南アジアの博物館、伝統文化の保護保存、⑥2-6

中山隆(なかやま・たかし)、①造形演出計画・制作監理、②ノムラテクノ、③国立科学博物館、日本未来科学館、④感動のリレー、自然環境造形、⑥4-2

成田英樹(なりた・ひでき)、①展示デザイン、②乃村工藝社、③旭川市科学館サイパル、富山市科学博物館、名古屋市科学館、⑤日本ディスプレイ協会会員、⑥4-11

西川綾子(にしかわ・あやこ)、①園長、②水戸市植物公園、③日比谷公園、④植物園、NHK「趣味の園芸」、著書「サルビア」、⑥7-5

西山健一(にしやま・けんいち)、①デザイナー、②丹青社、③豊橋市自然史博物館、福井県子ども家族館、高知県立歴史民俗資料館、他、④展示設計、自然史博物館、子ども系施設、⑥4-13

端信行(はた・のぶゆき)、①館長、②兵庫県立歴史博物館、③国立民族学博物館、人と防災未来センター、木の殿堂等、④文化人類学、文化政策、ミュージアム・マネジメント、⑤日本展示学会前会長、国立民族学博物館名誉教授、⑥1-1、1-6

榛澤吉輝(はんざわ・よしてる)、①展示造形デザイナー、②フリー、③北九州市いのちのたび博物館、国立科学博物館、島根県立古代出雲歴史博物館、④ジオラマ・特殊造形設計、回想療法、展示用イラストレーション、⑥4-7

久光重夫(ひさみつ・しげお)、①展示ディレクター、②久光文化施設研究所、③鉄道博物館、沖縄美ら海水族館、横浜・八景島シーパラダイス、台湾国立科学工藝博物館、台湾国立海洋生物博物館、④展示演出、展示事業、⑥3-4

福島正和(ふくしま・まさかず)、①展示プラン

ナー、②トータルメディア開発研究所、③深川江戸資料館、江戸東京博物館、御食国若狭おばま食文化館、千葉市科学館企画展他、④展示企画、地域文化施設、企画展示、⑥4-8

伏見清香(ふしみ・きよか)、②広島国際学院大学情報デザイン学部、③名古屋市美術館、豊田市美術館、広島市現代美術館等でPDAや携帯電話を使用した鑑賞支援の実証実験、④携帯情報端末、鑑賞支援、デザイン、⑥5-7

細田由夏(ほそだ・ゆか)、①展示プランナー、②フリー、③千葉県立現代産業科学館、江戸東京博物館「高齢者げんきプロジェクト」、高齢者痴呆介護研究研修東京センター「痴呆の人の体験世界とケアのあり方研究」他、④ワークショップ、高齢者、子ども、⑥6-8

前迫孝憲(まえさこ・たかのり)、②大阪大学大学院、③情報社会の光と影「あなたは子どもをどう守りますか?」配信+DVD、大阪生涯学習情報コンソーシアム「ボランティア」配信等、④教育工学、ICT、遠隔学習、⑥5-1

松岡敬二(まつおか・けいじ)、①館長、②豊橋市自然史博物館、③生命史20億年、恐竜と生命の大進化(特別企画展)、『博物館資料論』分担執筆他、④古生物学、自然史博物館、展示改装、⑤愛知大学非常勤講師、⑥6-3

松本知子(まつもと・ともこ)、①展示プランナー、②松本企画室、③神奈川県立なぎさの体験学習館、鉄道博物館(ラーニングゾーン)他、④展示企画、民俗文化、子どもの環境、⑤JMMAチルドレンズ・ミュージアム研究会、東京家政学院大学非常勤講師、⑥4-14

水嶋英治(みずしま・えいじ)、②常磐大学、③フランス国立科学産業博物館、青森県立三沢航空科学館、ハギアソフィア大聖堂博物館、リビア国立博物館、ルーマニア修道院博物館等、④博物館学、文化財保存学、⑥1-2、1-3

盛口尚子(もりぐち・ひさこ)、①景観模型企画・製作・指導、②景観模型工房、③国立民族学博物館他/博物館学集中コースにおける海外研修員への指導、④風土・風景・景観、展示表現、⑥4-9

山本哲也(やまもと・てつや)、①専門研究員②新潟県立歴史博物館、③大阪人権博物館第2次リニューアル、④博物館学史・バリアフリー・博学連携、⑤長岡造形大学非常勤講師、⑥6-4

山森博之(やまもり・ひろゆき)、①展示デザイナー、②丹青社、③九州国立博物館、仙台市博物館、鹿児島県奄美パーク、長野オリンピック記念館、④展示デザイン、保存科学、展示ケース、⑥4-4

吉冨友恭(よしとみ・ともやす)、②東京学芸大学、③自然共生研究センター、石井樋公園・さが水ものがたり館、川と海を旅する魚たち(巡回企画展)他、④河川環境、環境教育、展示開発、⑤日本展示学会理事、⑥6-5、チャレンジ4

若月憲夫(わかつき・のりお)、①プランニング・ディレクター、②乃村工藝社、③佐賀県立宇宙科学館、東北歴史博物館、沖縄県立平和祈念資料館、④博物館展示学、展示プランニング、構想・計画・コンサルティング、⑤宮城大学事業構想学部非常勤講師、全日本博物館学会役員、アート・ドキュメンテーション学会評議員、⑥2-2

若生謙二(わこう・けんじ)、①動物園デザイナー、②大阪芸術大学、③天王寺動物園アジアの熱帯雨林、サバンナ、よこはま動物園ズーラシア・チンパンジーの森他、④動物園、生息環境展示、生態的展示、⑥7-3

和田浩一(わだ・こういち)、①製作管理、②トータルメディア開発研究所、③人と防災未来センター(リニューアル)、なにわの海の時空館(リニューアル)、姫路市平和資料館年間企画展、実績館メンテナンス、徳島県立文学書道館、大阪歴史博物館、宇治市源氏物語ミュージアム他、④展示照明、保存科学、⑥4-5

渡邉創(わたなべ・そう)、①プランナー、②乃

村工藝社、③日本科学未来館、富山市科学博物館、名古屋市科学館他、④展示企画、科学館、サイエンスコミュニケーション、⑥4-16

渡辺珠美（わたなべ・たまみ）、①展示パーツデザイナー、②エフピークエスト、③九州国立博物館、国立科学博物館、豊橋市自然史博物館、薩摩伝承館、他、④展示パーツ、展示列品、考古博物館、自然史博物館、⑥4-3

日本展示学会

　日本展示学会は、1980年代に全国各地で博物館・美術館をはじめとする展示施設が次々に設立される中で、展示に対する考え方が従来の単に「陳列」するという概念から大きく変化し、展示自体が「総合的なコミュニケーション・メディア」であるという視点に立った研究の必要性から、1982年に設立されました（初代会長：梅棹忠夫）。展示に関わる大学研究者および学生、博物館・美術館等の展示施設従事者、展示施設等を運営する企業・自治体、実際に展示を制作する業者など、幅広い層からの会員で構成されています。

◎年会費　　　正会員（個人・団体）…… 8,000円
　　　　　　　賛助会員（1口）……… 100,000円
◎主な活動　　学会誌の発行（年1冊、6月発行）
　　　　　　　研究大会の開催（年1回、6月開催）
　　　　　　　研究集会の開催（年1回　秋頃開催）
　　　　　　　研究会、見学会等の開催（随時）
ウェブサイト　http://www.tenjigaku.com/index.html
　　　　　　　e-mail　info@tenjigaku.com

◆日本展示学会　事務局◆
〒565-0826　大阪府吹田市千里万博公園1-1　財団法人千里文化財団内
TEL　06-6877-8893　FAX　06-6878-3716
◆日本展示学会　東京連絡所◆
〒102-0094　東京都千代田区紀尾井町3-23　文藝春秋新館6階　株式会社トータルメディア
　　　　　　開発研究所内
TEL　03-5276-5751　FAX　03-5226-7832

2010年7月20日　初版第1刷発行
2022年8月25日　初版第9刷発行

展示論─博物館の展示をつくる─

編　　者	日本展示学会／Ⓒ The Japan Society for Exhibition studies
企画・編集	日本展示学会出版事業委員会 　　木村浩（委員長）・草刈清人・吉冨友恭・高柳康代
デザイン	木村　浩
発 行 者	宮田哲男
発 行 所	株式会社　雄　山　閣 〒102-0071　東京都千代田区富士見2-6-9 ＴＥＬ　03-3262-3231（代）／ＦＡＸ　03-3262-6938 ＵＲＬ　http://www.yuzankaku.co.jp e-mail info@yuzankaku.co.jp 振　替　00130-5-1685
印刷・製本	株式会社ティーケー出版印刷

Printed in Japan 2010　　ISBN978-4-639-02149-0　C3037　　　　（無断転載不許）